日本語修辞辞典

日本語修辞辞典《にほんごしゅうじじてん》

野内良三

国書刊行会

緒言

本辞典はヨーロッパ出自の修辞技法（文彩）を日本語理解に供したいという趣旨から編まれた辞典である。その構成は、言葉の綾（文彩）を解説する本文と、綾取られた文章の集成である文例から成る。分量からいえば本文よりは文例の方がはるかに多くなっている。まさしく本辞典の特色はこの豊富な文例にある。本書は「引く」辞典でもあるが、同時に、いな、それ以上に「読む」辞典でもある。

文彩の選定にあたっては、実際に日本語を読み、書くに際して役立つと思われるものに絞った。俎上に載せた文彩（掛詞と縁語も含む）は約八十である。これだけで日本語修辞をカバーするには十分だろう。文彩名にはとんでもない虚仮威しの名前があるが、びびる必要は毫もない。文彩名を覚えるよりはその実質に目を向けてほしい。

日本語修辞の豊麗な可能性を見とどけてもらうために文例は万葉集から現代の若い作家まで、小説、詩歌、エッセー、評論、演劇など幅広く渉猟した。なるべく「懐かしい日本語」を採るようにした。現在の日本語が置かれている憂慮すべき状況を考えると、古典の復権が是非とも希求されるからである。そして文例の採択にあたっては修辞的な観点ばかりでなく内容的にも味わい深いものを心がけた。本書をして、日本語の「美しさと豊かさ」を伝える「文章宝鑑」たらしめたいと願ったからである。

そのため文例は独立して読んでも十分鑑賞に耐えるように総じて長めに抜いた。

世にはレトリックに対する誤解、偏見がある。それによればレトリックは為にする三百代言であり、内容空疎な美辞麗句である。古来レトリックは化粧術になぞらえられてきた。それも厚化粧の手練手管に。まさしくレトリックは悪い噂ばかりが飛び交う悪女といった感じである。いくらなんでもこれではレトリックが可哀そうである。素顔の美しさが一番であり、文章は素直なありのままがいい。もちろん飾らないものが持つよさというものはある。しかしながら技巧によって映える麗質もある。技術(技巧)はいつも欠陥や欠点を隠蔽するものとは限らない。美質を引き立てる場合もある。アイシャドーや口紅はもともとは目や唇の美しさを強調するための小道具だったにちがいない。

読むにしろ書くにしろ、持って生まれた才能というものは確かにある。しかしこればかりは教え込むことができない。教えられるのは技術(テクニック)である。レトリックに限らないが、世間にはどうも技術を軽視する風潮がある。だが技術は大切である。技術のあるなしでものの見え方が違ってくる。たとえば交差配語法という概念枠(文彩)を持っている人と持っていない人とでは同じテクストを前にしてもその読み方が違ってくるだろう。あるいは対照法というテクニックを心得ている人と、そうでない人とでは書き方が違ってくるだろう。同じことをするにしても意識的か、無意識的かの違いは大きい。技術はなにかを引き出す、あるいはなにかを付け加える。

とかく評判の芳しくない文彩だが、それは試行錯誤の果てに先人が認定した表現の型である(いや、認識のパターンでもある)。知っていて決して損はないはずだ。本書を繙けば文彩が単なる粉黛ではなく、上質な織物を紡ぎ出す技術(テクニック)であることを首肯されるにちがいない。本書が日本語の「豊かな美しさ」を江湖に伝える一助になれば、編著者としてこれにすぐる悦びはない。

目次

緒言 7
凡例

あ

暗示的看過法 あんじてきかんかほう 19

い

引喩 いんゆ 23
隠喩 いんゆ 29
隠喩連鎖法 いんゆれんさほう 44
引用法 いんようほう 51

う

迂言法 うげんほう 54

え

詠嘆法　えいたんほう　63
婉曲法　えんきょくほう　68
縁語　えんご　74

お

音彩法　おんさいほう　78

か

格言法　かくげんほう　82
掛詞（懸詞）　かけことば　82
活写法　かっしゃほう　91
括約法　かつやくほう　95
活喩　かつゆ　97
含意法☞転喩　がんいほう　99
換語法　かんごほう　100
換称　かんしょう　103
緩叙法　かんじょほう　104
換喩　かんゆ　108

き

擬人法 ぎじんほう 119
奇先法 きせんほう 123
擬物法☞擬人法 ぎぶつほう 125
逆説法 ぎゃくせつほう 126
強意結尾法 きょういけつびほう 131
挙例法 きょれいほう 133

く

くびき語法 くびきごほう 137

け

形容語名詞化 けいようごめいしか 140
懸延法 けんえんほう 146
兼用法 けんようほう 151

こ

交差配語法 こうさはいごほう 157
交差反復法☞交差配語法 こうさはんぷくほう 161

し

せ

そ

挿入法——そうにゅうほう——217

た

代称☞迂言法——だいしょう——225
対照法——たいしょうほう——225
駄洒落☞言葉遊び——だじゃれ——232
脱線法——だっせんほう——232

ち

中断法☞黙説法——ちゅうだんほう——239
躊躇逡巡法——ちゅうちょしゅんじゅんほう——239
直喩——ちょくゆ——242
沈黙法☞黙説法——ちんもくほう——251

つ

追加法——ついかほう——252

て

訂正法　ていせいほう　256
提喩　ていゆ　258
転位修飾法　てんいしゅうしょくほう　266
転義法☞文彩　てんぎほう　273
転喩　てんゆ　273

と

同格法　どうかくほう　279
同語異義復言法　どうごいぎふくげんほう　281
同子音反復（頭韻）☞音彩法　どうしいんはんぷく（とういん）　283
倒装法　とうそうほう　284
倒置法　とうちほう　288
撞着語法　どうちゃくごほう　293
同母音反復☞音彩法　どうぼいんはんぷく　295
トートロジー　とーとろじー　295

は

破調法　はちょうほう　299

ひ

パロディー　ぱろでぃー　307
反語法　はんごほう　309
反漸層法　はんぜんそうほう　311
反復法　はんぷくほう　314

皮肉法　ひにくほう　322
比喩　ひゆ　326

ふ

諷喩　ふうゆ　332
文彩　ぶんさい　337

へ

平行法　へいこうほう　344

も

黙説法　もくせつほう　349
問答法　もんどうほう　354

よ
呼びかけ法 よびかけほう 359
ら
羅列法☞列挙法 られつほう 364
る
類音語反復☞音彩法 るいおんごはんぷく 365
類語法 るいごほう 365
れ
列挙法 れっきょほう 371
主要参考文献 377
あとがき 379

【凡例】

1　項目は五十音順に配列した。

2　各項目は説明と文例からなる。説明は簡潔を旨としてなるべく文例に紙幅を割くようにした。

3　見出しのあとにフランス語、英語の順に原語を挙げた（たとえば métaphore / metaphor、同じ場合は hypallage / hypallage のように）。対応する原語が複数ある場合はカンマで区切った（たとえば paronomase, calembour のように）。空欄の場合は対応する原語がないことを示す。

4　別の項目中で説明・言及した文彩は「見よ項目」として掲げた。本文の中では、括弧で包み、適宜矢印で参照項目を指示した。たとえば「沈黙法」（→黙説法）のように。

5　注釈や背景説明のため文例には必要に応じてノートを付した。特に修辞的説明を詳しくした。

6　旧仮名遣いで書かれた作品は原文を尊重したが、口語文については内容を商量して現代仮名遣いに換えた場合がある。また、原文を損なう恐れがない範囲内で、読みやすさを考えて代名詞、副詞、接続詞などの一部を仮名に改めた。

7　旧字体の漢字は原則として新字体に改めた。

8　踊り文字は「々」のみを使用した。

9　強調は傍点を原則とし、必要に応じて傍線を使用した。特に断りがないかぎり強調は引用者による。

10　文例の注については〔　〕と後注を併用した。おおむね短い注や散文では〔　〕

を、長い注や韻文では後注を使用した。

11 引用、文例の出典は原則として作者名と作品名を挙げるにとどめた。

12 括弧の使い分けはおおむね次の原則によった。

「　」は引用、単行本ではない小説や詩、評論、エッセー、謡曲などの作品名、あるいは語句の強調。

『　』は単行本の書名、新聞名、雑誌名。

〔　〕は本文、引用、文例にかかわらず補足的説明であることを示す。

あ

暗示的看過法《あんじてきかんかほう》

prétérition / preterition

言わないと主張しておきながら実際にはしっかりと言うこと。省略法のバリエーションだが、一癖も二癖もある、黙説法よりもずっと屈折した表現法だ。ねらっている効果は、あのヌードの「チラリズム」、その心は「胸に一物」である。

（1）さりげなく触れてかえって印象づけるため（強調）
（2）言い出しにくいことを言い出すため（導入）
（3）自分の知見を見せつけるため（誇示）
（4）自分の弱み・不足を糊塗するため（こけおどし）

定型的なパターンに次のようなものがある。「こんなことは言いたくないのだが……」「……は言わないことにする」「ここでは触れないが……」「けなすわけではないが……」など。「……言うまでもない」「このことは周知のことだが……」というバリエーションもある。暗示的看過法は思わせぶりな、歯に衣着せた、いってみれば嫌みな表現法である。たとえば「これは周知のことだが……」と逃げて、自分の立証義務をごまかす（こう言われたら相手は認めるしかないだろうし、もし相手が知らない場合は相手を恥じ入らせることができるだろう）。

暗示的看過法はあまり薦められる文彩ではないが、（1）がこの文彩の本来の狙いである。

暗示的看過法に近い文彩に「修辞否定」がある。この文彩は私の創案になる。否定はなかなか複雑なメカニズムをもっている。俗に「嫌い嫌いも好きのうち」という警句がある。「嫌い」つまり「好きでない」は完全な無関心ではなく、反対に対象に強いこだわりがあることだ。まったく関心がないとき人はそれをわざわざ言及することはない。否定一般はむろんレトリックの対象ではない。いわんや文彩ではない。ここで問題にする「否定」はこだわりのある否定である。次の和歌を読んでみよう。

見わたせば花も紅葉《もみぢ》もなかりけり浦の苫屋《とまや》の秋の夕暮　（藤原定家）

〔見渡すと春の花も秋の紅葉もないよ。苫葺きの海女の粗末な小屋が散らばるこの浦の夕暮れは〕

ないと名指された「花」と「紅葉」は一度喚起された以上、たとえ取り消されても読者（聞き手）の心には残像として蟠結する。その残像を外山滋比古にならって「修辞的残像」と名づけておこう。光彩陸離とした華やかなイメージと浦の薄暗い寂しい光景の二重写し。修辞否定は否定されても揺曳するイメージの残映効果にほかならない。

［文例］

◉駒とめて袖うちはらふかげもなし佐野のわたりの雪の夕暮　（藤原定家）

［ノート］騎《の》っている馬をとめて袖に積もった雪を払おうとしても、この佐野の渡しにはしかるべき物陰すらない。雪が降りつづけ、日が暮れるばかりだ。

◉赤蜻蛉《あかとんぼ》筑波に雲もなかりけり　（正岡子規）

◉一月《ひとつき》は二節である。一節は上り潮と下り潮との一回環を為し、一潮はあたかも七日余である。而して潮は節々月々に少しずつ逓減逓増《ていげんていぞう》して、春において昼間の大高潮大低潮を為し、秋において夜間の大高潮大低潮を為し、春秋昼夜を以て一年の一大回環を為し遂《ど》ぐるのである。潮や節や月の盈昃《えいしょく》や、これらの点から観察して、ある潮のある時は何様であるとか、ある節のある場合は何様であるとか、ある月齢の時は何様であるとかいうことを、気の張弛《ちょうし》の上について説きたくは思うが、胸裏の秘として予の懐いているものはあっても、敢て人前に提示するまでには内証が足らぬから言わぬ。しかし一日において自らに張る気の時の存するが如く、ある節、ある潮、あるいはまた月のある時において、自らにして張る気の時のあることを信ぜぬ訳には行かぬ。蟹の肉は月によって増減し、イトメの生殖は潮によって催さる如く、一切庶物が自然からある支配を受けて居ることは争うべからざるものがある。ただ壮歳の婦人のみが月々にその身体に影響を受けているのではない。

（幸田露伴『努力論』「進潮退潮」）

◉作者は此処《ここ》で筆を擱《お》く事にする。実は小僧が「あの客」の本体を確めたい要求から、番頭に番地と名前を教へて貰つて其処《そこ》を尋ねて行く事を書かうと思つた。小僧は其処へ行つて見た。所が、其《その》番地には人の住ひがなくて、小さい稲荷の祠《ほこら》があつた。小僧は吃驚《びつくり》した。――とかう云ふ風に書かうと思つた。然しさう書く事は小僧に対し少し惨酷な気がして来た。それ故作者は前の所で擱筆する事にした。

（志賀直哉「小僧の神様」末尾）

い

引喩《いんゆ》　allusion / allusion

　引喩は「よく知られている対象」を暗に踏まえながら話を展開する文彩である（「暗示引用法」と呼んだほうが分かりやすいが、ここでは定訳に従う）。旧情報をうまく利用する言葉の工夫だ。要するに地口やパロディーと同じく「ほのめかし」を武器としている。「よく知られた対象」にはさまざまなものが考えられる。成句、名句、格言、諺、詩歌、神話、物語、小説などの言語的世界ばかりでなく、時事、社会、歴史などの人事・文化の百般に亘る。予備知識が求められるので、この文彩はちょっぴり知的だ。「よく知られた対象」が分からないとその面白さがちっとも伝わってこない。

「ほのめかす」という点で引喩は「あることを話題にしながら、実は別のあることをそれとなく諷している」諷喩と微妙な関係に立つ。この両者の違いはなんだろうか。それは「ほのめかされる対象」の違いである。諷喩はほのめかす対象を自分で作り上げる。いわば自前のほのめかしだ。

それに対して引喩はよく知られた既存の対象を利用する。いわば借り物のほのめかしだ。
例えばここに一首の狂歌がある。

歌よみは下手こそよけれ天地《あめつち》の動き出だしてたまるものかは　（宿屋飯盛）

この歌の面白さが分かりますか。強調部分がなにを踏まえた表現なのか分からないと、この狂歌の面白さはちっともこちらに伝わってこない。問題の表現はなにをほのめかしているのだろうか。『古今集』序文の次のくだりである。

力をも入れずして天地《あめつち》を動かし、目に見えぬ鬼神《おにがみ》をもあはれと思はせ、男女《をとこをんな》の中をもやはらげ、たけき武士《もののふ》の心をも慰むるは歌なり。

この一節を思い浮かべることのできる読者はおもわずにんまりするはずだ。
もう一つ例を挙げよう。
夏目漱石『坊っちゃん』の中に、文学士の「赤シャツ」が主人公に議論をふっかける場面がある。

仕舞に話をかへて君俳句をやりますかと来たから、こいつは大変だと思つて、俳句はやりません、左様ならと、そこそこに帰つて来た。発句は芭蕉か髪結床の親方のやるもんだ。数学の先生が朝顔やに釣瓶をとられて堪るものか。

この場合も強調箇所がなにを踏まえた表現か察知できないとちんぷんかんぷんの面妖な日本文になってしまう。改めて指摘するまでもなく——ペダンチックな嫌みな言い方だ！——ここには加賀千代女の「朝顔に釣瓶《つるべ》とられてもらひ水」がほのめかされている。

ところで引喩を文学的技法にまで高めたものがある。和歌の「本歌取り」の技法だ。この技法は現代的作品観から見れば創造と盗作の微妙な問題を提起するが、昔は独創性（個性）よりは伝統（様式美）を重んじる別の美学が存在したのだ。本歌取りの要諦、それは「創造のための引用」（尼ケ崎彬）ということに尽きる。

古来、本歌取りの模範とされてきた藤原定家の歌とその本歌を次に写す。

定家：駒とめて袖うちはらふかげもなし佐野のわたりの雪の夕暮

〔騎《の》っている馬をとめて袖に積もった雪を払おうとしても、この佐野の渡しにはしかるべき物陰すらない。雪が降りつづけ、日が暮れるばかりだ〕

本歌：苦しくも降り来る雨か三輪の崎狭野《さの》の渡りに家もあらなくに　（『万葉集』）

〔あいにく（あるいは激しく）雨が降ってきた。三輪の崎の狭野《きの》の渡りには雨宿りする家もないのに〕

定家が借りたのは言葉の上では「さののわたり」の六文字にしかすぎない。だが、「さののわたり」は本歌の重要な構成要素であり、六文字でその全体を呼び起こすのに十分である。状況の設定はほとんど本歌と変わりがない。変わったのは「雨」が「雪」になった点だ。しかし、そこに導入されたわずかな違いが、実はこの二つの歌の世界を根本的に異なるものとしてしまうのだ。本歌は雨に濡れる煩わしさ、つまり旅の苦しさをかこつ主観的表白である。それに対して定家の歌は雪に振り込められた馬上の旅人とそれを包み込む、果てしなく展《ひろ》がる暮れなずむ白銀の世界を喚起する。それは一幅の大和絵の世界を思わせるしんしんとした美しい情景だ。この違いをもたらしたのは「家もあらなくに」を「袖うちはらふかげもなし」と切り替えた発想の転換である。「袖うちはらふ」という風雅なイメージの喚起と、それを余情豊かに、しかしきっぱりと否定し去る「かげもなし」の対比。ここに使われているのは「修辞否定」である。喚起されたイメージは「修辞的残像」（外山滋比古）として読者の心に残る。本歌を巧みに取り込むことによって重層的で幽遠な世界が繰り拡げられる……。

本歌取りの技法は「創造」と呼びならわされた行為が実は伝統との対話ではなかったのか、自由な「引用」ではなかったのかという反省をわれわれに強いる。テクストとはあまたのプレテクスト〔前テクスト＝口実〕が織りあげる「引用の織物」（宮川淳）ではあるまいか。
パロディーも引喩の一種だが、独立の項目で採り上げる。

［文例］

●げにげにこれも理《ことわり》なり、思ひぞ出づるわれもまた、その初秋《はつあき》の七日《なぬか》の夜《よ》、二星《じせい》に誓ひし言《こと》の葉《は》にも、天に在《あ》らば願はくは、比翼《ひよく》の鳥とならん、地に在らば願はくは、連理《れんり》の枝とならんと、誓ひし事を、ひそかに伝へよや、私語《さざめごと》なれども、今洩《も》れ初《そ》むる涙かな。されども世の中の、されども世の中の、流《る》転生死《てんしやうじ》の習ひとて、その身は馬嵬《ばぐわい》に留まり魂は、仙宮に到りつつ、比翼も友を恋ひ、ひとり翅《つばさ》を片敷《かたし》き、連理も枝朽《えだふ》ちて、たちまち色を変ずとも、同じ心の行方ならば、終《つひ》の逢瀬《あふせ》を、頼むぞと語り給へや。（謡曲「楊貴妃」）

［ノート］文例は、玄宗皇帝の命により楊貴妃の音信を求めて仙界にやって来た方士（神仙の術をおこなう人。道士）が尋ねる人に逢ったが、その身を証すよすがとして帝と密かに交わした言葉を乞うたのに対して楊貴妃が答えた台詞である。【表現】いちいち指摘しないが、台詞は白楽天の「長恨歌」を踏まえている。強調部分は対照法（対句）になっている。

●げにや人の親の心は闇《やみ》にあらねども、子を思ふ道に迷ふとは、今こそ思ひ白雪《しらゆき》の、道行人《みちゆきびと》に言伝《ことづ》てて、行方《ゆくへ》を何《なに》と尋ぬらん。聞くやいかに、上《うは》の空《そら》なる風だにも、松に音《おと》する習ひあり。（謡曲「隅田川」）

［ノート］東国に連れ去られたわが子を尋ねて、物狂いとなった母親が語り出す台詞。「聞くやいかに……」は宮内卿の歌の引用であり（その歌意は下に挙げる）、他にもこの台詞は次の二首を踏まえている。

人の親の心は闇にあらねども子を思ふ道にまどひぬるかな（藤原兼輔）

〔親の心は闇のように分別をもたないわけではないけれども、子供を思う道には分別を失って迷ってしまうことだ〕

春来れば雁かへるなり白雲の道ゆきぶりに言《こと》やってまし（凡河内躬恒）

〔春が来たので雁は北の国へ帰るのだ。雲路を行くついでに言づけを頼もうか〕

聞くやいかにうはの空なる風だにも松に音するならひありとは（宮内卿）

〔詞書に「風に寄す恋」とある。【歌意】一体どんな気持ちであなたはお聞き及びですか。落ち着かない上空の風さえも、「待つ」という松にはその枝を鳴らして訪れる習いがあるということを。【表現】一見すると叙景歌のように見えるが、実は心情を比喩的に表現している。「うはの空なる風」に訪ねて来ない浮気な男を暗示し、「松」に「待つ」、「音す」に「訪」れるを掛け（「聞く」は「音」の縁語）、薄情な男を怨んでいる恋の歌である。しかしこの歌はここでは音信を寄こさない子を怨ずる内容に変わっている〕

見られるとおり、引喩といい「換骨奪胎の」引用といい、この短い台詞はまさしく「引用の織物」にほかならない。

いんゆ

隠喩

métaphore / metaphor

隠喩とは類似性に基づく「見立て」である。言い換えれば「XをYとして見る」ことだ。XとYは普通は結びつかない異質なもの同士である。この点で直喩と似ているが、直喩とは異なり喩えを指示する指標（「のような」）がない。喩えの存在を見分けるのは聞き手（読者）の役目となる。喩えがあるのにそれに気がつかなければ問題の文（表現）は非文（無意味）になるか、とんでもない誤解を与えることになる。たとえば「喩え」の存在に気づかない場合には滑稽な事態が出来《しゅったい》することになる。その昔、共産主義陣営の強固な閉鎖主義を「鉄のカーテン」と評したが、これが隠喩だと気づかなかったある女性が「このごろ評判の鉄のカーテン」が欲しくなり、実際に鉄製のカーテンを金物屋に注文したという。嘘のような本当の話である。

ご覧のとおり、隠喩はかなり高度な知的活動を要求することが知れるが、とかくそう思われがちなように隠喩はなにも名詞の独占物ではない。「甘い」マスクとか、「にぎやかな」色とか、「おいしい」話とか、形容詞が隠喩化していることも多い。あるいはプランを「練る」とか、愛を「はぐくむ」とか、幸せに「酔いしれる」とか、動詞が隠喩化することもある。「甘い汁を吸う」とか「舌を巻く」とか「一枚岩にひびが入る」とか成句化しているものもある。隠喩には幾つかのパターンが指摘できる。

（1）デアル型《恋は炎である》
（2）連結型（AのB）《花の都》
（3）形容詞型《甘い声》
（4）名詞型《借金地獄》
（5）動詞型《新しい分野を開拓する》
（6）文型《一枚岩にひびが入る》
（7）隠喩連鎖《人生は芝居である。涙もあれば笑いもある》

さて、隠喩は昔も今も「類似性」に基づく喩えであると説明されることが多い。しかし、いうところの「類似性」とは一体なんだろうか。すでに見てきたことからも推察されるように兄弟どうしが似ているような「直接的」類似性ではない。それはかなり特殊な「類似性」で「間接的」類似性というべきものだ。間接的類似性は常識には反するけれどもよく考えてみると、あるいはそうと指摘されてみると「似ている」と納得できる、そんな類いの類似性だ（間接的類似性については「直喩」の項を参照せよ）。そして間接的類似性はその質に注目すると「イメージ的＝感性的」類似性と「構造的＝概念的」類似性に分けることが出来る。イメージ的類似性についてはわざわざ例を挙げるまでもないだろうが、構造的類似性については「人生は芝居である」、水素原子を太陽系に見立てたラザフォードの原子核構造の説明「原子とは小さな太陽系である」などを挙げることができるだろう。類似性について図式化すると次のようになる。

直接的類似性——同一カテゴリー的——実体的

間接的類似性——異カテゴリー的——イメージ的類似性——感性的
　　　　　　　　　　　　　　　——体系的＝構造的類似性——概念的

この間接的類似性は実のところかなり奇妙な推理に依拠しており、限りなく詭弁に近いのだ。隠喩が時に衝撃的であったり、謎めいて見えることがあるのはそのためである。隠喩がどんな推理に基づいているのか見てみよう。

（1）彼は足が速い。
（2）鹿は足が速い。
（3）だから彼は鹿だ。

この推理が詭弁であることは誰にも分かる。

（1）ナポレオンは小柄である。

（2）私も小柄である。
（3）だから私はナポレオンである。

これはおそろしくひとりよがりの推理であると一応はいえるだろう。
では次の例はどうだろうか。

（1）キツネはだます。
（2）彼はだます。
（3）だから彼はキツネだ。

この推理はある種の説得力があるはずだ。
もう少し例を挙げてみよう。

（1）バラは美しい。
（2）マリー・アントワネットは美しい。
（3）だからマリー・アントワネットはバラだ。

（1）雪は白い。
（2）彼女の肌は白い。
（3）だから彼女の肌は雪だ（彼女は雪の肌だ）。

あとの三つも推論の形式からいえば述語同定による推理で最初の二つのものとまったく形式的には同一だ。してみると隠喩は本質的には偽推理に依拠しており、隠喩として認定されるには色々な条件があることが予想される。類似性の根拠を認める（「キツネ」と「彼」に認められる「だます」という類似性は有意味である）のか認めないか（鹿と彼の間に認められる「足が速い」という類似性は無意味である）はある種の諒解（常識）に基づいていると言えるだろう。かりにキツネを「人をだます悪い動物だ」と思わない文化なり民族があるとすれば「彼はキツネだ」という隠喩は成立しなくなる。つまり「間接的類似性」は文化や民族や時代や地域などによって変動がありうる。いや、個人個人でさえ違うといえるかもしれない。したがって類似性の「根拠」はある一定のコンテクストでの「連想可能性」だということになるだろう。

すでに注意を喚起しておいたように、隠喩はかなり高度な知的活動を要求する。隠された類似性を認識するには想像力が大いに必要とされる。直喩や隠喩で問題になる「類似性」は「間接的」類似性にほかならない。それは異なる領域（カテゴリー）に属する事物間に発見される共通点（共通の特徴）である。

問題は直喩と隠喩の違いはどこにあるのかということだ。直喩の場合も隠喩の場合も異質なカテゴリー間に類似性を認定する点ではなんら変わりはない。出発点の発想（アイデア）は同一である。まず、かけ離れた、異なったものの間に隠されていた類似性の発見がある。その発見をどのように表現するのか、直喩と隠喩の違いはそこにある。「なにを言うか」はもちろん大事であるが、修辞的には「どう言うか」の方がより重要な場合がある。

ここで問題になってくるのが比喩―指標の有無だ。比喩とはある一つの事象（概念）をある別のグループ（カテゴリー）の事象（概念）によって理解（認識）することだが、問題はその二つの概念の結びつけ方（関係づけ）なのだ。直喩はあくまでその二つのカテゴリーをパラレルな関係にとどめ、隠喩は重ね合わせる（融合する）。隠喩の場合は喩えられるもの（主意）と喩えるもの（媒体）とはしっかりかみ合っているので媒体をはずすわけにはいかない。しかし直喩の場合はなくても差し支えない。つまり直喩の本質は追加的説明だということにある。したがって直喩は「説明的強調法」と呼ぶことも可能だ。それに対して隠喩は主意と媒体の同定を提案する。同意を求める。隠喩は基本的には説明ではなく主張であり、説得である。そのために隠喩は説明を控える（暗示的説明といえようか）。類似性の根拠を隠すことによって聞き手＝読者の想像力・知性に訴えかける。隠喩において比喩―指標が明示されないのは戦略的だと見なすべきだ。表現されていない根拠を推知しようとして聞き手＝読者は突きつけられた文に主体的に関わらざるをえなくなる。暗示するにとどめることによってかえって大いなる共感を期待する。直喩にならって言えば「暗示的強調法」と呼べるだろう。隠喩と直喩を分かつ決め手は含意のあるなしだ。隠喩にとって比喩―指標の欠如は本質的な条件ということになる。

隠喩は他のいろいろな文彩、諷喩、擬人法、擬物法、活喩、象徴などと微妙な、あるいは深い関係を取り結んでいる。

また隠喩は単独で使われるだけでなく、連続して使われることも多い（この用法については隠喩連鎖法を参照のこと）。

［文例］

◉天《あめ》の海に　雲の波立ち　月の船　星の林に　漕《こ》ぎ隠《かく》る見ゆ　（柿本人麻呂歌集）

［ノート］【歌意】天の海に雲の波が立ち、月の船が星の林の中へ漕ぎ入って隠れてゆくのが見える。【表現】果てしなく展がる空を海原《うなばら》に、ただよう雲を波に、空に浮かぶ月を船に、たくさんの星を林に、それぞれ見立てる。「月の船」は漢籍から借りた表現。単純だが実におおらかで、普遍的な見立てだ。

◉桜ちる木《こ》の下風は寒からで空に知られぬ雪ぞ降りける　（紀貫之）

［ノート］【歌意】桜の花が散る木の下を吹く風は寒くはなくて、空にはまだ見たこともない雪が降ることだ。【表現】落花を雪と見立てることは一般だが、この歌ではひねりを加えている。つまり雪と思っていたら雪が降るにしては暖かすぎるから、それならば「空が知らない雪」、桜だったのかと逆の推理を展開している（擬人法にも注意）。すぐれて知的な詠いぶりである。

◉春ごとに花の鏡となる水は散りかかるをや曇ると言ふらむ　（伊勢）

【ノート】水辺に咲く梅の花を詠んだ歌。【歌意】春が来るたびに水は花を映す鏡になるが、鏡に塵がかかるのを曇るというから、それにならえば花が川面に散りかかるのも曇ると呼ぶべきでしょうか。【表現】水を鏡にたとえ、梅の落花を塵にたとえる。水を鏡にたとえるのは平凡な隠喩だが、落花を塵にたとえるのは意表に出ている。

◉消えぬべき露のわが身の置き所いづれの野辺の草葉なるらむ　（殷富門院大輔）

【ノート】【歌意】今にも消えそうな露のようにはかない私の身を置く場所はどこの野辺の草葉だろうか。【表現】我が身を「露」に見立てる。

◉葛城や高間の桜咲きにけり竜田の奥にかかる白雲　（寂蓮法師）

【ノート】【歌意】葛城の金剛山の桜が咲いたのだなあ。竜田山の奥に白雲がかかっている。【表現】高間の山は金剛山の別名。咲く桜を白雲に見立てる。

◉見わたせば柳桜をこきまぜて都ぞ春の錦《にしき》なりける　（素性法師）

【ノート】詞書に「花ざかりに京を見やりてよめる」とある。【歌意】遠くはるかに都の方を眺め渡すと、柳の緑と桜の花の色をとりどりに混ぜあわせて、この都こそ、一面に広げられた春の錦だったのだなあ。【表現】柳の緑と桜の色が織りなす京の都の景観を絢爛豪華な錦織と見立てる。紅葉の美しさを「秋の錦」と見立てるのは一般であるが、柳と桜の美しさを「春の錦」としたのは秀逸である。また「こきまぜて」（ごちゃごちゃに混ぜて）という「俗語的」破調法が秀逸な見立てにりんとした張りを与えている。

◉やは肌のあつき血汐にふれも見でさびしからずや道を説く君　（与謝野晶子）

◉元始、女性は実に太陽であった。真正《しんせい》の人であった。

今、女性は月である。他に依って生き、他の光によって輝く、病人のような蒼白い顔の月、である。

さてここに『青鞜』は初声《うぶごえ》を上げた。

（平塚らいてう『青鞜』創刊の辞）

【ノート】最後の例も隠喩であるが、創刊された雑誌を生まれたばかりの「赤ん坊」にたとえており、隠喩のバリエーション、擬人法である。

◉こひしきままに家を出《い》で
ここの岸よりかの岸へ
越えましものと来て見れば
千鳥《ちどり》鳴くなり夕まぐれ

こひには親も捨てはてて
やむよしもなき胸の火や
鬢《びん》の毛を吹く河風《かはかぜ》よ
せめてあはれと思へかし

河波《かはなみ》暗く瀬を早み

流れて巌《いは》に砕くるも
君を思へば絶間《たえま》なき
恋の火炎《ほのほ》に乾くべし

きのふの雨の小休《をやみ》なく
水《み》嵩《かさ》や高くまさるとも
よひよひになくわがこひの
涙の滝におよばじな

しりたまはずやわがこひは
花鳥《はなとり》の絵にあらじかし
空鏡《かがみ》の印象《かたち》砂の文字
梢《こずゑ》の風の音《ね》にあらじ

しりたまはずやわがこひは
雄々《をを》しき君の手に触れて
嗚呼《ああ》口紅をその口に

君にうつさでやむべきや

恋は吾身の社《やしろ》にて
君は社の神なれば
君の祭壇《つくゑ》の上ならで
なににいのちを捧げまし

砕かば砕け河波よ
われに命はあるものを
河波高く泳ぎ行き
ひとりの神にこがれなむ

心のみかは手も足も
吾身はすべて火炎《ほのほ》なり
思ひ乱れて嗚呼《ああ》恋の
千筋《ちすぢ》の髪の波に流るる

（島崎藤村「おくめ」）

［ノート］「おくめ」は『若菜集』第二章「六人の処女《おとめ》」の中の一篇。《恋は炎》《君は神》という二

つの隠喩を軸に恋する乙女の喜びと苦しみ（火と水）が素直に歌い上げられている。「雄々しき君の手に触れて／嗚呼口紅をその口に／君にうつさでやむべきや」という含羞を含んだ迂言法も効果的。まさしく青春の詩《うた》である。

◉あの、神門を這入つて大極殿を正面に見、西の廻廊から神苑に第一歩を踏み入れた所にある数株の紅枝垂、――海外にまでその美を謳はれてゐると云ふ名木の桜が、今年はどんな風であらうか、もうおそくはないであらうかと気を揉みながら、毎年廻廊の門をくぐる迄はあやしく胸をときめかすのであるが、今年も同じやうな思ひで門をくぐつた彼女達は、忽ち夕空にひろがつてゐる紅の雲を仰ぎ見ると、皆が一様に、

「あー」

と、感歎の声を放つた。此の一瞬こそ、二日間の行事の頂点であり、此の一瞬の喜びこそ、去年の春が暮れて以来一年に亘つて待ちつづけてゐたものなのである。

（谷崎潤一郎『細雪』）

［ノート］芦屋の蒔岡家の姉妹は毎年家族全員で祇園に始まって平安神宮で終わる一泊二日の花見旅行をしている。文例はその年中行事のクライマックス、平安神宮の花見の場面である。「紅の雲」とは満開の桜のこと。

◉その晩馴染《なじみ》のホテルの一室で、節子は食前のお祈りのように、お説教口調で思いがけぬ告白をした。それは決して良人にも土屋にも打明けまいと決めていた秘密、あの旅行前におろ

した子供についての告白である。土屋は甚《はなは》だ神妙な面持でこれを聴いた。

この告白には悲劇的な調子があった。窓辺の虫の声がその調子を強めた。しかし口下手《くちべた》な土屋の慰めは、ひたすら節子に接吻《せっぷん》して口をつぐませることだけで、節子が又そのたびに念入りに唇《くちびる》で応《こた》えるので、長い物語はしばしば中断された。

節子の心には秘密を入れておく抽斗《ひきだし》がそう沢山はなかった。一つの新らしい秘密が生れると、前の秘密を蔵《しま》ってはおけなくなった。一つの新らしい秘密。……節子は今月の月経が待っても待っても来ぬ不安を、土屋に隠していたのである。（三島由紀夫『美徳のよろめき』）

【ノート】土屋は独身の青年で、人妻である節子の愛人。二人は夏休みに避暑先のホテルで夫に内緒で逢瀬を繰り返し、愛を確かめ合った。文中の「あの旅行前」とはこの旅行を指す。土屋への愛ゆえに節子はこの旅行を前に夫との間にできた（不覚にも宿してしまった）子供を堕ろしてしまったのだ。問題は最後の段落の隠喩である。心を整理箪笥にたとえている。この箪笥は大きな抽斗は一つしかないのだろう。その大きな抽斗を「夫の子供を堕ろした」という秘密が一杯にしているので次の大きな秘密ができると、それを取り除ける（告白する）必要があるというわけである。「心の抽斗」という隠喩は取り立てて見事な隠喩とは言えないが、そのおとなしさが道ならぬ恋をする人妻にはかえってしっくり合う。隠喩はなにも派手であればいいというわけではない。

◉肥満した霊魂の下婢よ
おまえは

やわらかい入口をもち
とめどなく漏る花甕だ
——それは神さまの唾液でいっぱいである

おまえは
家畜の夫婦がねむる
猥褻《わいせつ》な納屋だ

おまえは　あるとき
牧師のいないチャペル
また　あるときは
看護婦がいる
さみしい家のようだ

あるいは
弦がはられた
楽器の空洞

そして傷だらけの空間を
遠くながれていく
風景だ

（村野四郎「肉体」）

［ノート］「肉体」に投げつけられる言い切りの隠喩が鮮烈である。

◉孤独

それはたしかにみごとな吊橋《つりばし》だ
あらゆるひとの心のなかにむなしくかかつていて
死と生との遠い国境へみちびいてゆく
そしてこの橋を渡つて行つたものがふたたび帰つてくる日はない
それは新らしい時空の世界へたち去るのだろう

一本の蠟燭《ろうそく》がふるえながら燭台のうえで消える
もし孤独のうえでとぼしい光りを放つて死ぬのが人間のさだめなら
その光りはたれを照らしているのだろう
あの遠い野火のように
ひとしれぬ野のはてで燃え

そしていつとなく消えてしまう火
時はどこにもそれを記《しる》していない
時もまた一つの大きな孤独だ
たれに記されることなく燃えさかり
そして消えてしまうものは尊い

（嵯峨信之「野火」）

［ノート］「死と生」の境を問うこの作品には全篇に抑制された静謐の気が磅礴する。「吊橋」「蠟燭」「野火」という喩えは把捉しがたい人間存在に肉薄する、ぎりぎりの言語表現である。人間の根元的「孤独」を冷徹に見すえる詩人の眼は、しかしながらその一方でそうした孤独なありようの中に人間存在の証しを認める。人間存在とは「孤独な火」にほかならない。「たれに記されることなく燃えさかり／そして消えてしまうものは尊い」という最後のつぶやき（断定）は低く重い（これは強意結尾法である）。

隠喩連鎖法《いんゆれんさほう》 métaphore filée ／

隠喩を連続して使うこと。隠喩と本質的に変わりはない。ただ形式的には隠喩が連続する諷喩とまぎらわしくなる。この両者の違いは次の二点に帰する。

（1）隠喩連鎖法は特殊的＝個的事象に関わるのに対して諷喩は一般的＝抽象的観念に関わる。

（2）諷喩は文字どおりに読んでも問題なく読めるが、隠喩連鎖法の場合は奇妙な、ばかばかしい「読み」になってしまうことが多い。

実例にあたってその違いを見てみよう。次に掲げるのは夏目漱石『虞美人草』からの引用だ。まず初めは隠喩を駆使した諷喩で恋の一般的真理を語り、次いで途中から焦点を絞り、ヒロイン、藤尾の驕慢な恋の説明に変わる。一般から特殊へ――諷喩と隠喩連鎖法の違いを鮮やかに例示している。

「心臓の扉を黄金の鎚《つち》に敲《たた》いて、青春の盃に恋の血潮を盛る。飲まずと口を背《そむ》けるものは片輪である。月傾いて山を慕ひ、人老いて妄《みだ》りに道を説く。若き空には星の乱れ、若き地には花吹雪、一年を重ねて二十に至つて愛の神は今が盛《さかり》である。緑濃き黒髪を婆娑《ばさ》とさばいて春風《はるかぜ》に織る羅《うすもの》を、蛛蜘の囲《ゐ》と五彩の軒に懸けて、自《みづから》と引き掛る男を待つ。引き掛つた男は夜光の璧《たま》を迷宮に尋ねて、紫に輝やく糸の十字万字に、魂を逆《さかしま》にして、後《のち》の世迄《まで》の心を乱す。女は只《ただ》心地よげに見遣《みや》る。耶《ヤ》蘇《ソ》教の牧師は救われよといふ。臨済、黄檗《おうばく》は悟れと云ふ。此《この》女は迷へとのみ黒い眸《ひとみ》を動かす。迷はぬものは凡て此女の敵《かたき》である。迷ふて、苦しんで、狂ふて、躍《おど》る時、始めて女の御意《ぎょい》は目出度い。欄干に繊《ほそ》い手を出してわんと云へといふ。わんと云へば又わんと云へと云ふ。犬は続け様にわんと云ふ。女は片頬に笑《ゑみ》を含む。犬はわんと云ひ、わんと云ひながら右へ左へ走る。女は黙つてゐる。犬は尾を逆にして狂ふ。女は益《ますます》得意である。――藤尾の解釈した愛は是である。」

ちなみに、隠喩連鎖法はここに見られるように、「導入」あるいは「まとめ」（括約法）と一緒に使われることがある。隠喩連鎖法の存在を指示するためだろう。

ただ、実際問題としては微妙な事例もあるが、気にすることは毫もない。隠喩の効果を味わえれば能事足れりである。

［文例］

◉落花の雪に踏迷ふ、片野の春の桜がり、紅葉の錦を衣《き》て帰《かへる》、嵐の山の秋の暮……

（『太平記』）

◉身は浮草を誘ふ水、身は浮草を誘ふ水、なきこそ悲しかりけれ。

あはれやげに古《いにしへ》は、憍慢《けうまん》最もはなはだしう、翡翠《ひすい》のかんざしは婀娜《あだ》と〔なまめいて〕たをやかにして、楊柳《やうりう》〔楊はかわやなぎ、柳はしだれやなぎ。柳の総称〕の春の風に靡《なび》くがごとし。また鶯《あう》舌《ぜつ》の囀《さへづ》りは、露を含める糸萩《いとはぎ》の、かごとばかりに〔ほんの申しわけていどに〕散り初《そ》むる、花よりもなほ珍しや。今は民間賤《みんかんしづ》の女《め》にさへ汚《きたな》まれ、諸人《しよにん》に恥をさらし、嬉しからざる月日《つきひ》身に積《つも》つて、百年《ももとせ》の姥《うば》となりて候《さうらふ》。

（謡曲「卒塔婆小町」）

［ノート］百歳の小野小町が昔日の美貌を思い、現在の老残をなげき恥じるセリフ。【表現】「身は

浮草を誘ふ水」は「(身は)憂き」と掛ける。この文句自体も「わびぬれば身を浮き草の根を絶えて誘ふ水あらばいなむとぞ思ふ」(小野小町)を踏まえている。ちなみに、この歌の歌意は「この世を苦しいものと思っているので、我が身を憂鬱に感じ、浮き草の根を断ち切って押し流してゆく水のように私を誘ってくれる人があるなら喜んでついて行きたい」。いずれにせよ、わが身を寄る辺ない浮き草にたとえ、水のままに動く浮き草なのにそんな水草を誘ってくれる水(人)も(昔はいたのに)今はいないと悲しんでいる。本当に昔は驕り高ぶっていたことよと、過去の美しさが呼び起こされる。まず髪の描写。緑の髪をたらしたさまは「翡翠のかんざし」に見立てられ、艶やかにしてしなやか、まるで春の風になびく柳の枝のようだとされる。春の柔らかい風に軽やかに舞う長い髪というイメージは妖艶そのもの。次いで声の描写。美しい声(ことば)は鶯の鳴き声に、「鶯舌の囀り」に見立てられる。そして、その美しさは露を含んだ糸萩がほんの少し散りはじめた、その花の風情よりもなお珍重に値するものであったという。いわば髪は肉体の美しさを代表し、話し声は精神の美しさを代表している。ここには提喩的アプローチを見ることができるだろう(挙例の提喩)。髪と声に焦点を絞りこんで女性の美しさを彷彿させる。目も綾な隠喩連鎖法である。

◉〔略〕人には左《さ》もなきに我れにばかり愁《つ》らき処為《しうち》をみせ、物を問へば碌《ろく》な返事した事なく、傍《そば》へゆけば逃げる、はなしを為《す》れば怒る、陰気らしい気のつまる、どうして好いやら機嫌の取りやうも無い、彼《あ》のやうな六づかしやは思ひのままに捻《ひね》れて怒つて意地わるが為《し》たいならんに、友達と思はずば口を利くも入らぬ事と美登利《みどり》少し疳《かん》にさはりて、用の無ければ摺《す》れ違ふても物いふた事なく、途中に逢ひたりとて挨拶など思ひもかけず、唯いつとなく二人の中に大川一つ横たはりて、舟も筏《いかだ》も此処《ここ》には御法度《ごはっと》、岸に添ふておもひおもひの道をあるきぬ。

（樋口一葉「たけくらべ」）

［ノート］やがて女郎となるはずの美登利と、寺の跡取り息子の信如、二人は惹かれあっているのだが、年上の信如の方が人目を気にして美登利を避けようとする。幼い男女の心のすれ違いを「唯いつとなく」以下の隠喩連鎖法が巧みに表現している。

◉小野さんは暗い所に生れた。ある人は私生児だとさへ云ふ。筒袖《つつそで》を着て学校へ通ふ時から友達に苛《いぢ》められて居た。行く所で犬に吠えられた。父は死んだ。外で辛《ひど》い目に遇つた小野さんは帰る家が無くなつた。已《や》むなく人の世話になる。

水底《みなそこ》の藻は、暗い所に漂ふて、白帆《しらほ》行く岸辺に日のあたる事を知らぬ。右に揺《うご》かうが、左りに靡《なび》かうが嬲《なぶ》るは波である。唯其《ただその》時々に逆らはなければ済む。馴れては波も気にならぬ。波は何物ぞと考へる暇もない。何故《なぜ》波がつらく己れにあたるかは無論問題には上らぬ。上つた所で改良は出来ぬ。只運命が暗い所に生《は》へて居ろと云ふ。そこで生えてゐる。只運命が朝な夕なに動けと云ふ。だから動いてゐる。――小野さんは水底の藻であつた。

（夏目漱石『虞美人草』）

◉少女時代に二三憶《おも》う男もあったのに、節子は親の決めた男と結婚した。良人《おっと》の倉越一郎は、世間の男のするような愛の手ほどきをしてやり、節子は忠実にそれを習った。男の児も一人出来た。

しかし何か不十分なものがあった。もしこんな手ほどきがなかったなら、節子は川のむこうのことなど考えもしなかったろうに、このおかげで川岸まで連れて来られて、それからは川むこうの草のそよぎに目を奪われるようになった。しかるに良人はこちらの川岸で、長々と寝そべって、そんな年でもないのに午睡をはじめた。結婚後三年もたつと、夫婦のいとなみは間遠になった。

［ノート］これは三島由紀夫『美徳のよろめき』の冒頭近くの文章である。節子は良家の出で貞淑な女性。その彼女が不倫、「美徳のよろめき」に惹かれる経緯が隠喩連鎖法によって見事に説明される。ここで問題になっているのは浮気についての一般論ではなくて、あくまでもヒロイン節子の心の微妙なゆらぎである。またこの文章を文字どおりに読んだらおかしなもの（ピクニックの描写？）になってしまうだろう。

◉私の自我を家屋とすると、私の肉体はこれをとりまく果樹園のやうなものであつた。私はその果樹園をみごとに耕すこともできたし、又野草の生ひ茂るままに放置することもできた。それは私の自由であつたが、この自由はそれほど理解しやすい自由ではなかつた。多くの人は、自分の家の庭を「宿命」と呼んでゐるくらゐだからである。

　あるとき思ひついて、私はその果樹園をせつせと耕しはじめた。使はれたのは太陽と鉄とであつた。たえざる日光と、鉄の鋤鍬が、私の農耕のもつとも大切な二つの要素になつた。さうして果樹園が徐々に実を結ぶにつれ、肉体といふものが私の思考の大きな部分を占めるにいたつた。

（三島由紀夫『太陽と鉄』）

【ノート】肉体と出逢う前に言葉の世界に呪縛され、言葉を玩んだ三島由紀夫。その彼が新たな現実を求めて、言葉の世界を突き抜けようと模索する……。そして「私」は「太陽と鉄」にたどりつく。太陽とは日光浴のことであり、鉄とはボディビルに用いられる鉄アレイのことである。その肉体「構築」のプロセスを、まず直喩によって自我＝家屋、肉体＝果樹園という類比推理を導入してから、隠喩連鎖法によって説明する。

◉私は毎日　棺《かん》に入る
見知らぬ人といっしょに

私はあわただしく釘《くぎ》をうつ
自分の棺に

そうして　都会の方へ
生埋めにされに行く
（阪本越郎「地下鉄」）

【ノート】地下鉄を棺に喩える。生活の糧を得るためにあくせく働くことは生きることではなくて、死ぬことなのだろうか。

いんようほう

引用法

citation / citation

引用法は、他人の発言を借りて自分の文章に利用することである。ただし、借りられたものが格言や諺などのような匿名の場合もある。引用部分がなんらかの形（普通は引用符）ではっきりと示されている場合（直接引用）もあれば、要約や言い換えのような場合（間接引用）もある。引用法の狙いはなにか。次の二つにまとめることができるだろう。

（1）権威におんぶして論証の手間を省くこと（正当化）
（2）自分の発言に品位・奥ゆきを与えること（付加価値）

要するに引用は「虎の威を借りること」で、引くのは権威のあるものほどよい。引用は上手に使うと発言に重みと説得力をもたらす。

引用法は手軽で有効なテクニックであるが、あまり頼りすぎると、文章が重くなったり、衒学的になったりするのでくれぐれも注意しなければならない。

［文例］

◉まことに、愛著《あいぢゃく》の道、その根ふかく、源《みなもと》とほし。六塵《ろくぢん》の楽欲《げうよく》おほしといへども、皆厭離《えんり》しつべし。その中《なか》に、ただ、かの惑《まど》ひのひとつ止めがたきのみぞ、老いたるも若きも、智あるも愚かなるも、かはる所なしとみゆる。
されば、女の髪すぢをよれる綱には、大象《だいざう》もよくつながれ、女のはける足駄《あしだ》にて作れる笛には、秋の鹿、必ず寄るとぞ言ひつたへ侍《はべ》る。みづから戒めて、恐るべく慎《つつ》しむべきは、この惑ひなり。

(吉田兼好『徒然草』)

[ノート]「愛著の道」とは愛欲、色欲のこと。このすぐ前の文章で兼好は、女性を愛欲に執着する、業の深い存在と決めつけている。そして女性から自由になること、それが悟りへの道だと考えている。「六塵の楽欲」は、色・声・香・味・触・法の六種の刺激。感覚的なものは人間にとって真の認識を誤らせるので六塵といい、楽欲という。「厭離」は厭い捨てること。秋(交尾期)になると牡鹿は牝鹿を求めさまようということから、「秋の鹿」は愛欲にもだえる人間になぞらえられる。

ここには現代の恋愛観とはずいぶん違う考えが述べられている。昔の日本には「愛」という観念はなかった。あったのは「恋」である。恋は「乞い」、つまり異性が「欲しい」ということで、精神的なものとは無縁であった。実をいえば明治以前の日本にも「愛」という言葉が存在しなかったわけではないが、それはかなり特殊な意味あいを帯び、一般的な用法ではなかった。つまり仏教用語として、あるいはそういう含みをもって使われていたのだ。周知のように仏教は「愛」を否定している。愛は欲望の一つ(愛着、渇愛、欲愛)であり、煩悩の大きな原因である。仏教は「愛してはいけない」と説く。仏教が唱道するのは「慈悲」である。つまりかつての日本では「愛」は人間を苦しめる元凶と見なされていたわけである。

現代の私たちがなにげなく慣れ親しんでいる「愛」(「恋愛」)という観念はほかの多くの文明の

利器や有用な知識と同じように近代日本が西洋からあわただしく取り入れた「輸入品」の一つにほかならなかった。明治になってloveを堂々というか、不用意というか「愛」と訳してしまったときから「愛」をめぐる誤解と混乱の歴史が始まることになるのだが……、しかしそれはここでの話題ではない。

◉ある壮大なるものが傾いていた、と海を歌つた詩人があつた。その言い方を借りれば、波《なみ》打際《うちぎは》はある壮大なるものの重い裳《もすそ》だ。

海は一枚の大きな紺の布だと歌つた詩人もある。さしずめ波打際は、それを縁《ふち》どる白いレースということになる。

併《しか》し、私が一番好きなのは、雪が降ると海は大きなインキ壺になる、と歌つた詩人だ。分厚く白い琺瑯質《ほうろうしつ》の容器の中に青い海があるだけだ。もうどこにも波打際はない。

（井上靖「海」）

う

迂言法《うげんほう》 périphrase / periphrasis

迂言法は簡潔な固有の言い方があるのにわざわざ回りくどい言い方をすること。語の単位と文（以上）の単位を区別する立場もあるがここでは採らない。無用な分類である。要するに、迂言法は語であれ語群であれ文であれ、さまざまな理由から出発点の表現よりも長い表現に置き換えることだ。

それではなぜわざわざ好きこのんで手間のかかる迂言法（言い換え）に人は訴えるのだろうか。次の四つの理由が考えられる。

（1）礼節のため（禁忌語や下品な表現の回避。婉曲法と重なる面がある）
（2）文章を飾り彩りを添えるため（日常語の回避）
（3）同一語の反復を回避するため

（4）説明的な言い換えのため

（4）の特殊なケースとしては、たとえば翻訳に際して対応する表現がないとき、あるいは新概念に対応する適切な新造語が創り出せないとき、次善の策として説明的言い換えに頼る場合（この用法は同格法や「敷衍」paraphrase に通じる）。むろん、（4）はこの用法に尽きるわけではない（後述）。

迂言法は表現対象を遠回しに示すので、上品で優雅なもの言いになる。たとえば漁師を「すなどる者」、農夫を「耕す者」と表現する類い。だがこれも高じると滑稽になってしまう。たとえば十七世紀のヴェルサイユ宮廷のプレシューズ（才女）たちは「美しさの助言者」（鏡）「恋の領収書」（白髪まじりの髪）「老人たちの青春」（鬘）「会話の必需品」（椅子）などと気取った表現を口にして、世の顰蹙を買うことになった。これらの例は上の（2）に当たるといえるだろう。

（1）の例を挙げよう（これはおとなしい例、もっと「すさまじい」例は文例をどうぞ）。次に引くセリフは三島由紀夫の『サド侯爵夫人』から採ったもの。モントルイユ夫人が話題にしているのは娘の婿アルフォンス（サド侯爵）の放蕩である。相手をしているサン・フォンは悪女と評判の伯爵夫人。

モントルイユ　まあ、お静かに。今はアルフォンスもどう非難されようと、当人の心柄で致し方ございません。でも、新婚のたのしい芝居ごつこの同じ時期に、あとからわかつたことですが、アルフォンスはたびたび用事にかこつけて行つたパリで、あの……何と申しませうか、さういふことを職業にしてゐる女たちと……

サン・フォン　売春婦と仰言いましな。

モントルイユ　勇敢な方ね、そんな言葉をお使ひになれるなんて。ともあれアルフォンスは、さういふ類ひの女たちと、乱行に耽つてゐたのです。

上品な表現法ということで迂言法は確かに婉曲法と重なり合う面があるけれども、決定的に異なる点は表現対象がそれほど忌避すべきでない場合でも使われるという点だ。礼節さとか上品さとかとはまったく関係なく、諷刺、皮肉、嘲笑をこめて使われることがある。エリート大学のことを「高級官僚養成機関」と皮肉る場合もあるだろう。これは（4）の説明的言い換えに当たるだろうか。説明的な言い換えを使ったもっと興味深い例が中江兆民の『三酔人経綸問答』に見いだせる。次に引くのは明治新政府に対して欧米の列強に伍して海外侵略せよと強硬論を吐く人物の発言である。ほのめかされているのは中国である。

「亜細亜《あじあ》に於《おい》て乎《か》、阿非利加《あふりか》に於《おい》て乎《か》、僕遇《ぼくたまた》ま之《これ》を忘《わす》れたり。一大邦《いちたいほう》の在《あ》る有《あ》り、僕遇《ぼくたまた》ま其名《そのな》を忘《わす》れたり。是《こ》れ甚《はなは》だ博大《はくだい》なり、甚《はなは》だ富実《ふうじつ》なり、而《しこうし》て甚《はなは》だ劣弱《れつじゃく》なり。僕聞《ぼくき》く、此邦《このくに》、兵百余万衆《へいひゃくよまんしゅう》有《あ》りと雖《いえど》も、然《しかれ》ども混擾《こんじょう》して整《ととの》はず、緩急用《かんきゅうよう》を為《な》すに足《た》らず、と。僕聞く、此邦制度《このくにせいど》有《あ》るも制度《せいど》無《な》きが如《ごと》し、と。是《こ》れ極《きわめ》て肥腯《ひとつ》なる一大牲牛《いちだいせいぎゅう》なり。是《こ》れ天《てん》の衆小邦《しゅうしょうほう》に餌《えじき》して、其腹《そのはら》を肥《こや》さしむる所以《ゆえん》なり。何《なん》ぞ速《すみやか》に往《ゆき》て其半《そのなかば》を割《さか》ざるや、其《その》三分の一を割《さか》ざるや。」

〔現代語訳――アジアだったか、アフリカだったか、ちょっと度忘れしましたが、大きな国がひとつある。その名を度忘れしたのですが、とても広く、とても資源がゆたかだが、一面とても弱い。聞くところによると、その国は兵隊は百万以上あるけれども、乱雑で無統制で、いざというときの役に立たない、とのこと。聞くところによると、この国は、制度があってないようなものだ、とのこと。つまり、よく肥えた大きなイケニエの牛なのです。これは天が、多くの小国の腹を満たしてやるために、エサとして与えたところのもの。なぜさっさと出かけていって、その半分、あるいは三分の一を割き取らないのですか。」(桑原武夫・島田虔次訳・校注)

(3)の「同一語の反復を回避するため」は地味で、あまり注目されないけれども要注意の、大切な用法だ。言い換えは隠喩や換喩に基づくことも少なくない。この迂言法を特に「代称」pronomination / kenning と呼ぶことがある。代称については丸谷才一が興味深いコメントをしている。

「これはもともと、何度も話題にのぼるものや人を、いつも同じ呼び方で呼んでは単調になるから、複合語その他で婉曲に処理するといふ工夫で、やがては詩的な効果を狙ふやうになつた。シェイクスピアがこれに長《た》けてゐたのは有名だが、ここではさしあたり、星を「夜の蠟燭」(『ロミオとジュリエット』)、太陽を「旅するランプ」(『マクベス』)と呼んだ例をあげておかうか。」

（『文章読本』）

この用法については次のような例文を考えることができる。

「正木一郎は一流商社に勤める、有能な社員である。彼は五時に某産業の専務、北村春樹とホテルのロビーでアポイントメントを取ってある。エリート社員は今度の大きな商談をぜひ成功させたいと思っている。自分の職場での存在感をアピールしておきたいのだ。海千山千の客を今夜どこでもてなすか、やり手の商社員はあれこれ思いをめぐらしていた。」

案ずるにこれは元々は欧米（翻訳調）起源だろう。というのも日本語では同じ名詞（人や物）が繰り返されてもそれほど気にならないからだ。たとえば例文中の傍点箇所をそれぞれ「正木一郎」「北村春樹」で押し通しても、それほどの抵抗感はない。それよりなにより省略という手がある。たとえば傍点を付した（代）名詞はすべて省略しても差しつかえない。つまり日本語ではわざわざ「代称」に助けを求める必要があまりないのだ。そういうこともあってか、この迂言法を見過ごしたり、これに戸惑ったりする。新しい人や物が問題になっているのかと、とんでもない読み違いを犯してしまうことにもなる。「反復を回避するため」の迂言法はバタ臭い文彩なので、使用に際しては細心の注意を払う必要がある。

［文例］

◉限りなくうれしと思ふことよりもおろかの恋ぞなほまさりける　（藤原忠通）

【ノート】「限りなくうれしと思ふこと」とはなにか。位人臣《くらいじんしん》を極めることである。

◉ひとり灯《ともしび》のもとに文《ふみ》をひろげて、見ぬ世の人を友とするぞ、こよなう慰むわざなる。文は、文選《もんぜん》のあはれなる巻々《まきまき》、白氏文集《はくしのもんじふ》、老子のことば、南華《なんくわ》の篇。此《こ》の国の博士《はかせ》どもの書ける物も、いにしへのは、あはれなること多かり。

（吉田兼好『徒然草』）

【ノート】【語釈】◇文＝書物のこと。◇見ぬ世の人＝過去の世の人。◇こよなう＝この上もなく。◇文選……＝「文選」は、中国の周代から六朝までの詩文を集めた三十巻の書物。『白氏文集』は、唐代の白楽天の詩文集。老子には、『老子』二巻がある。「南華の篇」は、老子と併称される荘子（南華真人と号した）が著した『荘子』三巻のこと。ここにあげられた書物は当時の知識人の代表的な教養書。【表現】「見ぬ世の人を友とする」は迂言法で「読書する」ことを意味している。この表現は、読書を古人（伝統）との全人格的な交わり（対話）とする兼好の教養観をよく体現している。また「文は……」以下の行文は明らかに『枕草子』のスタイルを意識している。

◉子を宿しはじめしこのうえもなく清き淡き傾斜にわれは手触れぬ

（小野寺幸男）

【ノート】作者は、妊娠した妻の腹部に手を当てたときの気持ちを歌っている。この歌は第二句が九音で、リズムに破調が見られる――「子を宿し／はじめしこのうえも／なく清き／淡き傾斜に／われは手触れぬ」。破調がこの歌の焦点部分である「このうえもなく清き淡き傾斜」を導いている。この表現はきわめて修辞的で、「腹部の膨らみ」を「傾斜」とぼかして表現した提喩に基づく迂言法である。

◉京は春の、雨の、琴の京である。なかでも琴は京に能《よ》う似合ふ。琴の好《すき》な自分は、矢張り静かな京に住むが分《ぶん》である。古い京から抜《ぬけ》て来た身は、闇を破る烏《からす》の、飛び出して見て、そぞろ黒きに驚ろき、舞ひ戻らんとする夜《よ》はからりと明け離れた様なものである。こんな事なら琴の代りに洋琴《ピアノ》でも習つて置けば善《よ》かつた。英語も昔の儘で、今は大方《おほかた》忘れてゐる。阿父《とうさま》は女にそんなものは必要がないと仰《おつしや》る。先《さき》の世に住み古《ふ》るしたる人を便りに、小野さんには、追ひ付く事も出来ぬ様に後れて仕舞つた。住み古るした人の世はいづれ長い事はあるまい。古るい人に先だたれ、新らしい人に後れれば、今日《けふ》を明日《あす》と、其日《その》に数《はか》る命は、文《あや》も理《め》も危《あやふ》い。……

（夏目漱石『虞美人草』）

［ノート］文例は古風で控えめな小夜子の感慨である。京都時代、父が面倒を見た「小野さん」が東京の転居先に挨拶に来た。小野さんはなんとなく小夜子の許婚と思われている（少なくとも父の考えでは。本人はハイカラな女、藤尾に首ったけである）。久しぶりにあった小野さんは見違えるように立派な文学士になっている。「古い人」は父であり、「新しい人」は小野さんである。この迂言法は対照法の効果を帯び、小夜子・父親が生きる世界と小野さんの生きる世界の落差を浮き彫りにしている。

●空想と云ふ事の味《あぢは》ひを知らぬ人から見れば何の不思議もあるまい。全く不思議な事は更にない。リヨンにでも、パリーにでも、ロンドンにでも、何処にでも更渡《ふけわた》る夜《よ》に見ず知らずの誰かを待つて居るその女に過ぎない。恋人よりも猶《な》ほ甘い楽しみを与へながら妻のやうな重い責任を負はしめないその女に過ぎない。

けれども、此の瞬間、此の古城、此の夜深《よふけ》、自分の眼には何から何までが美しく不思議に見えてならない最中。丁度エヂプトを遠征したセザアルが沙漠の真中に立つ怪神《スフアンクス》の像の前に星を戴《いただ》きながら姿もしどろ〔強調原文〕に眠つて居るクレオパトルを見たやう。自分は恐る恐る戸口に進み寄る。と、古い石造りの家から湿《し》けた壁の匂《にほひ》の湧出《わきいづ》る闇の中に、女の暖《あたたか》い息と化粧の匂が嗅ぎ分けられる。

（永井荷風『ふらんす物語』）

【ノート】旅の途次、ふと立ち寄った南仏の古都アヴィニョン。その裏町のとある街角の出窓にかいま見た女が、そっと戸口を開けて声をかけてくる。文例はそのときの感慨である。

◉シミアーヌ　アルフォンスがそれからどうしましたつて？
サン・フォン　一ルイやるから、あることをさせろと要求したんです。
シミアーヌ　あること、つて。
サン・フォン　あなたのお好きな「あること」ですわ。ひろい庭のまんなかに立つたヴィーナスの彫刻が、正面から朝日に照らされてゐるときは、輝やかしい光線は純白の大理石の股《また》の間へまでしみ入ります。では、太陽が半日のあひだ庭をめぐつて、森のかなたへ入日になつて沈むときに、その光りはヴィーナスのどこを射貫《ぬ》くでせうか？
シミアーヌ　（しばらく考へて）ああ！　ああ！　悪魔の所業ですわ。怖ろしい罪ですわ。火焙りにされても仕方のない……

（三島由紀夫『サド侯爵夫人』）

【ノート】貞淑なシミアーヌ（男爵夫人）と悪女のサン・フォン（伯爵夫人）との会話。話題はサド侯爵がマルセイユで娼婦を相手にしでかした「ご乱行」。サン・フォンが侯爵は淫売婦に媚薬入りのボンボンを食べさせたと語ると、シミアーヌが冒頭の問いを発したのである。

●目の前で美しい争いを展開している母親と妻の二人を、青洲は憮然として眺めていた。男が割り込むことの出来るものではないことを既に知っていた。自分を産んだ女と、自分の子供を産む女との間の、べっとりした黒いわだかまりには、カスパル流の剪刀さえ役に立たない。耐えきれなくなったとき男には咆哮があるばかりだった。しかし、彼は次第に医者になりつつ女たちの争いを見ていた。そして全く一人の医者になったとき、彼には女の争いは見えず聞えなかった。

（有吉佐和子『華岡青洲の妻』）

［ノート］青洲は江戸時代の紀州の名医。文例が話題にしているのは、危険な（文字どおり命がけの）麻酔の人体実験に志願する母親と妻の争いである（ちなみに「美しい争い」は撞着語法）。傍点強調箇所の迂言法は「生む性」としての女性性にスポットを当てる。青洲の愛を独占しようとする女のすさまじい欲望と嫉妬。

え

詠嘆法《えいたんほう》

exclamation / ecphonesis

詠嘆法は心の内に満ち、高まる感動をそのまま流露した形の言語表現である。感動と詠嘆は本来区別すべきだろうが、実際問題としては区別しがたい。ただし、感動の方がストレートな情動で、詠嘆は感動のあとに来る、どちらかというと深く静かな情意であるとはいえるだろう。このことは表現の上にも反映されていて、感動を表す語は文頭に、詠嘆を表す語は文末に来ることが多い。また、詠嘆は疑問とも境界を接するが、相手を強く意識する疑問とは異なり詠嘆は本来自己中心的な表現である（稀には相手に訴える「あら、お上手ですこと」などの用例も見られるけれど）。感動や詠嘆の引き金となる感情は喜び、悲しみ、恐怖、憎悪、賞賛、願望、呪詛、祈り、憐憫、苦悩、愛情、幸福、絶望などさまざまだが、詠嘆法を演出する手だては次のようなものが挙げられるだろう。

（1）「ああ」「おお」「かなし」などの感動詞
（2）「かな」「や」「よ」「な」など感動を表す終助詞（古語では「けり」「なり」、現代語では「た」「だった」など過去・伝聞を表す助動詞も場合によっては可）
（3）省略文――「呪われた運命！」
（4）疑問文――「なんと見事なできばえだろうか」
（5）倒置文――「皮肉なものだ、人生とは」
（6）イントネーションや強勢――「悲しーい」

（1）（2）（3）が主要な手だてである。詠嘆法は割にお手軽な文彩なのでつい使いたくなるけれども、安易な詠嘆法は浅薄な感傷主義に堕す。使用はここぞという時にとどめるべきである。

［文例］

◉風吹けば峰にわかるる白雲の絶えてつれなき君が心か　（壬生忠岑）

［ノート］【歌意】風が吹くと白雲が峰から離れて、吹きちぎられ「絶えて」しまうが、それと同じように「たえて」（まったく）つれないあなたの心ですよ。【表現】絶えての掛詞と、最後の詠嘆の終助詞「か」が利いている。こちらの一途な思いを一向に聞き入れてくれない相手の女性のつれなさを恨む気持ちがすなおに格調高く歌われている。読後感がすがすがしい。

◉さざ波や志賀の都は荒れにしを昔ながらの山桜かな　（平忠度）

【ノート】【歌意】志賀の古京はすっかり荒れはててしまったが、長等山の山桜は昔のままに咲き匂っていることよ。【語釈】◇志賀の都＝天智天皇の造営した大津京。壬申の乱後廃都となった。◇ながら＝「長等（山）」と「（昔）ながら」を掛ける。

◉秋風になびく浅茅の末ごとに置く白露のあはれ世の中　（蟬丸）

【ノート】秋風に吹かれてなびく浅茅のどの葉末にも白露があるが、その白露のように、ああ、はかない世の中だ。

◉悲しき哉《かな》、無常の春の風、忽《たちま》ちに花の御《おん》すがたをちらし、なさけなきかな、分段《ぶんだん》のあらき浪、玉体《ぎょくたい》を沈め奉る。殿《てん》をば長生《ちゃうせい》と名づけてながきすみかとさだめ、門をば不老《ふらう》と号《かう》して老《おい》せぬ関《とざし》とかきたれども、いまだ十歳《じっさい》のうちにして、底の水屑《みくづ》とならせ給ふ。

（『平家物語』「先帝身投」）

◉世に畏るべき敵に遇はざりし滝口も、恋てふ魔神には引く弓もなきに呆れはてぬ。無念と思へば心愈々《いよいよ》乱れ、心愈々乱るるに随《つ》れて、乱脈打てる胸の中に迷ひの雲は愈々拡がり、果は狂気の如くいらちて、時ならぬ鳴弦の響、剣撃の声に胸中の渾沌を清《すま》さんと務むれども、心茲《ここ》にあらざれば見れども見えず、聞けども聞えず、命の蔭に蹲踞《うづくま》る一念の恋は、玉の緒ならで断たん術もなし。

誠や、恋に迷へる者は猶ほ底なき泥中に陥れるが如し。一寸上《うへ》に浮ばんとするは、一寸下《した》に沈むなり、一尺岸《きし》に上《のぼ》らんとするは、一尺底《そこ》に下《くだ》るなり、所詮自ら掘れる墳墓に埋るる運命は、悶え苦みて些《いささか》の益もなし。されば悟れるとは己れが迷を知ることにして、そを脱《だつ》せるの謂《いひ》にはあらず。哀れ、恋の鴆毒《ちんどく》を渣《かす》も残さず飲み干《ほ》せる滝口は、只々坐して致命の時を待つの外なからん。

（高山樗牛『滝口入道』）

［ノート］『滝口入道』は『平家物語』のエピソードを自由に展開した歴史小説で、その華麗な美文でもって知られる。文例は、平家一門の宴席で艶やかに舞った美少女、横笛に一目惚れした無骨な滝口（宮中警護）武士の懊悩を描く。

◉彼のあるか無いかの知識のなかに、蟬といふものは二十年目位にやつと成虫になるといふやうなことを何日《いつ》か何処《どこ》かで、多分農学生か誰かから聞き噛つたことがあつたのを思ひ出した。おお、この小さな虫が、唯一口に蛙鳴蟬騒《あめいせんさう》と呼ばれて居るほど、人間には無意味に見える一生をするために、彼自身の年齢に殆んど近いほどの年を経て居やうとは！　さうして彼等の命は僅に数日——二日か三日か一週間であらうとは！　自然は一たい、何のつもりでこんなものを造り出すのであらう。いやいや、こんなものと言つてただ蟬ばかりではない、人間を。彼自身を？　神が創造したと言はれて居るこの自然は、恐らく出たらめなのではあるまいか。さうして出たらめを出たらめと気附かないで解かうとする時ほど、それが神秘に見える時はないのだから。いやいや、何も解らない。さうだ、唯これだけは解る——　蟬ははかない、さうして人間の雄弁な代議士の一生が蟬ではないと、誰が言はうぞ。

（佐藤春夫『田園の憂鬱』）

［ノート］文例は、都会の喧噪を遁れて田園に若くして隠棲する男が借家の廃園の一隅で蝉を観察したときの偶感である。この文例は詠嘆が――というよりもここは感嘆といったほうがいいけれども――、疑問と通底関係にあることをよく示している。ただ最後の「さうして」以下の文は余計である。調子に乗りすぎて筆が滑ったのだろうか。

◉……私は複座の戦闘機の後部座席に乗り、靴の踵の拍車を固定し、酸素マスクを点検し、蒲鉾形の風防ガラスでおほはれた。操縦士との無線の対話は、しばしば英語の指令に妨げられた。私の膝の下には、すでにピンを抜いた脱出装置の黄いろい鐶が静まつてゐた。高度計、速度計、おびただしい計器類。操縦士が点検してゐる操縦桿は、もう一つ私の前にもあつて、それが点検に応じて、私の膝の間であばれてゐる。

二時二十八分。エンジン始動。金属的な雷霆《らいてい》の間に、操縦士のマスクの中の息の音が、大空の規模で、台風のやうにはためいてきこえる。二時半。0－6号機はゆるやかに滑走路へ入り、そこで止つてエンジンの全開のテストをした。私は幸福に充たされる。日常的なもの、地上的なものに、この瞬間から完全に訣別し、何らそれらに煩はされぬ世界へ出発するといふこの喜びは、市民生活を運搬するにすぎない旅客機の出発時とは比較にならぬ。

何と強く私はこれを求め、何と熱烈にこの瞬間を待つたことだらう。私のうしろには既知だけがあり、私の前には未知だけがある、ごく薄い剃刀の刃のやうなこの瞬間。さういふ瞬間が成就されることを、しかもできるだけ純粋厳密な条件下にさういふ瞬間を招来することを、私は何と待ちこがれたことだらう。そのためにこそ私は生きるのだ。それを手助けしてくれる親切な人たちを、どうして私が愛さずにゐられるだらう。（三島由紀夫『太陽と鉄』）

［ノート］肉体改造の向こうに「死」を見た三島が超音速ジェット戦闘機に搭乗の体験を綴るくだり。詠嘆法は三島の心の高ぶりをよく伝えている。ただし、まるで子供のような有頂天ぶりはほほえましくもあるけれども。

婉曲法《えんきょくほう》

euphémisme / euphemism

婉曲法は差しさわりのある、露骨な表現をあたりさわりのない穏やかな表現に換えることである。

この文彩は明らかに糞尿性、セックス、死の三大タブーと切っても切れない関係にあるが、それ以外でも伝達内容が不快だったり、不吉だったり、下品だったり、要するに言葉にするのが憚られる時に使用される。婉曲法には主に次の三つの手だてがある。

（1）表現対象を別のカテゴリーに「移す」こと（隠喩）
（2）表現対象を関連するものに「ずらす」こと（換喩）

（3）表現対象を「ぼかす」こと（提喩）

まず死に関するものから見てゆこう。

「永い眠りにつく（永眠）」は死を永い眠りと見立てた隠喩的言い換えである。「息を引き取る」は前件でもって後件を暗示する換喩的言い換え。「亡くなる」は死を漠然とした言葉で表現する提喩的言い換えである。

次に糞尿性に関するもの。

「（御）手洗い」は前件—後件の換喩（転喩）、「洗面所」「化粧室」は全体—部分の換喩による言い換えである。「小用」、「用足し」は漠然とした「括り」による提喩的言い換え。

最後にセックスや生理、身体に関するもの。

「彼女は胸が大きい。」胸は頭部と腹部の間の部分を指す言葉だが、その一部分を占める「乳房」を「胸」と呼ぶ。これは全体—部分の換喩による遠回しな表現だ。性の欲望に関しては男性は誰しも考えることは同じだということを言うために「下半身に人格はない」というような言い方をすることがある。確かに「性器」は下半身の一部にはちがいない。

フランス語の上品な言い方では女性の「胸」のことを「喉（元）」という。これは換喩的表現だが、全体で部分のそれではない。これは近くにあるもの同士をその一方で表す表現、「隣接性」の換喩だ。そして日常のフランス語でもブラジャーのことはスチヤン＝ゴルジュ（soutien-gorge＝喉を支えるもの）と言う。

また「痔疾」のことを「お尻が悪い」という言い方をする。肛門が臀部の部分だからである。腸の手術をした後では「おなら」が出るか出ないかはそれこそ大問題だ。そんなとき看護婦さんは「ガス」が出ましたかとたずねる。おならはガスの一種である。これは上位のカテゴリーで下位のカテゴリーを表す提喩である。「生理」も同じ用法である。

このように「ぼかす」表現には換喩や提喩が活躍するが、外国語を使っておしゃれに上品に表現することもできる。「トイレ（ット）」「レストルーム」。この手の外国語による婉曲法的言い換えは「月のもの」をドイツ語で「メンス（ツルアチオン）」と呼んだり、体の部位を「バスト」「ウエスト」「ヒップ」と呼んだりすることにも見られる（そういえば「スリーサイズ」という言い方もある）。外国語の方が間接的で、ストレートな感じが薄れるのだ。

婉曲法が活躍するのは三大タブーばかりではない。不吉なものやマイナスのイメージを反対のものに置き換えてしまうのだ。危険の多い海を「太平洋」と名づける。「後進国」を「発展途上国」、氷の島を「グリーンランド」、ゴミの埋め立て地を「夢の島」、ゴミ箱を「護美箱」、山を切り開いた新興住宅地を「緑が丘」「希望が丘」、ソープランドを「風俗店」。また、「忌み言葉」を避けるためにも婉曲法は使われる。宴会などの最後に「お終いにする」と言わずに「お開きにする」、勘定を「閉める」と言わずに「上がり」。「するめ」は「する」に通じるので「あたりめ」と言い換える。「葦」は「悪し」に通ずるので「ヨシ」。

送り届けるべき情報に比べて表現を抑える点で婉曲法は誇張法と対極的であり、強調するために敢えて表現を抑える緩叙法とはめざす方向が逆である。

[文例]

◉なあに、赤いものがなくなってからまた一ト盛りがあるものなのよ。（幸田文『流れる』）

[ノート] 同じ部屋に寝た若い女中に寝起き姿の色っぽさを褒められた芸者屋の女将の台詞。

◉二度目の接吻は私を少しずつ大胆にした。すると、根見子は私の大胆さを、その度に許した。そして私は、こんなことが起り得るのだろうか、起っていいのだろうか、と感じながら根見子を横にし、根見子に触れていった。根見子は自分の女の性を私に放棄して、目をつぶっていた。社会の、世間の、教育の絶対的なこのタブーを破るのは、戦慄的なことであった。しかし私は、彼女に強いるというよりは、拒まれないままで、そこまで来てしまったのだった。彼女は融けた蠟が虫を捕えるように私をとらえ、私の力を終りにした。あっけない、些細なことが起って過ぎ去ったようであった。しかし今行われたことの意味は、これから後に分って来るように感じられた。（伊藤整『若い詩人の肖像』）

[ノート] 文例は、十九歳の学生である「私」と十七歳の女学生、重田根見子のセックスシーン（初めて口づけをした直後の）である。時代は大正末期のこと。セックスへのタブーが現代では想像できないほど強かった時代である。婉曲法の効果的な使用によって扇情的な場面が抑制と含羞の

感じられる美しいものになっている。

◉あの決定的な一夜このかた、私は巧みに女を避けて暮らした。あの一夜以来、まことの肉慾をそそる*Ephebe*の唇はおろか、一人の女の唇にも触れずに来た。よし接吻せぬことが却つて非礼に当るやうな局面に出会つても。——そして春にもまして、夏の訪れが私の孤独をおびやかした。真夏は私の肉慾の奔馬に鞭《むち》をあてるのである。私の肉を灼きつくし、苛《さい》なむのである。身を保つためには、時あつて一日五回の悪習が必要であつた。

（三島由紀夫『仮面の告白』）

［ノート］女に愛を感じない「私」は遠縁の年上の未亡人に唇を強引に奪われた。文例中の「あの決定的な一夜」とはこの出来事を指す。ephebeは「青年」を意味するドイツ語（英語）。これは外国語使用による婉曲法。「肉慾の奔馬」は隠喩による婉曲法、「悪習」は提喩（ぼかし、悪習とはいってもいろいろある）による婉曲法。

◉日本の政府とメディアは言葉をうまく使ってごまかしていると思います。不快な事実、あるいは隠したい事実がはっきりと見えないように、それをごまかすようにユーフェミズム（遠まわしの言い方）が作用している。政府側が使う場合には、それは大衆操作の道具になる。

敗戦を「終戦」、占領軍を「進駐軍」というのはその極端な例です。また、一〇〇万人の大軍が作戦していてもまだ「日中事変」なのです。これほど立派な戦争はない。

それは単純に政府の一方的な操作ということだけではなくて、日本社会で議論をする習慣が少ないということです。ことに各種議会をはじめ公的な場面での議論が少ない。それはメディアにも典型的に現れている。たとえば、英国だったらメディアの中で正面切って公的な問題を議論する。

日本では、ある問題について二つの意見があるときに、それを突き合わせてどういう根拠でそういうことをいうのか、両方が議論の中から学べるものは少ないのではないか。正面からはっきり物をいわない。論戦を好まないから、はっきり物をいわない。はっきり物をいわないから論戦ができない。相互に密接に絡んでいて、それが破局を招くような問題にまでなる。

カタカナを使うことが好きだということも、一種のユーフェミズムとして作用している面がある。雰囲気で言論を運んでいて、言葉を通してはっきりと事物を捕まえるというのではない。日米関係といえばいいところを国際関係という。より広い言葉の中に流し込んでしまって、具体的にいわない。

不快なこと、悪いこと、嫌なことを大体隠す。あるいは和らげるように使っている。そして全体として、日本国にあまり悪いことはないという印象がつくり出されるようになっている。

（加藤周一『私にとっての二〇世紀』）

［ノート］文例は婉曲法が現実を糊塗するために悪用されるのを難じた文章である。

縁語《えんご》

主想となる語と意味的に関連のある語を意図的に詠い込むこと。連想による多重化表現で、表現に陰影（あや）とふくらみ（おもしろみ）がもたらされる。

たとえば次の歌でその実際を見てみよう。

袖ひちてむすびし水のこほれるを春立つけふの風やとくらむ　（紀貫之）

「【語釈】◇ひちて＝濡《ぬ》れて、つかって。◇むすびし水＝手に掬《すく》った水。「し」は過去の助動詞。◇春立つ＝立春。【歌意】袖を濡らして手にすくって遊んだあの（夏の）水が（冬に）凍ってしまったが、立春の今日の風が今ごろは解かしているだろうか」

「むすぶ」（結ぶ）、「はる」（張る）、「たつ」（裁つ）、「とく」（解く）は、いずれも「袖《そで》」の縁語である。この場合もそうだが、縁語は掛詞によってたぐり寄せられることが多い。

はじめ和歌で発達した修辞技法だが、そのご道行文や謡曲などでも多用されるようになった。縁語は掛詞と並んで日本語の修辞技法の代表である。

［文例］

◉唐衣《からころも》きつつなれにしつましあればはるばるきぬる旅をしぞ思ふ　（在原業平）

［ノート］詞書に次のようにある。「東国へ、友とする人を一人二人誘って行った。三河の国八橋《やつはし》という所に到着したところ、川のほとりに、かきつばたがとても美しく咲いていたのを見て、馬から降りて木陰に腰をおろし、「かきつばた」という五文字を句の初めに置いて、旅の心を詠もうと思って詠んだ。」つまり、これは一種の題詠である。ある物の名前を歌の中に詠み込むことは、物名《もののな》と言われ、当時さかんに行われた言語遊戯である。特に各句頭に配したものは「折句」と呼ばれた。

【歌意】馴れ親しんだ気心の知れた妻を、都に残してきたので、こんな遠くまで来てしまった旅がいっそう辛く思われることだ。【表現】「唐衣きつつなれにし」は「つま」（褄）を引き出す序詞で、「なれ」（褻《な》れ）に「馴れ」、「つま」に「妻」を掛ける。毎日着つづけて肌に「褻れ」てなじんだ衣の褄、そのように「馴れ」た仲の妻というように、イメージが積み重ねられている。「なれ」（褻れ）、「つま」（褄）、「はる」（張る）、「き」（着）はいずれも「唐衣」の縁語である。一首は、序詞・掛詞・縁語・折句といった技巧を駆使した知的な詠いぶりであるけれども、技巧に溺れることなく杜若《かきつばた》の清楚なイメージを揺曳させつつ、遠く残した妻を愛慕・哀惜する情趣深い歌である。

◉白河の知らずとも言はじ底清み流れて世々にすまむと思へば　（平定文）

［ノート］【歌意】白河ではないがあなたのことを知らないとは言いません。白河の底が清くていつまでも澄んで流れているようにいつまでも共に暮らしてゆきたいと思うので。【表現】「白河の」は「知らず」を導く枕詞。そして「知らず」は男女関係を知らないとは言わないと続いて、それを隠すことはしない、心の底が清らかだから年月が流れても一緒に住みたいと思いますのでという主想

を紡ぎ出す。枕詞「白河」の縁語として「底」（水底）、「流れて」（水の流れ）、「す（澄）まむ」が引き寄せられる。

◉下燃えに思ひ消えなん煙《けぶり》だに跡なき雲の果てぞ悲しき　（藤原俊成女）

【ノート】詞書に「雲ニ寄スル恋」とある。【歌意】物の下でくすぶって消えてしまう火のように私はひそかに焦がれ死んでしまうのだろうが、その私の火葬の煙さえ雲の彼方に跡形もなく消えてしまうのがなんとも悲しいことだ。【表現】「思ひ」の「ひ」に「火」を掛け、「火」の縁語として「下燃え」「消え」「煙」を連ねる。【語釈】「下燃え」は物の下で燃えること、転じてひそかに思い焦がれること。「なん」は推量で、きっと～なるだろうの意。

◉げにやもとよりも定めなき世といひながら、憂き節《ふし》繁き河竹《かはたけ》の、流れの身こそ悲しけれ。
分け迷ふ、行方《ゆくへ》も知らで濡れ衣。

野上《のがみ》の里を立ち出でて、野上の里を立ち出でて、近江路《あふみぢ》なれど憂き人に、別れしよりの袖の露、そのまま消えぬ身ぞつらき、そのまま消えぬ身ぞつらき。　（謡曲「班女」）

【ノート】美濃の国、野上の宿の遊女、花子は東国下向のさる少将（吉田の少将）に一夜の情けをかけられひたむきに思慕し、なかなか戻らぬ恋人のつれなさに気がふれてしまう。そしてふらふらと……。「定めなき世」とは無情な世の中のこと。「憂（浮）き」は「河」「流れ」と縁語。「憂き節」はつらいこと。「節」は「世」の縁語。「憂き節繁き」はつらいことの多いという意。「節」から「（河）竹」を導く。「河竹」は河辺の竹。「河」から「流れ」を出す。「憂き節繁き河竹の、流れの身」とは遊女の身の上を指す迂言法。「分け迷ふ」の「分け」は「野上」の「野」と縁語。「濡れ衣」は涙に濡れた衣。「野上」の「の」は「幅《の》」に音が通じて「衣」の縁語。「立ち出でて」の「たち」は「裁ち」に音が通じ、「衣」の縁語。「近江路」は「逢う身」を籠める（逢う身とはいいながら実は別れ路）。「憂き人」は「つれない人」の意で、吉田の少将のこと。「袖の露」は涙のことで、「消えぬ」と縁語。この「消えぬ」は兼用法で、露のように消えもせぬ、死なれもせぬわが身と掛ける（本義と転義）。見事というべきか、呆れるというかまさしく縁語のオンパレードである。

お

音彩法《おんさいほう》

音の類似性を原理とする文彩。形式的には音響性に依拠するが、意味の比重が多くなるタイプも含まれる。継起性の時間軸で働くタイプ（同音・類音反復）と同時性の時間軸で働くタイプ（駄洒落、掛詞、地口）とに二分できる（駄洒落と地口については「言葉遊び」の項、掛詞については「掛詞（懸詞）」の項をそれぞれ参照のこと）。

継起性の時間軸で働くタイプはことばの詩的機能を体現していて、時に言葉遊びに化することがあるが、強く感覚に訴える。主に次の三つのタイプがある。

（1）同母音反復
（2）同子音反復
（3）類音語反復

日本語は音節組織が単純なので（1）はあまり効果を期待できないが、（2）と（3）はそれなりの修辞的役割を果たすことができる。

（2）の例

「なせばなるなさねばならぬなにごともならぬはひとのなさぬなりけり」（上杉鷹山『鷹山集』）

（3）の例

「日光を見ずして結構と言うな」「無理が通れば道理ひっこむ」「自慢高慢馬鹿のうち」「短気は損気」「色気より食い気」「惚れた腫れた」

［文例］

［1］同母音反復

◉ほのぼのとあかしの浦の朝霧に島隠れゆく舟をしぞ思ふ

（よみ人しらず『古今集』）

［ノート］【歌意】ほんのりと明るんでゆく明石の浦にたちこめる朝霧のなかを、島に隠れて行く舟をしみじみと目送することだ。【語釈】◇ほのぼのと＝ほんのりと。◇あかしの浦＝兵庫県明石の海岸。◇島隠れゆく＝島に隠れて行く。島は淡路島のこと。◇舟をしぞ思ふ＝舟は「入れ物―中身」の換喩で「船中の人」を表す。「し」「ぞ」はそれぞれ強意の副助詞、係助詞。

◉うたがふな潮の花も浦の春

（芭蕉）

---

［2］同子音反復

◉玉の緒《を》よ絶えなば絶えねながらへば忍ぶることの弱りもぞする　（式子内親王）

【ノート】【歌意】わが命よ、もし絶えるなら絶えてしまえ。このまま生きながらえると気力も弱まり、秘めている思いが外に現れてしまいそうだから。【表現】T音ばかりでなくN音の繰り返しにも注意すること。

◉思ひ草葉末に結ぶ白露のたまたま来ては手にもたまらず　（源俊頼）

【ノート】【歌意】物思いに耽っているように見える思い草の葉先に宿る白露の玉ではないが、たまに来たかと思うと、露が手にもとどまらずするりと落ちるようにあなたはすぐに帰ってしまうのですね。【語釈】◇思ひ草＝ススキなどに寄生する植物ナンバンギセルの古名。◇思ひ草葉末に結ぶ白露のたま＝「たまたま」を導く序詞。

◉住の江の岸に寄る波よるさへや夢の通ひ路人目よくらむ　（藤原敏行）

【ノート】【歌意】住の江の岸に寄る波の「よる」ではないが、夜までも夢の中の通い路であなたは人目を避けて私と逢おうとはしないのでしょうか。【語釈】◇住の江＝大阪府住吉の浦。◇寄る波＝打ち寄せる波。次の「よる（夜）」を導く。◇よるさえや＝昼はむろんのこと夜までも。◇夢の通ひ路＝夢の中で恋人が通ってくる路。◇人目よくらむ＝「人目」の人は恋人ではなく世間と解す。「よく」は避ける。【表現】「よ」音の反復に注目しよう。

［3］類音語反復

◉文学の神髄はつまる処、虚偽と遊戯、この二つより外にはない。

——（永井荷風『新帰朝者日記』）——

か

格言法《かくげんほう》

maxime / sentence

格言法は、ここぞというときに格言、警句、諺あるいは断定的な文章を配し、文章を引き立てる文彩。「不当な一般化」の危険があるので使用に際してはじゅうぶん注意しなければならないが、その効果はやはり魅力的である。ただ実際には格言の使われる位置は段落の最初か、最後に集中するので、奇先法、あるいは強意結尾法と重なる。したがって文例についてはおのおのの項を参照されたい。

掛詞（懸詞）《かけことば》

掛詞（懸詞）は同音異義語を利用して一つの表現に二つの意味を兼ねさせる文彩である。ただし同音とはいっても清濁は無視してよい。音数に制限のある短詩型文学、とりわけ和歌においては重要な修辞技法として多用された。

掛詞は本質的には駄洒落と同じ原理に基づいている。両者の違いは使用目的である。欧米ではこの種の技法は「言葉遊び」と受けとめられ、あまり高い評価を受けていない。この彼我の違いはなぜだろうか。おそらく双方における音節組織の違いが主たる理由だろう。日本語は洒落（掛詞）を作りやすい言語だ。このことはワープロの変換ミスを考えれば容易に諒解されるはずだ。これには二つの理由がある。一つは借用された漢語が多いこと、もう一つは日本語の音節組織が単純なこと。ただし、あとの理由のほうが決定的である（掛詞では漢語掛けは少なく、和語掛けが多い）。

日本語の音節パターンは極めて少ない（世界で二番目に少ないという）。たとえば英語のばあい可能な音節パターンは三千八百を超えるといわれているが、それに対して日本語はわずか九十八しかない。この違いは英語の場合子音で終わる音節、いわゆる閉音節が多いということ、日本語の場合「ン」を除いてすべて母音で終わる開音節だということから来る。そうであればこそ日本語では子音のみを表記する文字を必要とはしなかったのだ（「いろは」の四十八文字と濁点・半濁点があれば日本語の可能な音節を網羅することが可能）。まさに日本語は同音異義語の宝庫である。（駄）洒落が滑稽（ユーモア・ジョーク）に利用されたのに対して、掛詞は含蓄深い修辞技法として洗練された。

掛詞は重なり方とか掛かり方から四つのパターンがある。

（1）完全に重なる場合（兼句とも呼ばれる）
（2）部分的に重なる場合
（3）同時的にかかる場合（平掛け）
（4）継起的にかかる場合（接木掛け）

（1）の例として小野小町の有名な歌を写す。

花の色はうつりにけりないたづらにわが身世にふるながめせしまに

〔美しい花の色は褪せてしまったことだなあ、むなしくも。降り続ける長雨を見つめながら、（むなしくも）男女の仲のことを思いわずらって過ごしている間に〕

「ふる」は「経る」（年月を過ごす）と「降る」、「ながめ」は「眺め」（物思いにふけること）と「長雨」を掛ける（ちなみに「降る」と「長雨」は縁語。「花の色」は隠喩で、「女の容色」でもある）。

（2）の例として、

富士の嶺《ね》の煙もなほぞ立ち昇る上なきものは思ひなりけり（正三位家隆）

〔富士山の頂の煙もいっそう高く立ち昇っているけれども、際限のないものは私のもの思いの火から出る煙でした〕

「思ひ」（恋の思い）は部分的に「火」を掛ける。

例に挙げた上の二首は（3）の同時的に掛ける例でもある。

（4）の例としてつぎの歌を写そう。

み吉野は山も霞みて白雪のふりにし里に春は来にけり（藤原良経）

〔吉野は山もかすんで、白雪の降っていたこの古い里（古都）にもやっと春が訪れてきたことだ〕

「ふり」は「降り」と「旧り」を掛ける。しかもその掛かり方は「白雪の降り、旧りにし里」と上下に、つまりいったん止まって、また戻って掛かっている。掛詞にはこのように二文の連接・展開に関わる場合がある。（3）よりもけれんがあり、その効果が大である。

掛詞は音数に制限のある短詩型文学（和歌を筆頭にして）に特有の技法であるが、表現を膨らませることができるので、謡曲やうたい物、浄瑠璃、軍記物など（特に道行文）でも用いられるようになった。

掛詞は同音を手がかりにかなり自由に単語をたぐりよせる点で欧米詩の韻（特に脚韻）を思わせるところがある。日本語は音素ではなくてモーラが基本になっているため、音節組織が単純で、勢い母音中心に傾き、多彩な韻を展開することができない（モーラとは子音＋短母音から成る音節、あるいはそれに等しい長さの音節のこと。たとえば学校は「ガ／ッ／コ／オ」で四モーラ。早い話が和歌や俳句の音の数え方はモーラ音節に基づいている）。掛詞が発達したのは、おそらくはその欠を補うものだったのかもしれない。

多義語（多くは本義と転義）を対象とする兼用法は掛詞の特殊ケースにほかならない。

［文例］
◉音にのみきくの白露夜はおきて昼は思ひにあへず消ぬべし　（素性法師）

［ノート］【歌意】菊の花の上に白露が置かれて昼は日に当たって消えてしまう。そのように私もまた、恋しく思う人とは逢うこともなく、ただ噂を耳にするばかり、夜は起きて悶々と、昼は耐えられずに息絶えてしまいそうだ。【語釈】◇音にのみきく＝「音」は噂の意、噂にだけ聞くこと。◇あへず＝もちこたえる、堪えるの否定形で、耐えることができずにの意。【表現】「聞く」と「菊」を掛ける。また「置き」と「起き」を掛ける。「思ひ」に「日」を掛ける。見られるとおり自然と人間（人事）――この別々のカテゴリーに属する事象が掛詞によって巧みに重ね合わされている。

わが国に古くからある「寄物陳思」の技法が掛詞によって見事に達成されているといえよう。

◉ななへやへ花はさけども山吹のみのひとつだになきぞかなしき　（兼明親王）

［ノート］【歌意】花は七重八重に咲いているけれども、山吹が実の一つさえもないように、蓑《みの》が一つさえもないのは悲しいことです。【表現】「みの…なき」は「実の無き」と「蓑無き」を掛ける。兼明《かねあきら》親王の別荘は洛外の嵯峨《さが》小倉にあった。「小倉の家に住んでいたころ、雨の降った日、蓑《みの》を借りに来た人に山吹の枝を折って与えたが、その人は翌日、その意味が分からないといってきたので返事に遣わした歌である」と詞書にみえる。言ってみれば謎かけの種明かしの歌。

◉世の中よ道こそなけれ思ひ入る山の奥にも鹿ぞ鳴くなる　（藤原俊成）

［ノート］【歌意】ああ、この世の中は、逃れる道とてないのだなあ。思いつめて入ったこの山の奥にもやはり憂愁があるのか、鹿が鳴いているよ。【表現】「思ひ入る」は一つのことを思いつめることと。「思ひ入る」の「入る」は掛詞で、「入る山の奥」と連接する。「山の奥」は世俗を脱した場所。生きることの憂悶を哀切きわまりない鹿鳴に仮託して表現している。

◉わが待たぬ年は来ぬれど冬草のかれにし人はおとづれもせず　（凡河内躬恒）

［ノート］【歌意】私が待っているわけでもない新年はもうそこまで来てしまったが、冬草と同様に枯れて離れてしまった人は便りもして来ない（ましてや訪れなどしてくれない）。【表現】「かれ」は「枯れ」と「離れ」（疎遠になる）を掛ける。

◉荒磯は漁《あさ》れどなにのかひなくて潮《うしほ》にぬるる海女《あま》の袖かな　（菅原孝標女『更級日記』）

［ノート］【歌意】荒磯はいくら漁をしても貝一つとれず、いたずらに濡れる海女の袖のように、いくらはげんでもなんの甲斐もなくわたしの袖もただ濡れるばかりです。【表現】つらい宮仕えを荒

磯にたとえる（隠喩）。「かひ」は「貝」と「甲斐」（効果、結果）を掛ける。

◉わが袖にまだき時雨《しぐれ》の降りぬるは君が心にあきや来ぬらむ　（よみ人しらず『古今集』）

【ノート】【歌意】わたしの袖の上に季節より早く時雨が降ったのは、あなたの心に、涙の時雨を降らせる秋、飽きが来たのでしょうか。【表現】「あき」は「秋」と「飽き」とを掛ける。ちなみに時雨は涙の隠喩。

◉長き夜をおもひあかしの浦風に鳴く音をそふるとも千鳥かな　（藤原定家）

【ノート】【歌意】長い夜を思い明かした、明石の浦の浦風に鳴き声を添える千鳥たちだなあ。【語釈】とも千鳥＝群れをなしている千鳥。友千鳥。【表現】「あかし」に「明かし」と「明石」を掛ける。

◉たち別れいなばの山の峰におふるまつとしきかばいま帰り来む　（在原行平）

【ノート】【歌意】発って別れて行くけれども、行き先の因幡の国の山の峰に生えている松、その松という名のように「待つ」（待っている）と聞いたらすぐにでも帰ってきましょう。【表現】「いなば」は「往（去）なば」と「因幡の国」を掛けている。「まつ」は「松」と「待つ」を掛ける。「いなば」も「まつ」もいわば「文と文をつなぐ蝶番」の役割を果たしている。つまり「往なば、因幡の国の峰におふる松、待つとしきかば」というように次の文脈を導いている。

◉世の中にかほどうるさきものはなしぶんぶといふて身をせむるなり

【ノート】寛政の改革を諷した落首。「かほど」に「斯ほど」と「蚊ほど」を、「ぶんぶ」に「文武」と「ぶんぶん」をそれぞれ掛ける。

◉太平の眠りを覚すじようきせんたつた四杯で夜もねられず

【ノート】黒船来航を諷した落首。「じょうきせん」に「蒸気船」と「上喜撰」（宇治茶）を、「四杯」に「四艘」と「四盃」を掛ける。

◉花の都を立ち出でて、花の都を立ち出でて、憂《う》き音《ね》に泣くか賀茂川や、末《すゑ》白河をうち渡り、粟田口《あはたぐち》にも着きしかば、今は誰をか松坂や、関のこなたと思ひしに、跡になるや音羽山の、名残惜しの都や。松虫鈴虫きりぎりすの、鳴くや夕陰《ゆふかげ》の、山科《やましな》の里人も咎むなよ、狂女なれど心は清滝川《きよたきがは》と知るべし。逢坂の、関の清水に影見えて、今や引くらん望月《もちづき》の、駒《こま》の歩みも近づくか、水も走井《はしりゐ》の影見れば、われながらあさましや。髪はおどろをいただき、黛《まゆずみ》も乱れ黒みて、げに逆髪《さかがみ》の影うつる、水を鏡と夕波《ゆふなみ》の、うつつなのわが姿や。　（謡曲「蝉丸」）

【ノート】髪が空へと生えあがる異様な髪の持ち主、気の触れた皇女「逆髪」の狂乱の舞い。掛詞、縁語、引喩の華麗な共演が見物である。【表現】◇憂き音＝浮き寝。◇泣くか＝鳴くか。◇賀茂川＝（鳴く↓）鴨。◇末白河＝末知らず、と掛ける。◇粟田口＝粟は泡に通じ、白河・鴨川の縁語。◇誰をか松坂や＝松↓待つ。◇跡になる＝鳴る。◇音羽山＝音羽山おとに聞きつつ逢坂の関のこなたに年をふるかな。◇松虫鈴虫きりぎりすの、鳴くや夕陰の、山科の＝我のみやあはれと思はむきりぎりす鳴く夕かげの大和なでしこ。◇心は清滝川＝心は清し。◇今や引くらん望月の、駒＝「今や」以下、紀貫之の歌をそのまま引く。◇水も走井＝水も走り、と掛ける。◇水を鏡と夕波の＝水を鏡という、と掛ける。◇夕波の、うつ＝（夕波）↓打つ。

◉落花の雪に踏迷ふ、片野の春の桜がり、紅葉の錦を衣《き》て帰《かへる》、嵐の山の秋の暮、一夜《ひとよ》を明《あか》す程だにも、旅宿《たびね》となれば懶《ものうき》に、恩愛の契り浅からぬ、我故郷《わがふるさと》の妻子をば、行末《ゆくへ》も知ず思置《おもひおき》、年久《としひさしく》も住馴《すみなれ》し、九重《ここのへ》の帝都をば、今を限と顧《かへりみ》て、思はぬ旅に出玉《いでたま》ふ、心の中《うち》ぞ哀《あはれ》なる。憂をば留《とどめ》ぬ相坂《あふさか》の、関の清水《しみづ》に袖濡《ぬれ》て、末《すゑ》は山路《やまぢ》を打出《うちで》の浜、沖を遥《はるかに》見渡せば、塩ならぬ海にこがれ〔漕がれ↓焦がれ〕行《ゆく》、身を浮舟〔浮き↓憂き〕の浮沈《うきしづ》み、駒も轟《とどろ》と踏鳴す、勢多《せた》の長橋《ながはし》打《うち》渡り、行向《ゆきかふ》人に近江路《あふみぢ》〔あふ↓逢う〕や、世のうねの野に鳴《なく》鶴も、子を思ふかと哀《あはれ》也。時雨《しぐれ》もいたく森山《もりやま》〔もり↓漏る〕の、木下《このした》露に袖ぬれて、風に露散る篠原や、篠分《しのわく》る道を過行《すぎゆけ》ば、鏡の山は有《あり》とても、泪《なみだ》に曇《くもり》て見へ分《わか》ず。物を思へば夜間《よのま》にも、老蘇《おいその》森の下草《したくさ》に、駒を止《とどめ》て顧る、古郷《ふるさと》を雲や隔つらん。番馬《ばんば》、醒井《さめがゐ》、柏原《かしはばら》、不破《ふは》の関屋《せきや》は荒果《あれはて》て、猶《なほ》もる物は秋の雨の、いつか我身の〔↓美濃〕尾張《をはり》〔↓終わり〕なる、熱田の八剱伏拝《やつるぎふしをが》み、塩干《しほひ》に今や鳴海潟《なるみがた》〔潮干に「成る」〕、傾《かたぶ》く月に道見へて、明《あけ》ぬ暮《くれ》ぬと行《ゆく》道の、末はいづくと遠江《とほたふみ》〔↓問ふ〕、浜名の橋の夕《ゆふ》塩《しほ》に、引人《ひくひと》も無き捨小船《すてをぶね》、沈みはてぬる身にしあれば、誰《たれ》か哀《あはれ》と夕暮〔↓云う〕の、入逢鳴《いりあひなれ》ば〔↓なれば〕今はとて、池田の宿《しゅく》に着《つき》給ふ。

(『太平記』)

［ノート］【語釈】◇嵐の山の秋の暮＝朝まだき嵐の山の寒ければ紅葉の錦きぬ人ぞなき。◇憂をば留ぬ＝往来する人を止めても、憂いは止めることのできない。◇関の清水に袖濡て＝清水に袖を濡らして涙ながらに。◇山路を打出＝山路を打ち出る（越える）と地名の打出を掛ける。◇塩ならぬ海＝琵琶湖を指す迂言法。◇うねの野＝地名の「うねの野」の「う」に「憂」を掛ける。◇露散る篠原＝篠原（地名）の「篠」は「露」の縁語。◇鏡の山は有とても、泪に曇て＝地名「鏡の山」の「鏡」はあとの「曇」の縁語である。◇夜間にも、老蘇森＝夜間にも「老い」を掛ける。◇老蘇森

の下草に、駒を止て顧る＝「年経ぬる身はこの老いぬるか老蘇森の下草の茂みに駒を留めても」。
◇熱田の八劔＝熱田神宮の別宮。

活写法《かっしゃほう》 hypotypose / hypotyposis

過去あるいは未来の出来事（むろん過去の方が多いが）をあたかも眼の前でおこっているかのように生き生きと描写する文彩。カメラのアングルでいえばズームインである。

活写法は主に次の三つのスタイルがある。

（1）現在形の使用（いわゆる「歴史的現在」「物語の現在」）
（2）対話形式の採用
（3）人物・状況の絵画的描写

活写法というとなんだか小説や物語、歴史書の専有物と思われるかもしれないが、そんなことはない。エッセーや手紙、論説調の文章にもけっこう出て来る。出来事をわかりやすく具体的に説明しようとすると巨視的視点ではなくて、微視的視点が採られて細部に目配りが払われるからだろう。この文彩をうまく使うとまさしく話が「生きてくる」。

［文例］

◉晩餐《ばんさん》の食卓には純白の卓布がかけられて、ばあやは横に、姉様と私は向かいあいにすわった。面はゆくも、うれしくも、寂しくも、悲しくもある。

「さーどうぞ」

　軽く頭をさげて

「お料理人がなれませんで……。お気にめしますかどうか」

とすこしはにかむように皿《さら》のうえに目をそらせてほほえんだ。そこにはお手づくりの豆腐がふるえてまっ白なはだに模様の藍《あい》がしみそうにみえる。姉様は柚子《ゆず》をおろしてくださる。浅い緑色の粉をほろほろとふりかけてとろけそうなのを　と　とつゆにひたすと、濃い海老色《えびいろ》がさっとかかる。それをそうっと舌にのせる。しずかな柚子の馨《かおり》、きつい醤油《しょうゆ》の味、つめたくすべっこいはだざわりがする。それをころころと二三度ころがすうちにかすかな澱粉性《でんぷんせい》の味をのこして溶けてしまう。他の皿にはませこけた小鯵《こあじ》がしっぽをならべてはねかえっている。ぜんご「ぜいごのこと。腹側の鱗」のあとが栗色《くりいろ》に、背なかは青く、腹のほうはきらきらと光ってこの魚に特有の温《あたた》かいにおいがする。よくしまった肉をもっさりとむしって汁《しる》にひたしてくえばこっとりした味がでる。食器がさげられたあとに果物《くだもの》がでた。姉様は大きな梨《なし》のなかから甘そうなのをよりだして皮をむく。重たいのをすべらすまいと指の先に力をいれて笙《しょう》の笛みたいに環《わ》をつくる。その長くそった指のあいだに梨がくるくるとまわされ、白い手の甲をこえて黄色い皮が雲形にまきさがる。ほたほたとしずくがたれるのを姉様は　自分はあまり好かないから　といって皿にのせてくださる。それを切りへいではロへいれながら美しいさくらんぼが姉様のくちびるに軽くはさまれて小さな舌のうえにするりと転《まろ》びこむのをながめている。貝のような形のいい腭《あご》がふくふくとうごく。

姉様はいつになく快活であった。ばあやもしきりにはしゃいだ。（中勘助『銀の匙』）

［ノート］十七歳の「私」は友人の別荘に一夏を過ごす。身の回りの世話は近所に住んでいる年寄りがしてくれる。しかしあるとき友人の「姉様」がやってきて数日を過ごすことになった。私は気詰まりに感じて避けるようにしていたが、出発の前日、最後の夕食を一緒に食べようと彼女のほうから誘いがあった。

◉テレビのたのしさも、人によって相当まちまちだろう。番組の好きずきもそれぞれ違うし、一家が集って見る場合と、一人で見る場合の相違も影響してくるだろう。

娘達が家にいた頃は、意見がくい違って、見たくない番組の時は、なんとかかとか捨てぜりふを残して、さっさと書斎へ引込んでしまったものだが、これはどうも当てつけがましい動作になってしまって、あまり気持がよくなかった。

家人と二人切りになってからは、たいてい意見が一致して、

「つまらないね」

「そうですね」

で、至極簡単にすむようになった。

その上、私は一つのたのしみを発見した。

「なかなか、見ごたえがあったね」

「ほんと。いいドラマでした」

そんな会話の後で、パチンとスイッチを切る。

スイッチを一ひねりすれば、立ちどころにテレビと別れることができる。その截然とした処置が、スイッチをひねる感触ごと私にはたのしい。

たちまち、自分を呼び戻せるし、自分たちの茶の間に帰ることのできるのが、私にはこの上ない快感である。

くだらない放送を見せられれば、いつでも切ってしまうが、面白い番組がすんだ後も、パチンと切る。

後味をにごされては、なんにもならないからだ。

あまり愚劣な時は、

「馬鹿が……」

と、舌打ちをしながら切る。馬鹿は当方だが、気分はさっぱりする。

スイッチを切るたのしみは、テレビ放送の上で、案外大きな役目をしているのではないか。
（永井龍男『散歩者』）

括約法《かつやくほう》

括約法は、話をいったん止めて、それまで述べられたことをまとめ、整理する叙述法である。「括進法」と名づけてこの文彩を認定したのは五十嵐力であるが、この文彩の要諦を「括って出直す」ことにみた後で次のような例文を掲げる。

［1］交通して、欺いて、怒らして、戦うて、人の国を奪ふのが西洋諸国の謂はゆる文明である。

［2］交通する、欺く、怒らす、戦う、人の国を奪ふ——是れが西洋諸国の謂はゆる文明である。

右の例文もそうだが、この文彩は列挙法と一緒に使われることが多い。括約法は叙述が散漫になるのを防ぎ、文章を引き締める効果がある。

［文例］

◉人間を愛し得る人、愛せずにはいられない人、それでいて自分の懐《ふところ》に入ろうとするものを、手をひろげて抱き締める事の出来ない人、――是《これ》が先生であった。（夏目漱石『こころ』）

◉彼の職業――。このとき、物心つくと同時に他の子供たちが陸軍大将になりたいと思ふのと同じ機構で、「汚穢屋《をわいや》になりたい」といふ憧《あこが》れが私に泛《うか》んだのであつた。憧れの原因は紺《こん》の股引にあつたとも謂《い》はれようが、そればかりでは決してなかつた。この主題は、それ自身私の中で強められ発展し特異な展開を見せた。

　といふのは、彼の職業に対して、私は何か鋭い悲哀、身を撚《よ》るやうな悲哀への憧れのやうなものを感じたのである。きはめて感覚的な意味での「悲劇的なもの」を、私は彼の職業から感じた。彼の職業から、或る「身を挺してゐる」と謂つた感じ、或る投げやりな感じ、或る危険に対する親近の感じ、虚無と活力とのめざましい混合と謂つた感じ、さういふものが溢れ出て五歳の私に迫り私をとりこにした。汚穢屋といふ職業を私は誤解してゐたのかもしれぬ。何か別の職業を人から聞いてゐて、彼の服装でそれと誤認し、彼の職業にむりやりにはめ込んでゐたのかもしれぬ。さうでなければ説明がつかない。

（三島由紀夫『仮面の告白』）

かつゆ

活喩

prosopopée / prosopopoeia

不在の人、死者、超自然的存在、動物、無生物などを活躍させる（多くは語らせる）文彩。擬人法や呼びかけ法とまぎらわしい（活喩は呼びかけ法、擬人法と併用されることが多いけれども）。動物・無生物が対象になる場合は擬人法と重なるが、動作だけでなく「発言」が問題になっていれば活喩と見なせばいいだろう（もっともこの区別に神経質になる必要はないが）。

活喩は、証人、あるいは打ち明け相手（腹心）として喚起した人／物に自分の思いを仮託して語らせるというパターンが多い。間接的であるが故にかえって思いの丈を吐露することが出来るからだろう。文学的な表現によく使われるが、論争的な文章にも向いていて、その場合には「権威」に訴え、それをして語らせるという形態をとることが多い。

［文例］

◉智慧の相者《さうじや》は我を見て今日し語らく、
汝《な》が眉目《まみ》ぞこは兆悪《さがあ》しく日曇《ひなぐも》る、
心弱くも人を恋ふおもひの空の
雲、疾風《はやち》、襲はぬさきに遁《のが》れよと。

憶《ああ》遁れよと、嫋《たを》やげる君がほとりを、
緑牧《みどりまき》、草野の原のうねりより
なほ柔かき黒髪の綰《わがね》の波を、——
こを如何《いか》に君《きみ》は聞き判《わ》きたまふらむ。

眼をし閉《とづ》れば打続く沙《いさご》のはてを
黄昏《たそがれ》に頸垂《うなだ》れてゆくもののかげ、
飢ゑてさまよふ獣《けもの》かととがめたまはめ、

その影ぞ君を遁れてゆける身の
乾ける旅に一色《ひといろ》の物憂き姿、——
よしさらば、香《にほひ》の渦輪《うづわ》、彩《あや》の嵐に。

（蒲原有明「智慧の相者は我を見て」）

【ノート】【語釈】◇相者＝人相を見る人。◇汝が眉目＝あなたの眉。◇兆悪しく＝兆し、前ぶれが悪くて。◇君がほとりを＝きみの側を。◇黒髪の綰＝束ねて輪に結んだ黒髪。◇沙＝砂。◇彩＝美しい色。【表現】知恵（理性＝分別心）を擬人化して恋に悩む「我」の内心の葛藤を描く。「相者」は「我」の中の「理性」を体現している。煩悶の末、我は理性の忠告（占い）を聞き入れて恋の情念を抑え、恋人に別れを告げる（呼びかけ法で訴える）。

◉『君、経帷子《きやうかたびら》を持つて来るには少々早やすぎるぢやないか。』
死は私の言葉に応じて、妙に微笑し、
『ほんの仮縫《かりぬひ》にですよ』と私に答へた。
『そこが余り緩《ゆ》るすぎやせんかね、またここが堅《かた》すぎる。
第一、僕はこの色合が気に入らない。
何はさて置き、多少スタイルが無くてはね。』
死は大きな笑《ゑみ》を洩《もら》して軽蔑《あざわら》ひ、
私にいつた、『御常談《ごじやうだん》ものですよ、
これはあなたの生命《いのち》の着物を
一寸ひつくり返へしたのみぢやありませんか。』

（野口米次郎「経帷子」）

含意法《がんいほう》 ☞ 転喩《てんゆ》

換語法《かんごほう》

anteisagoge /

換語法は対照法のバリエーションで、「〜ではなくて、〜ではなくて、〜である」というふうに否定的な表現を重ねながら対象の本質に迫る文彩である。「訂正法」とも見なしうる。いわば対照法と訂正法を足して二で割ったような文彩と考えればいい。たとえば「あの男は人間ではない。犬畜生でもない。悪魔だ」。

［文例］

◉金銭のみ人を富ますものに非ず、権勢のみ人を貴くするものに非ず、爾の胸に王国を認むるものにして、初めて与《とも》に美的生活を語るべけむ。

（高山樗牛「美的生活を論ず」）

◉私の慰藉はわづかに業務の余暇に窺《うかが》ふ書物であつた。ポケツトに詩集なくして私は生きる事が出来なかつた。私の思ふところ、悲しむところ、よろこぶところを、巧みに又《また》自由に歌つてゐる詩を読むと、私は百年の知己《ちき》を得たやうな気がするのであつた。私の読書は研究ではない。勉強ではない。娯楽である。慰藉である。恋人の囁きであつた……

（永井荷風「歓楽」）

◉その後もう一度、女の人工的な美しさの不思議に打たれたのは、文化学院の同窓会で、宮川曼魚氏の令嬢を見た時である。あの学校らしい近代風な令嬢のつどひのなかに、江戸風の人形を飾つたのかと驚いたが、東京の雛妓でもなく、京都の舞子でもなく、江戸の下町娘でもなく、浮世絵でもなく、歌舞伎の女形でもなく、浄瑠璃の人形でもなく、少しづつはそれらのいづれでもあるやうな、曼魚氏の江戸趣味の生きた創作であつた。今の世に二人とあるまい、こんな娘も丹精次第で創れるのかと、あきれる美しさであつた。

（川端康成「末期の眼」）

［ノート］文例の直前では竹久夢二の描く女のことが語られている。

◉未亡人堀川倉子の顔のなかには、一種苦しげな表情があった。もちろん彼女の顔は、日本の女がときに持っている、あの幾らか冷やかな輪郭の線の中に柔らかい肉感をとじこめているというようないわゆる近づき難い高雅な美を形づくっている種類のものではなかったが、それは、また、その眼や鼻や口のどれか一つが全体の諧調を破ることによって魅惑をつくり出しているというような種類のものでもなかった。その顔は顔そのものとしてはどちらかと言えば普通にととのった、流通性のある美しさに属するものにすぎなかったが、確かにその顔の中には生命の伸長を中途で何ものかのために無理強いに奪い取られて、そのために、どこか歪んでいるといったようなものがあって、それが、その顔に、異常と言えるほどのエネルギーにみちた美を与えているのであった。そして彼女の顔の中のその苦しげなものは彼女の白く広い額と、よく外界の変動に変化するいくらか肉の厚みの足りない口辺とににじみ出るように現われているのだった。

〔中略〕

堀川倉子は四ッ谷で降りた。電車は少しすき、北山年夫と湯上由子は中央のドアのところで向い合って立っていた。

「きれいな方でしょう。」と湯上由子が言った。

「ええ。」北山年夫は物思いにしずんだような声を出した。

「そうお思いにならない?」

「いいえ、きれいですよ。ほんとにきれいですよ。」と彼はあわてたように言った。しかし彼は自分が堀川倉子から受ける苦しげな感じを的確に言い表わす言葉もなかった。それはきれい〔原文も傍点強調〕という感じではなかった。美しいという感じでもなかった。何か彼の心を異様にしめつけるもの、しめつけながらはげしくゆさぶるものであった。

（野間宏「顔の中の赤い月」）

［ノート］前段は短篇の冒頭で、後段は中程からの引用。北山年夫は元兵士で今はある会社に勤めている。堀川倉子は戦争未亡人で、北山の会社と同じビルにはいっている会社の事務員。湯上由子は北山の同僚で、やはり戦争未亡人。冒頭部分ではまだ北山と倉子は見知り越しの間柄に過ぎないが、あとの引用の頃には、由子の紹介で二人は言葉を交わすようになっている。ここの二つの換語法は躊躇逡巡法に近い。

◉年の暮から正月にかけて、旅先ですごす人びとがふえているらしい。外国までわざわざ出かける人もいるようだ。私はそういう風潮に格別の興味もなく、たいていは家でごろごろしている。

子供のころの正月は何といっても楽しいものだった。はたち前後からは、正月だからといって何がめでたいことがあるか、とかえって仏頂面をしていることが多かったと思う。今はまた、正月というものが何となく親しみぶかい。ふだん見なれているものが、ほんの少しあらたまって見えるところがうれしい。非常にあらたまって、ではなく、ほんの少しあらたまって見えるのがいい。

たとえばある日ふと庭の片隅の草の葉の裏がわを見て、まるではじめて葉っぱの裏というものに気づいたような新鮮な感じを受けることがある。正月休みという時期は、なんだかそんな発見を用意してくれている季節ではなかろうか。

（大岡信『青き麦萌ゆ』）

換称《かんしょう》　antonomase / antonomasia

換称は同類一般を表す名辞の代わりに固有名を用いること、あるいは逆に、固有名の代わりに同類一般を表す名辞を用いること。

（1）一般名→固有名

「ブッダ」（覚った人）→ゴータマ（お釈迦様）

「大師」（朝廷から高僧におくられる号）↓弘法大師空海
「祖師」（一宗の開祖）↓日蓮
「太閤」（現関白の父である前関白に対する敬称）↓豊臣秀吉
「黄門」（中納言の唐名）↓水戸黄門徳川光圀

（2）固有名↓一般名
「小町」↓美人
「明智光秀」↓逆臣
「出歯亀」↓のぞきの常習者、または変質者（明治四十一年、出っ歯の池田亀太郎が女湯のぞきの常習者で猟奇殺人事件を引き起こしたので）
「セロテープ」（商標名）↓透明粘着テープ一般
「宅急便」（ヤマト運送のサービス業務）↓宅配便一般

いずれにせよ、代表的例（種）と同類一般（類）の関係であり、提喩の特殊ケースにほかならない。

緩叙法《かんじょほう》 litote / litotes

緩叙法は「より多く言う」ために「より少なく言う」こと、つまり伝達内容を強めようとして敢えておだやかな抑えた表現を選ぶことである。要するに「見せかけだけの弱め」で、本音は強調表現。ストレートに、ただし「嘘っぽく」強調する誇張法とは違って、ひねりを加えた、思い入れたっぷりの強調法だ。緩叙法は皮肉法（反語法）や婉曲法とも深い関係がある。

「より少なく言う」ためには三つの方法がある。

（1）弱く言って強める（誇張法と関係がある）――「試験の出来はまあまあだった（＝かなりの出来だった）」

（2）否定して反対を肯定する（反語法と関係がある）――「それはつまらない任務ではない（＝それは重要な任務である）」

（3）漠然と言って特定する（婉曲法と関係がある）――「あの女は石（＝宝石）にご執心だ」

緩叙法は複合的文彩で「緩叙曲言強調法」という長ったらしい呼称を奉りたいくらいである。緩叙法の本質は「間接性」にある。たとえば「彼は若者に絶大な人気がある。彼の言動が若者に与える影響は決して小さくない」という文章を考えてみよう。文中の「小さくない」は文字通りの意味ではなくて「大きい」を意味しているはずだ。

大きい／小さいは反対関係とはいっても「中間」を許容する反対関係（両立的否定関係）で、右／左のような矛盾関係（排他的否定関係）とは異なっている。したがって「小さくない」「大きくない」という中間領域がある。しかしながら「緩叙法」の場合は中間を突き抜けて反対観念（反意語）を肯定してしまうことになる。つまり緩叙法は「曖昧さ」を逆手にとって表現に「含み」を与えているのだ。その「含み」の中に、話者の表現対象に対する微妙なスタンスが投影されている（そのスタンスを下世話に「斜に構える」と言います。いや、ちょっと違うかな）。

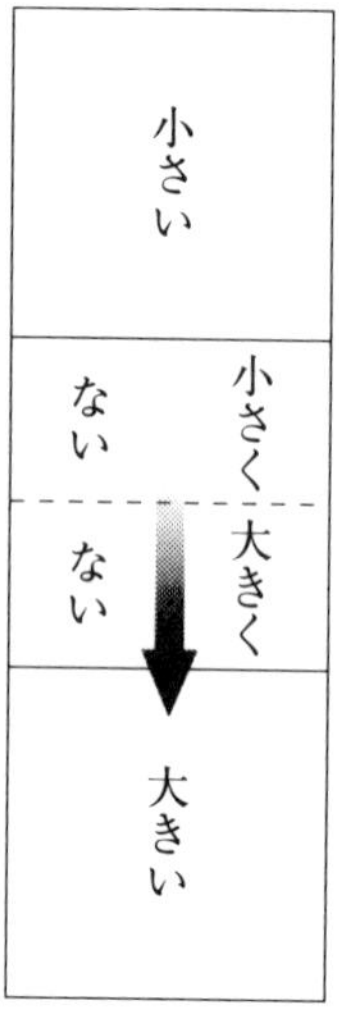

要するに緩叙法は「曖昧さ」を利用する文彩だ。（2）に限らない。（1）も（3）も曖昧さと深く関わっている。（1）でよく出てくる「ちょっと」とか「時々」とか「まあまあ」とかいう表現はよく考えればけっこう幅のある表現だ。（3）についても同様だ。同類の候補がちらりと脳裏をかすめる。束の間の「ためらい」がある。先ほどの例でいえば「石にご執心って、それ宝石のこと？」という無粋な反応もありうる。そう、緩叙法は二段構えの、「二重否定」的ぼかし表現だ。「ちょっと」も「小さい」も「石」も否定されるために差し出される。しかし否定されても言語化された以上「修辞的残像」（外山滋比古）は揺曳する。緩叙法は「前言取り消し的ゆらぎ」効果をあざとく利用する文彩と言えなくもない。

なお、否定の緩叙法（「きみは馬鹿ではない」）を肯定に変えると反語法＝皮肉法（「きみは馬鹿だ」＝「きみは可愛いね」）になりうることは注意してよいだろう。こうした事実に徴しても緩叙法と皮肉法が屈折した文彩であること、また両者は通底関係にあることが知れるだろう。

［文例］

◉翻つて思ふに余は漢籍に於てさほど根底ある学力あるにあらず、然《しか》も余は充分これを味ひ得るものと自信す。余が英語に於ける知識は無論深しと云ふべからざるも、漢籍に於けるそれに劣れりとは思はず。学力は同程度として好悪《かうを》のかく迄に岐《わ》かるるは両者の性質のそれ程に異なるが為めならずんばあらず、換言すれば漢学にいはゆる文学と英語にいはゆる文学とは到底同定義の下に一括し得べからざる異種類のものたらざるべからず。

（夏目漱石『文学論』）

◉英語の浜林生之助教授という、私たちにスティーヴンスンの「驢馬を連れての旅」や「洪水のオアズ河」などを教えた色の黒い、非常に出来ることでは何人も疑わなかった先生が、私たちのクラスへやって来て、マッキンノン先生の時間をエスケープしたことに対して訓戒した。浜林教授は簡単に言った。「あの男は馬鹿じゃありませんよ」。この一言は利き目があった。「マッキンノン氏」でなく、「あの男」であることがよかった。また「よく出来る先生」とか「立派な人格者」などというものではなく、「馬鹿でない」と言うのがよかった。

その一言で私たち学生はマッキンノンさんが隣人であることを発見した。私たちのエスケープは終りになった。
（伊藤整『若い詩人の肖像』）

換喩《かんゆ》 métonymie / metonymy

換喩は二つの事物のあいだにみられる隣接性（有縁性）に基づく文彩で、一方で他方を指し示す。隣接性は空間的なものに限定すべきではなく、時間的なもの（継起性）も観念的なもの（百科辞典的知識）も含んでいる。

換喩の語源は「代理＝代替」を意味するが、一般化していえば、換喩とはある事物を利用して、それとなんらかの関係を結んでいる別の事物を指示することである。問題はその「なんらかの関係」である。まさにそれが実に多岐にわたり、一筋縄ではくくれないのだ。

この世のありとあらゆるものは「なんらかの関係」で結ばれ、他のものの代わり（記号）になりうる。それは言語的世界にとどまらない。たとえば、悪天候の前兆となることの多い――つまり関係が深い――「黒雲」は《悪天候》の記号といえる。ベンツという車はその所有者のステイタスを表しうる。換喩は言語世界だけでなく現実世界をもすっぽりと包み込む。

換喩が昔からその重要性は認識されながらも、その本質がなかなか把握されなかったのもけだし当然かもしれない。換喩は広く現実世界と結びつく。したがってその守備範囲が余りにも広すぎて、統一原理を抽出しにくいのだ。統一原理が無理なら「論より証拠」というわけで、昔からいろいろな事例の分類・整理がおこなわれてきた。それらを勘案してわれわれはつぎのような換喩の分類を提案したいと思う。

①全体―部分
②入れ物―中味
③産物―産地〔主題―場所〕
④原因―結果〔前件―後件〕
⑤主体―属性〔人物―特徴〕
⑥人―物〔所有者―被所有物〕

もちろんこの分類は便宜的なもので、完璧とはほど遠い。というよりか、すでに指摘したように換喩は現実世界に深く関わっているだけに完璧を期せばその分類は細目にわたらざるをえなくなり、収拾がつかなくなるというべきか。だが、そうであればこそかえって目安となる大まかな分類法が求められるといえるだろう。上の分類も実際的な分類に徹している。要するに、頻度数の多い事例をタイプ別に分けたものだ。しかしそうはいっても、こんな分類でもけっこうものの役には立つので、たいていのケースはこの中のどれかに納まってしまうのだ。

文例を挙げながら順次見てゆこう。

①全体—部分

「笑う門に福きたる。」

この「門」は「家」のことだ。家は《門×庭×母屋×…》からなる。この場合「門」は「きたる」にいちばん縁があるので選ばれた。この例は部分で全体を表している。

①のタイプは全体で部分を表すケースも見られる。たとえば「彼は大陸からもどってきた」「日本は昔大陸文化を盛んに取り入れた」。「大陸」にはいろいろな国があるのに特に「中国」を意味している。

②入れ物—中味

「お銚子」で「お酒」を意味させる例が典型的だ。「入れ物」はかなり自由に解釈してよい。「球場が燃えている。」球場（容器）でなかにいる観客（中身）を意味している。

③産物—産地

基本的な用例は「九谷」（九谷産焼き物）とか「西陣」（西陣産の織物）とか「灘」（灘産の日本酒）だろう。応用的な例としては「場所」でもってそれに関連する「主題」を表現する用法がある。たとえば場所が出来事を表す。「広島を忘れるな」の広島は「原子爆弾投下という歴史的出来事」を表している。太宰治の小説『斜陽』のなかで描かれた没落貴族にあやかって名づけられた「斜陽族」（没落した上流階級を指す語）。場所がそこにある（公共）機関を表すのもこの用法に含めていいだろう。国会議事堂や首相官邸などがある「永田町」でもって「首相官邸」ないし「政界」を表したり、「ホワイト・ハウス」で「アメリカ政府」を指したりするジャーナリズム好みの言い方。あるいはまた場所がそこに住んでいる人を表す用法。「大阪の食い倒れ、京の着倒れ、江戸の飲み倒れ。」「大阪」は「大阪人」、「京」は「京都人」、「江戸」は江戸（東京）人をそれぞれ意味している。同姓の親戚を区別するためにこのタイプの換喩は日常生活でもよく使う。「この問題に関して上野は反対らしいが、横浜は賛成らしいぞ。」

④原因―結果

このタイプは原因で結果、あるいは結果で原因、どちらも表せる。

「原因→結果」の例。「ユニフォームを脱ぐ」（→引退する）「筆をとる」（→書く）「暖簾をおろす」（→店をしめる）「腹を痛める」（→子供を産む）

「結果→原因」の例。「冷汗が出る」（←恥ずかしい）「あくびが出る」（←退屈）

⑤主体―属性

「白バイ」「赤帽」。この例は⑥と紛らわしいが、問題の人間を永続的＝恒常的に特徴づけるものという意味で区別できるだろう。社会的身分や職業で人間を表すのもこの用法だ。「暖簾」で店を、「黒帯」で有段者を、「葵の紋」で徳川家を表す用法もここに含めてよい。このタイプは「記号で物を示す」用法と分類されることもある。

⑥人―物

ここでいう人は「作者」「所有者」「使用者」「制作者＝製作会社」などさまざまなケースを表す。

私たちはよく「シェイクスピアを読んだ」とか「モーツァルトを聴いた」、あるいはまた「ホンダがレースに勝った」とか「アサヒよりキリンが好きだ」とか口にする。この表現は「〜の作品」「〜の製品」の省略にはちがいないが、レトリックの方では昔から「作者で作品を表す」換喩と呼ばれている。作者を「原因」と考えれば作品は「結果」と考えられ、「原因―結果」の換喩のバリエーションとも見なしうる。

使われている物が使う人を表す用法もここに含めることが出来る。「サングラスはお断り」という掲示が店の入り口に張られていればサングラス（物）をつけている人（使用者）は入店を控えてくださいということだ。「バイオリンは今日は休んでいる」はバイオリン奏者が話題になっている。

上に見たように換喩はさまざまなタイプに分けられるのだが、ではその本質的機能とはなんだろうか。

次に写すのは芥川龍之介の短篇「戯作三昧」の冒頭である。

「天保二年九月の或午前である。神田同朋町《かんだどうぼうちやう》の銭湯松の湯では、朝から不相変《あいかはらず》客が多かつた。式亭三馬が何年か前に出版した滑稽本の中で、「神祇《じんぎ》、釈教《しやくけう》、恋、無常、みないりごみの浮世風呂《うきよぶろ》」と云つた光景は、今もその頃と変りはない。風呂の中で歌祭文《うたさいもん》を唄つてゐる嚊《かかあ》たばね、上り場で手拭をしぼつてゐるちよん髷本多《まげほんだ》、文身《ほりもの》の背中を流させてゐる丸額《まるびたひ》の大銀杏《おほいてふ》、さつきから顔ばかり洗つてゐる由兵衛奴《よしべゑやつこ》、水槽《みづぶね》の前に腰を据ゑて、しきりに水をかぶつてゐる坊主頭《ばうずあたま》、竹の手桶と焼物の金魚とで、余念なく遊んでゐる虻蜂蜻蛉《あぶはちとんぼ》、――狭い流しには、さう云ふ種々雑多な人間がいづれも濡れた体を滑《なめ》らかに光らせながら、濛々《もうもう》と立上る湯煙《ゆけむり》と窓からさす朝日の光との中に、模糊《もこ》として動いてゐる。」

これは列挙法の文例としてもふさわしいものだが、今ここで注目するのは「鼻たばね」「ちょん髷本多」「大銀杏」「由兵衛奴」「坊主頭」「虻蜂蜻蛉」である。これは特徴――ここでは髪型――でその特徴の持ち主を示す換喩だ。場面は銭湯である。人間裸になってしまえばその違いを説明するのは難しい。ましてや湯気の立ちこめる湯屋である。現代よりも身分や職業によって髪型（服装もだが、ここではもちろん論外だが）に歴然とした違いのあった時代。そんな状況の中で一番目につくものといえばなんだろうか。髪型だろう。

差異的＝異質なものの集合（全体）のなかから最も目立つ要素（部分）が抽出されて、全体に取って代わることになる。全体の代わりをつとめる部分はなんでもよいというわけではなくて、やはり一番重要な（目立つ）部分に焦点が合わされることになる。換喩のこの働きはカメラの動きでいう「クローズアップ」にたとえることが出来るだろう。

これを要するに、換喩の本質的機能は特定の「部分」に焦点を合わせて残余の部分を指示（暗示）することである。

では換喩の表現効果とは何だろうか。大まかに次の三つが考えられるだろう。

（1）経済性
（2）表現性
（3）婉曲性

すでに見た、作者で作品を示す例は一番目の経済性に当たるだろう。「シェイクスピア（の作品）を読む。」産地で産物も経済性だ。「西陣（産の織物）」。親戚の人間を住んでいる場所で区別する、例の用法もここにはいる。

換喩にはこの経済性のほかに表現性の効果もある。「属性」で人を呼ぶ場合がその例に当たる。好意的であれ軽蔑的であれ姓名よりその人の特徴をとらえたあだ名で呼ぶ方が親密度がぐんと高まる。「赤シャツ」「赤頭巾ちゃん」。

社会的身分で人を指す場合は婉曲表現的要素も混じっている。たとえば「社長」「横綱」「教授」。

換喩表現のこの三つの特性はお互いに関係し合ってその効果を発揮している。

まず（1）の経済性についての例。

「間もなく私は瀬戸物屋を暇取つて、道修町《どしようまち》の薬種問屋に奉公しました。瀬戸物町では白い紐の前掛だつたが、道修町では茶色の紐でした。ところが、それから二年のちにはもう私は、靭《うつぼ》の乾物屋で青い紐の前掛をしてゐました。はや私の放浪癖が頭をもたげてゐたのでせう。〔中略〕

十五の歳から二十五の歳まで十年の間、白、茶、青と三つの紐の色は覚えてゐるが、あとはどんな色の紐の前掛をつけたのやらまるで覚えがないくらゐ、ひんぱんに奉公先を変へました。」

（織田作之助「アド・バルーン」）

次に（2）の表現性についての例。

民主的な国にするにはさまざまな分野で自由を確立しなければならないという、次に挙げる議論のなかでは「器官—結果」の換喩が効果的に使われている。

「新聞記者の口吻《こうふん》もて言へば、わが邦には口の人、手の人多くして脳の人寡《すくな》し。」（中江兆民『一年有半』）

また、換喩は「部分」へのこだわりでもあるから映画のクローズアップに似た表現効果をあげることが出来る。

春雨やものがたり行く蓑《みの》と笠　（蕪村）

雨の中を蓑を着た男と笠をかぶった女が寄り添うように遠ざかって行く姿が映画のワンシーンのように鮮やかに浮かんでくる。むしろ換喩は映画のクローズアップの手法そのものであるというべきかもしれない。

次に（3）の婉曲性について。

換喩は対象をストレートに名指さず、ずらして表現するわけだから、とうぜん柔らかい間接的な表現になる。たとえば便所を「化粧室」と呼ぶ類いだ。ふつう便所には鏡があり、化粧する場所が付属しているからだ。この用法については詳しくは婉曲法を参照のこと。

[文例]

●猶行《ゆ》き行きて、武蔵の国と下総《しもつふさ》の国との中に、いと大きなる河あり。それをすみだ河といふ。その河のほとりにむれゐて〔集まり座って〕思ひやれば、限りなくとほくも来《き》にけるかなとわびあへる〔嘆声を交わす〕に、渡守《わたしもり》、「はや舟に乗れ、日も暮れぬ」といふに、乗りて渡らんとするに、皆《みな》人物わびしくて、京に思ふ人なきにしもあらず。さるをりしも〔ちょうどその折に〕、白き鳥の嘴《はし》と脚《あし》と赤き、鴫《しぎ》の大きさなる、水のうへに遊びつつ魚《いを》をくふ。京には見えぬ鳥なれば、みな人見知らず。渡守に問ひければ、「これなん都鳥《みやこどり》」といふを聞きて、

　名にし負《お》はばいざ事とはむ都鳥わが思ふ人はありやなしやと

とよめりければ、舟こぞりて泣きにけり。（『伊勢物語』）

●〔杉田玄白は江戸に逗留の友人の医師よりオランダ語の医書を見せられた。〕これを披《ひら》き見るに、その書説は一字一行も読むこと能《あた》はざれども、その諸図を見るに、和漢の書とはその趣き大いに異《こと》

にして、図の精妙なるを見ても心地開くべき趣きもあり。よりて暫《しばら》くその書をかり受け、せめて図ばかりも摸《も》し置くべきと、昼夜写しかかりて、かれ在留中にその業を卒《お》へたり。これによりて或《あるい》は夜をこめて鶏鳴《けいめい》に及びしこともありき。

（杉田玄白『蘭学事始』）

「ノート」鶏が鳴く→夜が明ける。「鶏鳴」は「夜明け」を意味する。

◉電車が赤い札を卸《おろ》して、ぶうと鳴つて来る。入れ代つて後《うしろ》から町内の風を鉄軌《レール》の上に追ひ捲《ま》くつて去る。按摩《あんま》が隙《すき》を見計つて恐る恐る向側へ渡る。茶屋の小僧が臼《うす》を挽《ひ》きながら笑ふ。旗振《はたふり》の着るヘル地の織目は、埃《ほこり》が一杯溜つて、黄色にぼけてゐる。古本屋から洋服が出て来る。鳥打帽が寄席の前に立つてゐる。今晩の語り物が塗板《ぬりいた》に白くかいてある。空は針線《はりがね》だらけである。一羽の鳶《とび》も見えぬ。上《うへ》の静《しづか》なるだけに下《した》は頗《すこぶ》る雑駁《ざつぱく》な世界である。

「おいおい」と大きな声で後《うしろ》から呼ぶ。

二十四五の夫人が一寸《ちよつと》振り向いたまま行く。

「おい」

今度は印絆天《しるしばんてん》が向いた。

呼ばれた本人は、知らぬ気《げ》に、来る人を避《よ》けて早足に行く。抜《ぬ》き競《くら》をして飛んで来た二輌《りやう》の人力に遮ぎられて、間は益《ますます》遠くなる。宗近君は胸を出して馳《か》け出した。寛《ゆる》く着た袷《あはせ》と羽織が、足を下す度《たんび》に躍《をどり》を踊る。

「おい」と後から手を懸ける。肩がぴたりと留まると共に、小野さんの細面《ほそおもて》が斜めに見えた。

両手は塞《ふさ》がつて居る。

（夏目漱石『虞美人草』）

［ノート］ 宗近君は外交官を目ざす磊落な大学生で、小野さんは優秀な文学士。小野さんの姿を見かけた宗近君が後を追いかけるシーンだ。目に飛び込んでくる人物たちが身に着けているもので示される（「人―物」の換喩）。なお最後の「両手は塞がつて居る」は転喩（換喩の一種）で、「両手に荷物を持っていること」を間接的に示している。

●ふるさとの訛なつかし
停車場の人ごみの中に
そを聴きにゆく

（石川啄木）

●かの女と逸作は、バスに乗った。以前からかの女は、ずっと外出に自動車を用いつけていたのだが、洋行後は時々バスに乗るようになった。窓から比較的ゆっくり街の門並の景色も見渡して行けるし、三四年間居ない留守中に、がらりと変った日本の男女の風俗も、乗合い客によって、手近かに観察出来るし、一ばん嬉しいのは、何と云っても、黒い瞳の人々と膝を並べて一車に乗り合わすことだった。永らく外国人の中に、ぽつんと挟って暮した女の身には、緊張し続けていた気持がこうしていると、湯に入ってほごれるようだった。右を見ても左を見ても、日本人の顔を眺められるのは、帰朝者だけが持つ特別の悦びだった。

（岡本かの子『母子叙情』）

［ノート］「黒い瞳の人々」は「特徴による換喩」で日本人を指す。あとの強調部分は直喩表現。

き

擬人法《ぎじんほう》 personnification / personnification

抽象物、無生物、動植物、つまり人間でないものの状態・動作を人間に見立てて、表現効果を高める文彩。擬人法は人間でない物に人間的感情を投影する。この文彩は隠喩の一つのグループを形作るにすぎないけれども（喩えるもの＝媒体が人間というだけのことだ）、昔から独立した文彩の地位を与えられてきた。それだけ効果のほどが認められ、頻用されてきたということである。ややもすれば疎遠な事柄（事物・動植物）が自分たちにも身近な人間的事象（人事）に置き換えられるので親近感が増し、分かりやすくなるのだろう。

「擬物法」dépersonnification は擬人法の反対で、人間を物に見立てる文彩である。問題の人間を貶める場合が多い。「彼は生き字引だ」「彼はまるでコンピュータだ」のように「優秀な」物になぞらえた時は別だが。確かに擬人法ほどポピュラーではないが、それでも注意すると日常生活のなかでも見かけないわけではない。ブレーンのことを「知恵袋」とか「懐刀」。陰で指図する大物のことを「黒幕」。人のためにわが身を犠牲にする人を「捨て石」あるいは「踏み台」。商品を身につけて活躍する運動選手たちを「走る広告塔」。「人を売る」という成句も擬物法的表現だろう。

［文例］

◉気《き》霽《は》れては風　新柳《しんりう》の髪を梳《くしけづ》り
氷《こほり》消えては浪《なみ》　旧苔《きうたい》の鬚《ひげ》を洗ふ　（都良香『和漢朗詠集』）

◉鳴き渡る雁の涙や落ちつらむ物思ふ宿の萩の上の露　（よみ人しらず『古今集』）

［ノート］【歌意】鳴きながら空を渡る雁の涙が落ちたのだろうか。物思いに沈む私の家に咲く萩の花の上に置く露は。【表現】萩の花の上に赤く見える露を雁が流した紅涙と見た。

◉行《ゆく》春や鳥啼《なき》魚の目は泪《なみだ》　（芭蕉）

［ノート］奥州行脚の出発に際してよんだ句。悲しみのあまり、感情をもたない鳥や魚でさえ別れを惜しんで泣いているの意。擬人法は離別の悲しみを強調している。

◉手を付いて歌申上《もうしあぐ》る蛙《かはづ》かな　（宗鑑）

◉梅雨《つゆ》晴れて、まさしく夏となりぬ。障子《しやうじ》開き、簾《みす》を下ろして坐《ざ》すれば、簾外山《れんぐわいやま》青く、白衣《はくゐ》の人往来《わうらい》す。富士も夏衣《なつごろも》を着けぬ。碧《みどり》の衣《ころも》すがすがしく、頭《かしら》には僅《わづ》かに二三条《ぢやう》の雪《ゆき》を冠《かむ》れり。青畳《あをだたみ》敷く相摸灘《さがみなだ》の上を習々《しゅうしゅう》として渡り来《く》る風の涼《すず》しきを聞かずや。

（徳冨蘆花『自然と人生』）

◉山のあなたの空遠《そらとほ》く
「幸《さいはひ》」住むと人のいふ。
噫《ああ》、われひとと尋《と》めゆきて、
涙さしぐみ、かへりきぬ。
山のあなたになほ遠く、
「幸《さいはひ》」住むと人のいふ。

（カアル・ブッセ「山のあなた」上田敏訳）

【ノート】カアル・ブッセはドイツの詩人（一八七二―一九一八）。本国での評価はそれほど高くない。上田敏の訳は原作を超える、創作の域に達した名訳である。【語釈】◇あなた＝彼方。◇尋めゆきて＝訪ねて行って。【表現】「幸」を人間に見立てる。そして「幸」という未知なる人に会いに遠くまで探しに行ったけれども、ついに会うことが出来なかった、幸せになることが出来なかった、しかしなおもその幸せへのあこがれは今も心に残っている。人間の胸奥に蟠結する消しがたい幸福への願望を静かに歌う。

◉烈しい西風が目に見えぬ大きな塊をごうっと打ちつけては又ごうっと打ちつけて皆痩《やせ》こけた落葉木の林を一日苛《いじ》め通した。木の枝は時々ひゅうひゅうと悲痛の響を立てて泣いた。短い冬の日はもう落ちかけて黄色な光を放射しつつ目叩《またた》いた。そうして西風はどうかするとぱったり止んで終《しま》ったかと思う程静かになった。泥を拗《ち》切《ぎ》って投げたような雲が不規則に林の上に凝然《じっ》とひっついていて空はまだ騒がしいことを示している。それで時々は思い出したように、木の枝がざわざわと鳴る。世間が俄《にわか》に心ぼそくなった。

（長塚節『土』）

◉病院の表門まで来ると、安樹はカーをとめてきつぱりいつた。

「おい、ハツ。これからさきはおまへ勝手にしろ。あとは一切かかはりない。これでおれとは完全に縁が切れたとおもへ。」

「え。つめたいことをいふぢやないか。せつかく助けてもらつて、こつちはシンソコうれしがつてるのに。」

「バカめ。めんどくさい附合はもうまつぴらだ。おまへハイヤーを待たせてあるとかいつたな。おりろ。そのお荷物をかついで、どこへでもさつさと行け。」

　眉子は初吉の膝にもたれたまま、うつろの目をあらぬ方に向けて、安樹とさち子がついそばにゐるとも見えないやうであつた。初吉は追ひたてられて、重い「お荷物」といつしよにすべり落ちてカーから出た。外の風に吹かれると、とたんに眉子はしやつきりして、さきに立つてあるきかけた。

「ハツさん。なにをぐづぐづしてるのよ。早くうちにかへりませうよ。やはらかいベッドのあるところに。ねえ早く。抱いて、抱いて。」

　初吉は引きずられながら、ふりかへつて、

「では、いづれまた。」

安樹は笑つて見おくつた。

「こいつはいい。ぴつたりお似合だ。」

（石川淳『狂風記』）

［ノート］ これは擬物法の例。安樹とハッ（初吉）はどら息子仲間。ハッは眉子に片想いで、その関係は奴隷と女王さま。ハッは眉子が敵の手中に落ち、精神病院に監禁されていることを知ると、救出に向かうが、あえなく囚われの身となる。この二人を安樹が救い出したのだ。

奇先法《きせんほう》

この文彩は五十嵐力が提案したものである。その定義によればこの文彩は次のとおりだ。

「奇先法は先づ奇言を発して人を驚かしめ、次ぎに理由を附加して成程と頷かしむるもの、説明附きの警句ともいふべき詞姿（＝文彩）である。」（『新文章講話』）

この文彩は作文術で勧められる「段落の初めでトピックセンテンスを」というテクニックの修辞法バージョンである。ただ、文彩としてはトピックセンテンスはかなり目を惹くことが必要ではあるけれども。

コンテクストが忘れられ、ひとり歩きしてしまっている感のある、あの有名なパスカルの格言も元はといえば奇先法のたまものであった。

「人間は自然のなかで最も弱い、一本《ひともと》の葦にしかすぎない。だが、それは考える葦である。彼を押し潰すためには全宇宙が武装する必要はない。蒸気や一しずくの水でも人間を殺すには十分だ。しかしながら、たとえ宇宙が彼を押し潰そうとも、人間は彼を殺すものよりも尊いだろう。なぜなら、彼は自分が死ぬこと、また宇宙が自分よりも優れていることを知っているからだ。宇宙はそれについてなにも知らない。」

奇先法は主張が刺激的で、人の意表に出るような場合には、それこそ強烈な先制パンチの効果がある。

［文例］

◉恋愛は人世の秘鑰《ひやく》〔秘密を解く鍵〕なり、恋愛ありて後《のち》人世あり、恋愛を抽《ぬ》き去りたらむには人生何の色味かあらむ、……

（北村透谷「厭世詩家と女性」冒頭）

◉死なうと思つてゐた。ことしの正月、よそから着物を一反もらつた。お年玉としてである。着物の布地は麻であつた。鼠色のこまかい縞目《しまめ》が織りこめられてゐた。これは夏に着る着物であらう。夏まで生きてゐようと思つた。

（太宰治『晩年』冒頭）

◉顔は履歴書である

いうまでもなくこれは、

「人間四十歳ともなれば、自分の顔にも責任をもたねばならぬ」

という有名な言葉からヒントを得て、私流に要約したものである。

若いころの顔は、親がつくってくれたもので、自分の顔とはいえない。活気にあふれた中年者や、たくましく生きぬいてきた老人を見ると、よく使いこなされた家具、調度のように、新品に見られない色つやが出ているような気がする。それは一日、一日の生活が何十年も積みかさなって、生まれてくるのである。

（大宅壮一『男の顔は履歴書』）

◉詩とは悲しいものだ
詩とは国語を正すものだと言われるが
わたしにとってはそうではない
わたしは母国語で日々傷を負う
わたしは毎夜　もう一つの母国語へと
出発しなければならない
それがわたしに詩を書かせ　わたしをなおも存在させる。

（飯島耕一「母国語」）

【ノート】「母国語」の最終節。

擬物法《ぎぶつほう》 & 擬人法《ぎじんほう》

逆説法《ぎゃくせつほう》

paradoxe / paradox

人の意表に出るような見解を主張すること。逆説法と同じ発想の文彩に撞着語法がある。撞着語法は語と語という小さな単位、逆説法は文を越える大きな単位が問題になる。

「逆説」は語源的にはギリシア語の《パラドクサ》から来ていて《反‐通念》を表す。逆説法は世の通念には反するように一見思われるけれども指摘されてみると目から鱗が落ちるような真実をつく表現である。皮肉法はそれとなく反対の意味を暗示するのだが、逆説法は常識に挑戦する。しかし、ただ世の通念に反するだけでは逆説法ではない。表現の上でも刺激的なものでなくてはならない。

たとえば「急がばまわれ」という諺を考えてみよう。この諺は逆説法と見て差し支えないだろう。同じ内容を「急いでいる時ほど慎重に行動しなければならない」と表現したらどうなるか。もとの諺がもっているインパクトはすっかり失われてしまうにちがいない。逆説法における表現の比重の重さが諒解されるはずだ。つまり逆説法は思考の上でも表現の上でも奇抜でなければならない。逆説法は常識を逆なでする挑発的な文彩だといえるだろう。

ただ、留意しなければならないのは、逆説法はあくまで通念におんぶしている文彩であり、通念が変われば逆説が逆説でなくなることがあるという点だ。たとえば「かわいい子には旅をさせよ」。この諺は、昔は旅がつらいもの——つまり修業の役目を果たすもの——であったからこそ逆説となりえたが、現代のように旅が楽しいもの、快適なものと考えられる時代にはその役割をまっとうすることは出来なくなっている。

あるいは当初は意表をつく主張であったものがいつのまにか常識と化すこともある。たとえば「時は金なり」。この格言はベンジャミン・フランクリンのものと一般に信じられているが、その出典はともかく産業革命以来の功利主義的考え方をよく表している。今でこそこの格言の新しさ（逆説性）は気づかれにくくなっているけれども、初めてこれに触れた、のんびりと暮らすことこそ幸せであると思っていた人々にとってはこの格言は衝撃的だったはずである。

格言や諺には逆説法がよく見られる。思いつくままに挙げれば「負けるが勝ち」「逃げるが勝ち」「損して得取れ」「毒をもって毒を制す」「盗人の番には盗人を使え」「将を射んとせばまず馬を射よ」「身を捨ててこそ浮かぶ瀬もあれ」「過ぎたるは及ばざるが如し」「遠くて近きは男女の仲」「遠くの親類より近くの他人」。最後にあげた例は対照法とも考えられる。見られるとおり矛盾する観念の結合や常識を逆なでする提案、意表に出る奇策の数々である。

［文例］

◉一《ひとつ》、善人なをもて往生をとぐ、いはんや悪人をや。しかるを、世のひとつねにいはく、悪人なを往生す、いかにいはんや善人をやと。この条《でう》、一旦《いちたん》そのいはれあるに似たれども、本《ほん》願他力《ぐわんたりき》の意趣《いしゅ》にそむけり。そのゆへは、自力作善《じりきさぜん》の人は、ひとへに他力をたのむこころ欠けたるあひだ、弥陀《みだ》の本願にあらず。しかれども、自力のこころをひるがへして、他力をたのみたてまつれば、真実報土《しんじつほうど》の往生をとぐるなり。煩悩具足《ぼんなうぐそく》のわれらは、いづれの行《ぎやう》にても生《しやう》死《じ》をはなるることあるべからざるをあはれみたまひて、願《ぐわん》をおこしたまふ本意、悪人成仏《あくにんじやうぶつ》のためなれば、他力をたのみたてまつる悪人、もつとも往生の正因《しやういん》なり。よりて善人だにこそ往生すれ、まして悪人は、と仰《おほせ》さふらひき。

（親鸞『歎異抄』）

【ノート】『歎異抄《たんにしよう》』の中のもっとも有名な部分で、他力本願の要諦を説く。ここで問題になる善人・悪人は道徳的観点ではなくて宗教的観点から捉えられていることに注意すべきだろう。【語釈】◇善人なをもて＝善人でさえ。◇一旦＝一応。◇自力作善の人＝自分の力で往生成仏のため善をなす人、すなわち善人。◇弥陀の本願にあらず＝弥陀の救いの目的でない、目的から外れている。◇真実報土＝真実の浄土としての地、極楽浄土。◇煩悩具足の＝煩悩のある限りをそなえている。◇いづれの行にても＝どんな修行に励んでも。◇生死をはなるること＝生死という苦の境地を解脱すること。◇正因＝本当の因縁、本当の原因。【表現】普通は悪人が救われるならなおさら善人は救われると考える。それが常識的論理である。だが、親鸞はその常識的論理を突き崩す。彼の狙いは底辺の人間、つまり無力な弱い民衆を救うことである。最底辺の民衆、それを代表するのがすべてから見放され絶望し罪に走る悪人である。悪人が救われることが肝腎なのだ。悪人こそが救われなければならない。

　ところで、悪人は自分に絶望し、自分など当てにならないことをよく知っている人間である。悪人は自分に愛想が尽き、自分など頼むに足らぬことをよく知っている。その意味では自分の限界（弱さ）をわきまえている。だから他からの働きかけがあれば、それを素直に受け容れる素地がある。いっぽう、絶対的な信仰としての念仏（他力本願）が人を救うという点からすれば、自力作善の人はむしろふさわしくない。自己を頼むからである。この逆説的論理は聖書の次の言葉を思い出させる。「心のまずしい人たちは、さいわいである」（「マタイによる福音書」）。金や権力があって自分に自信のある人はややもすれば自分を頼み、とかく神をないがしろにする。それにひきかえ、自分が貧しいことを知っている人間は謙虚であり、素直に神を受けいれる。自分の無力さを自覚している人間は神にすがるしか術がないことを知っているからだ。彼らは神の前にぬかずく。信仰においては自己の限界を知る謙虚さが重要な契機である。理性のつまずいたところから信仰がはじまる。

◉一番いけないのは、必要なお金を借りようとする事である。借りられなければ困るし、貸さなければ腹が立つ。又同じいる金でも、その必要になった原因に色色あって、道楽の挙句《あげく》だとか、好きな女に入れ揚げた穴埋めなどと云うのは性質《たち》のいい方で、地道な生活の結果脚が出て家賃が溜まり、米屋に払えないと云うのは最もいけない。私が若い時暮らしに困り、借金しようとしている時、友人がこう云った。だれが君に貸すものか。放蕩したと云うではなし、月給が少くて生活費がかさんだと云うのでは、そんな金を借りたって返せる見込は初めから有りやせん。

（内田百閒『特別阿房列車』）

［ノート］この文例は見事な奇先法でもある。

◉この世をふかく、ゆたかに生きたい。そんな望みをもつ人になりかわって、才覚に恵まれた人が鮮やかな文や鋭いことばを駆使して、ほんとうの現実を開示してみせる。それが文学のはたらきである。

だがこの目に見える現実だけが現実であると思う人たちがふえ、漱石や鷗外が教科書から消えるとなると、文学の重みを感じとるのは容易ではない。文学は空理、空論。経済の時代なので、肩身がせまい。たのみの大学は「文学」の名を看板から外し、先生たちも「文学は世間では役に立たないが」という弱気な前置きで話す。文学像がすっかり壊れているというのに（相田みつをの詩しか読まれていないのに）文学は依然読まれているとの甘い観測のもと、作家も批評家も学者も高所からの言説で読者をけむにまくだけで、文学の魅力をおしえない。語ろうとしない。

文学は、経済学、法律学、医学、工学などと同じように「実学」なのである。社会生活に実際に役立つものなのである。そう考えるべきだ。特に社会問題が、もっぱら人間の精神に起因する現在、文学はもっと「実」の面を強調しなければならない。

漱石、鷗外ではありふれているというなら、田山花袋「田舎教師」、徳田秋声「和解」、室生犀星「蜜のあはれ」、阿部知二「冬の宿」、梅崎春生「桜島」、伊藤整「氾濫」、高見順「いやな感じ」、三島由紀夫「橋づくし」、色川武大「百」、詩なら石原吉郎……と、なんでもいいが、こうした作品を知ることと、知らないことでは人生がまるきりちがったものになる。

それくらいの激しい力が文学にはある。読む人の現実を生活を一変させるのだ。文学は現実的なもの、強力な「実」の世界なのだ。文学を「虚」学とみるところに、大きなあやまりがある。科学、医学、経済学、法律学など、これまで実学と思われていたものが、実学として「あやしげな」ものになっていること、人間をくるわせるものになってきたことを思えば、文学の立場は見えてくるはずだ。（荒川洋治「文学は実学である」『忘れられる過去』）

【ノート】敢えて全文を引いた。この文章に逢遇したとき思わず快哉を叫んだ。これは正論である。逆説法の文例として挙げなければならないのははなはだ残念である。

強意結尾法《きょういけつびほう》

強意結尾法は段落の最後を強意的文で結ぶ文彩である。強意的文としては次のようなものを挙げることができる。

（1）格言的断定文
（2）修辞疑問文
（3）感嘆文
（4）倒置文

強意結尾法はヨーロッパのレトリックでは「感嘆的結語」épiphonème / epiphonema と呼ば

れているものを踏まえた文彩で、要するにダメ押しである。

［文例］

◉現実において、言葉は本来、具象的な世界の混沌《カオス》を整理するためのロゴスの働きとして、抽象作用の武器を以て登場したのであつたが、その抽象作用を逆用して、言葉のみを用ひて、具象的な物の世界を現前せしめるといふ、いはば逆流する電流の如きものが、表現の本質なのであつた。あらゆる文学作品が、一つの美しい「言語の変質」だと、私が前に述べたのも、このことと照応してゐる。表現とは、物を避け、物を作ることだ。

（三島由紀夫『太陽と鉄』）

◉しかしそう思いながらも、彼女はまださっき大野の家で雪子を学校へ送り出しながら感じた、大野との生活の可能性にすがりついていた。彼女は大野は好きでも嫌いでもなかったが、哀れな雪子のために母親の代りになってやれるかも知れない。あくまでも生きようとするのがいのちだ。生きる道がない時、いのちは幻想を未来に投射する。

（大岡昇平『武蔵野夫人』）

［ノート］「彼女」（道子）は貞淑な人妻で、ビルマから復員した従弟との愛の葛藤に疲れて自殺を決意する。しかしその前に父母と兄の眠る墓に詣で、早く一緒になりたいと思った。大野は最近、浮気な妻に逃げられた、道子の従兄。

◉わたしもまた、その昔、人生に希望をもっていた時代には、モンテーニュやラ・ロシュフコーを好んで読んだものだ。そうして、わたしは、しだいに人生に絶望するようになった。おのれの力の限界をみつめながら、精一杯の仕事をしているときには、誰だって絶望するであろう。余技として人生論をかきつづけている文学者や哲学者や科学者も、専門の人生論者になれば、きっと絶望するであろう。絶望にたえながら生きていくのが人生である。

（花田清輝「人生論の流行の意味」）

挙例法《きょれいほう》

exemple / example

挙例法は一般的＝抽象的な話題（主張）を説明するために分かりやすい例を挙げることである。「たとえば」「例を挙げよう」など挙例法を指示する表現を伴うこともある。

挙例法には次の三つの役目がある。

（1）説明する（例解）
（2）説得する（例証）
（3）反論する（反例）

例の取り方はケースバイケースであるが、そこにはおのずと二つのタイプが見られる。例の取り方がおとなしいか、大胆かの違いである。よく似たもの同士のあいだで例を捜すのか、あるいはちょっと視点をずらして普通は「似ていないもの」と思われているものの間で「意外な」例を捜すのか。後者の場合は直接的類似性よりは間接的類似性が問題になる。そこには一種の「発見」がある。とうぜんインパクトも強く効果的であるが、その代わり危険も多い。もっとも挙げられる例は必ずしも実話である必要はなく、寓話や物語（フィクション）でも一向さしつかえない。

例を引くことは話を活気づける。挙例法は俗耳に入りやすいのでよく使われるが、いいことずくめではない。気をつけなければならない点もある。それは例として挙げられているものが本当に「似たもの」であるかどうか、また、もし「似たもの」であったとしても本当に適切なものであるかどうか、よく吟味する必要がある。

挙例といえば世界でいちばん長いものをご存じですか。たぶんトルストイの『アンナ・カレーニナ』ではないか。この大長編小説は冒頭の次の数行の例話なのだから。「幸福な家庭はすべて互いに似かよったものであり、不幸な家庭はどこもその不幸のおもむきが異なっているものである。」（木村浩訳）（これは奇先法でもある）

［文例］

◉この物語〔源氏物語〕を戒めの方に見るは、たとへば花を見よとて植ゑおきたる桜の木をきりて、薪《たきぎ》にするがごとし。このたとへをもて心得べし。薪は日用の物にて、無くてかなはぬ物なれば、薪を悪《あ》しと憎むにはあらねども、薪にすまじ木をそれにしたるが憎きなり。薪にすべき木は外《ほか》にいくらもよき木あるべし。桜をきらずとも薪に事欠《か》くことはあらじ。桜はもと花を見よとて植ゑおきたれば、〔薪にするのは〕植ゑたる人の心にもそむくべし。またみだりにきりて薪とするは、心なきことならずや。桜はただいつまでも物の哀れの花を愛《め》でむこそは、本意ならめ。

（本居宣長『紫文要領』）

【ノート】挙例が喩え（隠喩）でなされている。『源氏物語』を、花を愛でる桜に喩え、人を戒める道徳を薪に喩え、実用的立場と審美的立場の違いを説明する。「花より団子」という物差しからすれば『源氏物語』は無価値なものであるが、芸術は別の物差しで測るべきことを主張している。

◉文章は経国の大業也《たいげふなり》。不朽の盛事《せいじ》也。吾人《ごじん》は実に斯《か》く信じ、斯く行ひ、斯く為《な》さんと欲す。それ第十七世紀の英国に於いて、ミルトンの筆、クロンウェルの剣、何の優劣あらむ。米国革命に於いて、ジェフェルソンの文と、ワシントンの武と、何の相違あらむ。近くは我が近世史に於いて、頼襄《らいじやう》の勢力と、西郷の功業とは、彼却《かれかへ》つて此《これ》に勝《まさ》るものならず。文章若《も》し一代の人心を鼓吹し、百世《ひやくせい》の光明とならば、其《そ》の経国の大業にして、不朽の盛事たる、固《もと》より論なし。

（徳富蘇峰「文人」）

◉わが日本《にほん》古《いにしへ》より今に至るまで哲学なし。本居篤胤《もとおりあつたね》の徒は古陵《こりよう》を探り、古辞を修むる一種の考古家に過ぎず、天地性命の理《り》に至《いた》っては瞢焉《ぼうえん》〔曖昧なこと〕たり。仁斎徂徠《じんさいそらい》の徒、経説《けいせつ》につき新意を出《いだ》せしことあるも、要《よう》、経学者《けいがくしゃ》〔儒学者〕たるのみ。ただ仏教僧中《ちゅう》創意を発して、開山作仏《さくぶつ》の功《こう》を遂げたるものなきにあらざるも、これ終《つい》に宗教家範囲《はんい》の事にて、純然たる哲学にあらず。近日は加藤某《それ》、井上某《それ》、自《みずか》ら標榜して哲学家と為《な》し、世人もまたあるいはこれを許すといへども、その実は己《おの》れが学習せし所の泰西某々《たいせいたれそれ》の論説をそのままに輸入し、いはゆる崑崙《こんろん》に〔噛まずにそのまま〕箇《こ》の棗《なつめ》を呑めるもの〔物事をしっかり味わわない、把捉しないことのたとえ〕、哲学者と称するに足らず。それ哲学の効いまだ必ずしも人耳目《じんじもく》に較著〔明らか〕なるものにあらず、即ち貿易の順逆、金融の緩慢、工商業の振不振《しんふしん》等、哲学において何の関係なきに似たるも、そもそも国に哲学なき、あたかも床の間に懸物《かけもの》なきが如く、その国の品位を劣《れっ》にするは免《まぬが》るべからず。カントやデカルトや実に独仏の誇なり、二国床の間の懸物なり、二国人民の品位において自《おのず》から関係なきを得ず、これ閑是非《かんぜひ》〔無用な分別・判断〕にして閑是非にあらず。哲学なき人民は、何事を為《な》すも深遠の意《い》なくして、浅薄《せんぱく》を免れず。

（中江兆民『一年有半』）

く

くびき語法

くびきごほう

zeugme, zeugma / zeugma

統辞的ないしは意味論的理由から、お互いに異質な二つ（以上）の要素を一つに結び合わせること、つまり括弧でくくることだ。たとえばXa、Xb、XcをX（a、b、c）と変換することだ。a、b、cが同質的なものであれば文法が許容する普通の省略になる。「彼はパンを食べ、リンゴを食べた。」→「彼はパンとリンゴを食べた。」しかし異質なものであればくびき語法となる。「彼は気と傘を失った。」シュアミーがいみじくも言うように「くびき語法は見せかけだけの、欠落のある反復法である」。いわば省略法と反復法の提携である。

パターンとしては主に次の三つにまとめられる。

（1）異質な主語を一つの述語でくくること――「女房と畳は新しい方がいい」

（2）異質な目的語を一つの動詞でくくること――「真理を究めるために彼は世界を、書物を読んだ」

（3）二つの異質な名詞に一つの形容語がかかること――「緑の黒髪と草原」

（1）の諺は意外な取り合わせの妙であるが、「新しい」の意味は一つではない。二つの意味がこめられている。つまりここには一語が二つの意味を兼ねる兼用法が関与している。（2）も（3）も同様である。そこに使われている「読む」「緑の」という語は本来の意味とは微妙に違った意味を付加されている。

　くびき語法は意外性を秘め、成功すれば強い印象（しばしば滑稽な印象）を与えるが、誤用に堕すこともある（不注意による間違いか文彩か見極めにくいことも多い）。

[文例]

◉高等学校こそ違へ、大学では甲野さんも小野さんも同年であつた。哲学と純文学は科が異なるから、小野さんは甲野さんの学力を知り様がない。只「哲世界と実世界」と云ふ論文を出して卒業したと聞く許《ばかり》である。「哲世界と実世界」の価値は、読まぬ身に分る筈がないが、兎に角甲野さんは時計を頂戴して居《を》らん。自分は頂戴して居《を》る。恩賜の時計は時を計るのみならず、脳の善悪をも計る。未来の進歩と、学界の成功をも計る。特典に洩れた甲野さんは大した人間ではないに極つてゐる。

（夏目漱石『虞美人草』）

―

[ノート] 最初の二つは同語異義復言法で、あとがくびき語法である。同時に兼用法でもある。

―

け

形容語名詞化《けいようごめいしか》

abstraction /

形容語名詞化は形容語を名詞化して強調する文彩である。これは欧米語の影響を受けた文彩で、翻訳調文体から生まれたものである。

たとえば次のような二つの表現を考えてほしい（原文は気にしなくてもよい。訳文に注目してほしい）。

［1］澄んだ彼女の眼（ses yeux clairs）

［2］彼女の眼の清澄さ（la clarté de ses yeux）

［2］の表現は「彼女の眼」の属性に注目し、そこに焦点を当てて強調した表現である。そのプロセスだけを見れば部分（属性・特徴）に留目する「換喩」的表現と考えられる。もっと複雑な

例を挙げれば、

［3］乳房の温かい裸がはだけたシャツの白さのあいだから見える。

［4］むきだしの温かい乳房が、はだけた白いシャツのあいだから見える。

On voit la nudité tiède des seins entre les blancheurs de la chemise ouverte.

［3］が直訳であり、［4］が意訳である。ご覧のとおり「こなれた」日本語に訳してしまえば原文の修辞的効果は失われてしまう。形容語名詞化は直訳的悪訳（発想）の思わぬ副産物である。

それでは日本語の実例に当たってみよう。

椿實といっても今では知る人も少ないだろう。第二次大戦後、その華麗な文体で焼け跡の上野や浅草の底辺の風俗を描いた新人で、数年後には文学界から流星のごとく消え去った異才。その作品から三つの文を抜いてみる。

［5］「俺も四十か」とつぶやきながら不忍池の夜の水のきらめきを見て永いこと立った。
（「泣笑」）

［6］豊頬には黶まで浮かべ、腕のつけねの白い丸さは人形のよう。（「人魚紀聞」）

［7］〔ひろみは〕まっ白な便箋のまんなかが、クリーム色にもやもやしてるのに、〔中略〕と鉛筆でかいた。（「メーゾン・ベルビウ地帯」）

いちおう簡単なものから難しいものに並べたつもりだ。［5］は甲斐性のない男についての記述、［6］は妖艶な若い女についての記述、［7］の中略の部分は短い手紙の文面。

さあ、これだけのヒントで傍点部分の修辞的効果を考えてみよう。

それでは問題を出します。「元の文を推測して復元しなさい。」

解答は次のとおり（［6］は二つの形容詞が問題になっているのでちょっと注意が必要かも。［7］は難しかったかな）。

［8］不忍池のきらめく夜の水を

［9］白くて丸い腕のつけねは

［10］まんなかがクリーム色にもやもやした、まっ白な便箋に

ただ、形容語名詞化を船載ものと頭から決めつけるわけにもいかないような気もする。というのはわが国にもこうした文彩に近いものが見受けられるからだ。

たとえば芭蕉の有名な句「閑《しづか》さや岩にしみ入《いる》蟬の声」。この句は次のようなプロセスを経て産まれたものだろう（もちろん、このプロセスが意識にのぼることはなかったろうが）。

（1）岩にしみいるしづかなる蟬の声

（2）岩にしみいる蟬の声のしづかさ

（3）「しづかさ」を切れ字の「や」で強調する。

芭蕉の句には「形容語名詞化」のプロセスを見とどけることができるように思うが、いかがなものだろうか。

［文例］

◉秋萩《あきはぎ》の散りのまがひに呼び立てて鳴くなる鹿の声の遥《はる》けさ　（湯原王《ゆはらのおおきみ》）

［ノート］【歌意】秋萩が散り乱れている中に、妻を呼び求めて鳴いている鹿の声が、はるばると遠くまで聞こえてくるよ。【語釈】◇散りのまがひ＝散り乱れていること。【表現】形容語名詞化が二つ出ているが、特に初めのほうに注目したい。「秋萩の散りのまがひ」の基層には「散りまがふ秋萩」という具象的表現が想定できるだろう。

◉八重葎《むぐら》茂れる宿の寂しきに人こそ見えね秋は来にけり　（恵慶法師）

［ノート］【歌意】幾重にも葎が生い茂っているこの「寂しい宿に」訪れる人はないけれども秋だけはやって来たことだなあ。【語釈】◇八重＝「幾重にも」の意。◇葎＝つる性の雑草。◇宿＝歌語で、「家」のこと。【表現】「寂しきに」の「に」の解釈は諸説あるが、あえて場所を示す格助詞と採る。そして「寂しき宿」が形容語名詞化によって「宿の寂しき」と強調されたと解する。

◉冬枯れの森の朽葉《くちば》の霜の上に落ちたる月の影の寒けさ　（藤原清輔）

［ノート］冬枯れのした森の地面に朽葉が積もり、その上に霜が置いている。そこに射している月の光のなんと寒々としていることか。

◉春まひる向つ山腹《やまはら》に猛る火の火中《ほなか》に生るるいろの清《さや》けさ　（北原白秋『風隠集』）

◉高々と蝶こゆる谷の深さかな　（原石鼎『花影』）

◉蝶々のもの食ふ音の静かさよ　（高浜虚子『虚子秀句』）

◉――恐らく、妻は死ぬだらう。

彼は妻を寝台の横から透かしてみた。罪と罰とは何もなかつた。彼女は処女を彼に与へた満足な結婚の夜の美しさを回想してゐるかのやうに、端整な青い線をその横顔《プロフイール》の上に浮べてゐた。　（「花園の思想」）

【ノート】この文章は横光利一の病妻ものの一節。「彼女は……」以下の文章はまるで直訳の翻訳調であるが、「結婚の夜の美しさ」は「美しい、結婚の夜」ということだろう。それにまた、「満足な」という形容詞はここでは少し浮いた感じが否めない。これはいわゆる転位修飾法と考えたい。本来は「満足な彼女は処女を／彼女は満足して処女を……」となるべきだろう。

◉赤んぼは廊下に寝かされると、裸の足をあげて、その足の指を両手につかんで、手よりも足の方を自由に動かせた。

「そうそう、山を見てらっしゃいね。」と菊子は赤んぼの股《また》を拭《ふ》いた。

アメリカの軍用機が低く飛んで来た。音にびっくりして、赤んぼは山を見上げた。飛行機は見えないが、その大きい影が裏山の斜面にうつって、通り過ぎた。影は赤んぼも見ただろう。

赤んぼの無心な驚きの目の輝きに、信吾はふと心打たれた。

「この子は空襲を知らないんだね。戦争を知らない子供が、もういっぱい生れてるんだね。」

信吾は国子の目をのぞきこんだ。輝きはもうなごんでいた。（川端康成『山の音』）

【ノート】文例中の信吾は東京のオフィスに通う年配の会社役員。菊子は信吾の息子の嫁。国子は信吾の実の娘、房子の子。房子は夫と不仲で実家に帰っているが、今は用事で外出中で、菊子が赤ん坊の面倒をみている。時は敗戦直後、場所は鎌倉の自宅。「赤んぼの無心な驚きの目の輝き」はずいぶんと目立つ表現だ。まず「無心な」は本来ならとうぜん「赤んぼ」に掛かるべき修飾語である。するとここには転位修飾法が働いている。次に「驚き」と「輝き」が引っかかる表現だ。わけても「驚きの」は技巧的な用法である。恐らくくだんの表現は次のようなものを起点としてもっているのだろう——《無心に驚いている赤んぼの輝いている目に》。この文に転位修飾法と形容語名詞化が働いて「赤んぼの無心な驚きの目の輝き」という修辞的な表現が生まれたのだろう。

◉十月の或る朝、窓から見渡す荏原の高台の向うの空で雲が吹き払われて、富士が見えた。「はけ」で見るよりもなお小さく、お菓子のようにちんまりと、雑然たる焼跡の地平の上に坐っていた。勉はかつて葉山でこの火山の優美な円錐形に、不変の恋の映像を見たのを思い出した。それから彼は毎朝起きると地平に必ず富士を探した。（大岡昇平『武蔵野夫人』）

【ノート】勉はビルマからの復員者で大学に通っている。武蔵野の「はけ」（地名）に住まう秋山家に寄寓していたとき、従姉にあたるその妻、道子を好きになる。勉は許されない恋に悩んだが、吹っ切るために目黒川近くのアパートに移り住むようになった。問題の転位修飾法の出発点は「円錐形の優美な火山」。

◉「吉野へ行ったってことは、行かなかったよりいいわ」

と、葉子はいったことがある。自分を忘れることはあっても、吉野は忘れないであろう。二人で吉野に籠ることはできなかったし、桜の下で死ぬ風流を、持ち合せていなかった。

花の下に立って見上げると、空の青が透いて見えるような薄い脆《もろ》い花弁である。日は高く、風は暖かく、地上に花の影が重なって、揺れていた。

もし葉子が徒花《あだばな》なら、花そのものでないまでも、花影《かえい》を踏めば満足だと、松崎はその空虚な坂道をながめながら考えた。

（大岡昇平『花影』）

［ノート］葉子は夜の世界と囲い者の生活を繰り返してきた女。松崎は大学で教える美術評論家。逗子に住む松崎は東京で教える日は生活を援助している葉子のアパートに泊まる。そんな愛人関係が三年ほど続いた後で二人は別れた。この文例は講演旅行のついでに訪れた吉野での出来事を回想している場面。「空の青」は「青い空」あるいは「青空」のこと。

懸延法《けんえんほう》

suspension / suspension

懸延法は結論（結末）を先送りにして読み手（聞き手）を宙づり状態にして期待感を高める文彩である。二、三の文からなる短いものから一篇の作品までその規模はさまざまである。日本語にもなっている英語の「サスペンス」suspenseはその由来をたずねればこの文彩と関係がある。推理小説は大がかりに展開された懸延法にほかならない。この文彩の効果はひとえに、小出しにされた情報（ヒント）と最後の答え（謎）のあいだのバランスにかかっている。ヒントを早く与えすぎても、答えが平凡すぎても懸延法は不発に終わる。

懸延法の結論を極端に平凡にすると反漸層法（はぐらかし）になる。また、奇先法はいわば懸延法の逆である。

［文例］

◉その屋台にはちよつと客がとぎれたていで、売手のほかにはたれもゐなかつた。蝿がたかつてゐる黒い丸いものはなにか、外からちらと見たのでは何とも知れぬ恰好のものであつたが、「さあ、焚きたての、あつたかいおむすびだよ。白米のおむすびが一箇十円。光つたごはんだよ。」とどなつてゐるのを聞けば、それはにぎりめしにちがひないのだらう。上皮が黒つぽくなつてゐるのは、なるほど海苔で包んであるものと見てとれた。しかし、その海苔はぱりぱりする頼もしい色艶ではなく、紫蘇の枯葉のやうにしほれた貧相なやつで、それのあちこち裂けた隙間から白い粒がのぞいてゐるのは懸声どほり正真の白米らしいが、このめし粒もまたひからびて、こびりついて、とてもあたたかい湯気の立ちさうなけはひはなかつた。

焚きたての白米といふ沸きあがる豊饒な感触は、むしろ売手の女のうへにあつた。年ごろはいくつぐらゐか、いや、ただ若いとだけいふほかない、若さのみなぎつた肉づきの、ほてるほど日に焼けた肌のうぶ毛のうへに、ゆたかにめぐる血の色がにほひ出て、精根をもてあました肢体の、ぐつと反身になつたのが、白いシュミーズを透かして乳房を匕首《あいくち》のやうにひらめかせ、おなじ白のスカートのみじかい裾をおもひきり刎ねあげて、腰掛にかけたままあらはな片足を恥らひもなく膝の上に載せた姿勢は、いはば自分で自分の情慾を挑発してゐる恰好ではありながら、かうするよりほかに無理のないからだの置き方は無いといふやうすで、そこに醜悪と見るまでに自然の表現をとつて、強烈な精力がほとばしつてゐた。人間の生理があたりをおそれず、かう野蛮な形式で押し出て来ると、健全な道徳とは淫蕩よりほかのものでなく、肉体もまた一つの光源で、まぶしく目を打つてかがやき、白昼の天日の光のはうこそ、いつそ人工的に、おつとりした色合に眺められた。女はときどき声を張り上げて、しかしテキヤの商業的なタンカとはちがつて、地声の、どこかあどけない調子で、「さあ、焚きたてのおむすびが一箇十円だよ……」

（石川淳「焼跡のイエス」）

［ノート］第二次大戦後の昭和二十一年の夏、所は屋台の並ぶ上野のガード下の横町。辺りの光景を記述する作者の目（カメラ）は屋台から屋台へと動くがふと一つの屋台に近づき、ズームインする。カメラはおむすびから段々と女の肉体へと移動してゆく……。

◉醜い、というのではない。顔立ちそのものは一応整っていて十人並みといってよいくらいなのだ。問題は眼——訳もなく睨みつけるあの視線の表情を、どう形容すればよいか。陰気、冷酷、陰険、威嚇、侮蔑——いやいや、そんな漢字を書き連ねるまでもない。ただひとこと不愉快、といえば済む。だがその印象は後々までも薄れず、いまとなっては夢の中の奇怪な出来事のようにさえ思えてくるのだ。

そのおそろしい目付きの女と、コーマルタン街に暮していた九カ月の間、私は毎日のように顔を合わせていたのである。その女とは、近所に一軒しかないパン屋のおかみであった。

（山田稔「メルシー」冒頭）

［ノート］文例には二つの懸延法が仕掛けられている。強調箇所は類語法、あるいは躊躇逡巡法、いずれとも見なしうるが——いっそ類語法を援用した「装われた」躊躇逡巡法というべきか——この部分で小さな懸延法を形づくっている。そして文例全体が、最後に種明かしが来る大きな懸延法になっている。

◉私は、よく娼婦の顔をしていると言われる。今までに、ホステスを含めた何種類かの職業を経験したという話をすると、「もしかして、あれも？」と売春をほのめかした聞き方をよくされるのだ。それも当然のように軽い感じで。顔には出さないようにしてきたが、私はそれがとても嫌だった。十六になってすぐ家出して、野宿から始めた生活ではあったが、ぜったいに売春だけはしないと機会ある度に考えていたし、ちょっとやってみない？　としむけられそうになったときも、ずっと断ってきたから。しかし、人は私にけっこう平気な顔で、

「やってたの？」

と悪気もなく聞く。あまりにも軽く聞かれるので、怒るというよりも、不思議な気がしていた。私にそれを言う人が、特に無神経なタイプの人というわけではないからだ。なのに、こんなふうに聞けるということは、私が平気で娼婦をやってきたような顔に見えるからなのだろう。でも私は、それを言われるのが本当は物凄く嫌いだし、それだけはぜったいしないという考えで暮らしていたのだ。人が私をどう見ようが構わないが、いったい何故私はそんな顔をしているのだろうか。

きのう、やっと思い出した。私は娼婦だったのだ。私がずっと、売春だけはやるものかと思っていたのも、やってはみたけど向いていなかった、そういう意味での「辛い仕事」に戻るのは嫌だという、単純な理屈だったのだ。私はホステスとしての才能にもまるで恵まれていなかったが、娼婦としては比べものにもならないくらいもっともっと最低最悪の素材だった。おかげで私は、娼婦の頃いつも頭がおかしくて、売春宿のおかみさんにおこられてばかりいた。お客はたった一人だというのに、私はその一人のお客さえもうまくあしらえない無能な娼婦だったのだ。だから十六になってすぐのある雨の夜、ついにそこを逃げ出した。そしてそれからなんだかんだやっているうちに、もともと自分のやりたかった職業につくことができた。そして、きのうまで自分が娼婦だったことはすっかり忘れてしまっていたのだ。

その売春宿は、西のはずれにあった。おかみさんは私を十六まで育ててくれた人であり、なおかつ実の母で、お客は彼女の情夫であり、私の育ての父だった。

（内田春菊『ファザーファッカー』）

兼用法《けんようほう》

syllepse / syllepsis

一つの語ないし表現を同一の文の中で二つの意味を兼ねさせること。この文彩は同語異義復言法・くびき語法と微妙な関係にある。まず例文を挙げることにする。

（1）彼女は彼にとって蜜よりも甘い。Elle est pour lui plus douce que le miel.

（2）彼は息子と正気を失った。He lost his son and his sense.

いずれも辞典から採った例である。（1）の甘いは本義の「味が甘い」と転義の「心がやさしい」を意味しており、間違いなく兼用法である。しかしながら（2）は確かに「失う」は二つの意味を表現しているけれども、これは構文上の理由が指摘できる。実は（2）は「くびき語法」にほかならない。「異質な目的語を一つの動詞でくくること」（真理を究めるために彼は世界を、書物を読んだ）はくびき語法の代表的用法であるから。言い換えればくびき語法が問題になるときには必ずそこには兼用法が関与しているということである。従ってくびき語法を兼用法に含めることは可能であるが、ことさらに兼用法という文彩を立てるのは（1）の用法があるからだ。

兼用法は語の多義性を利用する文彩である。一つの語に二役を振り当てることである。二つの意味がからんでいるので同語異義復言法と紛らわしいけれども、こちらは問題の語が二度つかわれる点で違いが見られる（おのおのが異なった意味で）。しかし実際問題としては兼用法と同語異義復言法は通底関係にある。多くのばあい兼用法は同語異義復言法を圧縮すると得られる。その消息はこうだ。

（3）女房は新しい方がいい。畳は新しい方がいい。

これは同語異義復言法である。共通因数の「新しい方がいい」でくくれば「（女房と畳は）新しい方がいい」が得られるだろう。この要領でけっこう兼用法の文が作れる。

（4）レモンは甘酸っぱい味がする。初恋は甘酸っぱい味がする。

（4′）レモンと初恋は甘酸っぱい味がする。

（5）火傷は痛い。失恋はもっと痛い。

（5′）失恋は火傷よりもっと痛い。

ご覧のとおり同語異義復言法の文をくびき語法化すれば兼用法の文が得られるわけである。兼用法と同語異義復言法とくびき語法、この三者はお互いに密接に関連しあい、持ちつ持たれつの関係にある。

兼用法はヨーロッパ系の言語では上品な、あるいは派手な文彩として機能するようであるが、統語論的な制約もあるのか日本語ではあまりお目にかかれない。というよりか大きな修辞技法に取り込まれてしまっている。その大きな修辞技法とは掛詞である。兼用法は多義語をターゲットにするが、同一のスタンスが同音異義語に向けられると掛詞になる。つまり兼用法とは「本義と転義で掛ける」掛詞にほかならない。言い換えれば従来「掛詞」と言い習わされてきたものの中に兼用法が紛れ込んでいることになる。

掛詞以外では兼用法の用例はそれほど多くはない（それに使われる時はどういうわけか解説付きのことが多い）。

［文例］

◉吉野川岩波高く行く水のはやくぞ人を思ひそめてし　（紀貫之）

［ノート］【歌意】吉野川が岩に当たって波高く流れてゆく、その流れがはやいのと同じようになんと早くからあの人を想い始めてしまったことか。【表現】「はやく」は水の流れが「速い」という意と「早くも」（ずっと前から）思い始めていましたの意を兼ねる。ちなみに上句は「はやくぞ」の序詞。

◉いにしへの奈良の都の八重桜けふ九重ににほひぬるかな　（伊勢大輔）

［ノート］【歌意】そのむかし奈良の都で咲いた八重桜が今日は九重に、すなわち宮中になんと美しく咲き誇っていることよ。【表現】「九重」（本義）に「宮中」（転義）を掛ける。なお「いにしへ」と「けふ」、「八重」と「九重」の対照法も心憎い。ちなみに八重桜は牡丹桜とも呼ばれ、重ねの厚い遅咲きの品種。京都では珍しかったという。

◉都をば霞とともに立ちしかど秋風ぞ吹く白河の関　（能因法師）

【ノート】詞書きに「みちのくにまかりくだりけるに、白河の関にてよみ侍りける」とある。【歌意】都を、霞が立つ春の頃に旅立ったが、いまは秋風が吹いていることだ、この白河の関では。【表現】「立つ」に霞が「立つ」と旅「立つ」を掛ける。

◉此の世《よ》のなごり。夜《よ》もなごり。死《しに》に行く身をたとふれば。あだしが原の道の霜。一足《あし》づつに消えて行く。夢の夢こそあはれなれ。（近松門左衛門『曾根崎心中』）

【ノート】「消えて行く」は「露が消える」と「命が消える」を兼ねる。ちなみに、「世」と「夜」（同子音）、「なごり」の反復法にも注意すること。

◉文明の波は自《おのづ》から動いて頼《たより》のない親と子を弁天の堂近く押し出して来る。長い橋が切れて、渡る人の足が土へ着くや否や波は急に左右に散つて、黒い頭が勝手な方へ崩れ出す。二人は漸く胸が広くなつた様な心持になる。

暗い底に藍《あゐ》を含む逝《ゆ》く春の夜《よ》を透かして見ると、花が見える。雨に風に散り後れて、八重に咲く遅き香《か》を、夜に懸けん花の願を、人の世の灯《ともしび》が下から朗かに照らしてゐる。朧《おぼろ》に薄《うす》紅《くれなゐ》の螺《ら》鈿《でん》を鏤《ちりば》める。鏤ると云ふと硬過る。浮くと云へば空を離れる。この宵とこの花をどう形容したらよからうかと考へながら、小野さんは二人を待ち合せて居る。

「どうも怖ろしい人だね」と追ひ付いた孤堂先生が云ふ。怖ろしいとは、本当に怖ろしい意味で且《か》つ普通に怖ろしい意味である。

「随分出ます」

「早く家《うち》へ帰りたくなつた。どうも怖しい人だ。どこからこんなに出て来るのかね」
（夏目漱石『虞美人草』）

【ノート】明治四十年、上野公園で開催された東京府勧業博覧会での雑踏ぶりを描く場面。文中の「弁天の堂」とは不忍池の中島にある弁財天を祀った弁天堂のこと。ちなみに上野の山は比叡山に見立てられ「東叡山」、不忍池は琵琶湖に、中島は竹生島にそれぞれ擬せられる。「親と子」は孤堂先生とひとり娘の小夜子で、長年住み慣れた京都から東京に転居したばかり。小野さんは今でこそ文学士であるが以前は京都で孤堂先生に世話になっていた。小野さんは世話になった恩人親子を博覧会に誘った。静かな京都の生活に慣れた身にとってはそれでなくとも東京の人出には戸惑っているのに博覧会場の混雑ぶりにすっかり肝をつぶしている。従って「怖ろしい人」は普通に「物凄い人出」という意味だけでなく、文字どおり「踏み潰されて殺されるのではないか恐怖を感じる人出」を意味している。

◉道徳の極度は無道徳に存すてふ命題は、取も直さず本能の絶対的価値を証明するものならずや。吾人が日常の習慣と雖も、一旦夕《たんせき》〔朝と夕。きわめて短い時間〕にして成立し得るものにあらず、其の初めに当りては実に幾多の苦痛と煩悶と戮力《りくりよく》〔協力〕とを要するなり。吾人の本能なるものは、謂はば種族的習慣也。幸ひにして後代に生れたる吾人は、無念無為にして其の満足を享受すと雖も、試みに吾人の祖先が是の如き遺産を吾人に伝へ得るまでに、幾何《いくばく》の星霜と苦痛とを経過し来りしかを考へよ。吾人は祖先の鴻大《こうだい》〔巨大〕無辺なる恩恵に対して、現当の幸福を感謝せずむばあらざるなり。是の如き本能の成立し得むが為に費されたる血と涙と生命と年処とは、道学先生が卓上の思索に本《もと》づける道徳などに較ぶべきものにあらず。吾人は祖先の鴻恩《こうおん》〔大恩〕を感謝すると同時に、是の貴重なる遺産を鄭重に持続し、是の遺産より生ずる幸福を空しくせざらむことを務めざるべからず。而して是を務むる所以のものは、吾人の所謂《いはゆる》美的生活、是れ也。

（高山樗牛「美的生活を論ず」）

こ

交差配語法《こうさはいごほう》

chiasme / chiasmus

交差配語法は平行法の語句(文)を交差させる文彩である。近似的なものどうしでおこなわれる場合(AB―B'A')と同一のものどうしのあいだでおこなわれる場合(AB―BA)とがある。後者は特に交差反復法 antimétabole / antimetabole と呼ばれることもある。平行法と倒置法を足して二で割ったような文彩だと思えばよろしい。欧米語ではよく見かける文彩だが、統語論的制約のせいか(たとえば倒置法がうまく機能しない)、日本語では成立しにくい文彩である。たとえば次のような詩句を考えてみよう(フランス語は無視して差しつかえない)。

[1] 王は/歌う/地上で、天上で/死ぬ/神は

Un roi chantait en bas, en haut mourait un Dieu

原文は見事な交差配語法である。そのことは次のように図示してみれば納得がいくはずだ（呼称の由来もこの図から分かるだろう）。

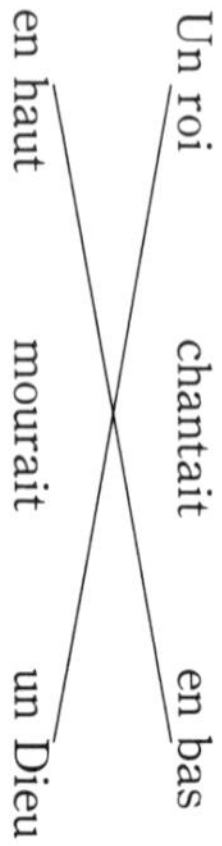
Un roi
chantait
en bas
en haut
mourait
un Dieu

ところで、原文の交差配語法を意識して次のように訳しても、この文彩の面白さが果たして伝わるだろうか。

〔2〕 地上で王は歌い、神は死ぬ、天上で

〔3〕 王は歌う、地上で、天上で神は死ぬ

どうやらぎくしゃくするだけが落ちで、ちっとも修辞的効果は期待できないようだ。ただ、日本語では交差配語法が機能しないのだ、とがっかりするのはまだ早い。上の例は「近似的な」交差配語法だったが、「同一のものどうしの」それ、つまり交差反復法に近づけばその効果が感じられるようになる。次の例を見よ（勝つ／負けるの対照法に注意すること）。

「一人と一人と戦ふ時、勝つものは必ず女である。男は必ず負ける。」（夏目漱石『虞美人草』）

交差反復法ならまったく問題がない。その証拠としてある訳本の一節を写しておこう。

「幼稚な愛は「愛されているから愛する」という原則にしたがう。成熟した愛は「愛するから愛される」という原則にしたがう。未成熟の愛は「あなたが必要だから、あなたを愛する」と言い、成熟した愛は「あなたを愛しているから、あなたが必要だ」と言う。」（エーリッヒ・フロム『愛するということ』鈴木晶訳）

交差反復法は日本語でもけっこう利用できる。たとえば巡査に追われ必死に逃げる男を記述した次の文章。

「足は駆けながらすくみ、すくみながら駆けて、それでもいつか橋をわたつて、運河のほとりに来ていた。」（石川淳「鷹」）

ところで交差反復法は自分の主張を明確にしたいときに使うと効果的だ。よく知られた例は、プルードンの著書『貧困の哲学』に対してマルクスが『哲学の貧困』を書いて反撃したことだろう。この手の交差反復法はいくらでも作れる。「思想の終焉、終焉の思想」「極北の文学、文学の極北」「死の擬制、擬制の死」などなど。あるいはよく知られた処世訓「人は生きるために食べるべきで、食べるために生きるべきではない」。

見られるように交差反復法は統辞論の次元を超えて発想の転換に通じる。

［文例］

◉海の遠くに島が……、雨に椿の花が堕《お》ちた。鳥籠《とりかご》に、春が、春が鳥のゐない鳥籠に。

約束はみんな壊れたね。

海には雲が、ね、雲には地球が、映つてゐるね。

空には階段があるね。

今日記憶の旗が落ちて、大きな川のやうに、私は人と訣《わか》れよう。床《ゆか》に私の足跡が、足跡に、微かな塵が……、ああ哀れな私よ。

僕は、さあ僕よ、僕は遠い旅に出ようね。

（三好達治「Enfance finie」）

◉「物数を極めて、工夫を尽して後、花の失せぬところをば知るべし」。美しい「花」がある、「花」の美しさといふ様なものはない。

（小林秀雄「当麻」）

［ノート］文例中の引用は世阿弥。

◉ユートピア物語が、モーアのものにしろ、ベーコンのものにしろ、つねにコロンブスのような航海者の漂流譚《たん》を発端《ほったん》にもつという事実は、たしかに注目に値いする。歴史家は、そこに、ルネッサンス期におけるさまざまな陸地発見の後世への影響をみるであろうが、むしろ私は、そういう発見のもつ純粋に仮構的《フィクシアス》な性格が、またユートピア物語の性格である点に心をひかれる。夢のなかの現実の姿よりも、現実のなかの夢の姿のほうが、いっそう興味がある、というわけだ。

（花田清輝「架空の世界」）

◉わたしと岡本とのあいだには、つねに意見の対立がある。たとえば、近ごろ、しきりにかれは、制服の芸術家たちを非難する。しかし、われわれの第一に脱ぎ捨てなければならないものは、むしろ、「芸術家」の制服ではなかろうか。

（花田清輝「芸術家の制服」）

◉事実があるから報道があるのではない。報道があるから事実があるのである。

（山本夏彦『かいつまんで言う』）

交差反復法《こうさはんぷくほう》 ☞ 交差配語法《こうさはいごほう》

誇張法《こちょうほう》

hyperbole / hyperbole

人は自分の思っていることをありのままに伝えようとして、あるいは相手に十分に理解してもらおうと思って極端に走ってしまうことがある。表現の真実を求めるあまりの嘘（極端化）である。レトリックではこの種の言い方を「誇張法」と呼ぶ。

誇張法とは読んで字のごとく大げさに言うこと、つまり物事を極端に拡大して大きく表現するか、あるいは反対に極端に縮小して小さく表現することである。この文彩ほど定義の簡単な文彩はないと言えるだろう。ただし「極端に」という制限条件には注意してほしい。誇張法は「嘘っぽい」ということが相手に感じ取られなければ文彩として成立しないのだ。嘘とわかる嘘をつくこと、それが誇張法だ。大げさに言った方が自分の伝えたい内容が効果的＝印象的に相手に伝わることがあるものだ。もっともらしく言えば真実（真情）を伝えんがために虚構（嘘）に走るということである。

たとえば「女は一日千秋の思いで恋人を待ちわびる」という表現を考えてみよう。「一日」を「千年」と見なすとは誇張もはなはだしい（この場合「秋」は部分＝一季節でもって全体＝一年を表す「換喩」表現）。不自然であり、嘘っぽい。しかし誇張法の骨法はばれるような嘘をつくことなのだ。それは人をだます意図で嘘をつくこととはまったく違う。だからこそ誇張法を前にして誰も事柄の真実を問題にはしないのだ。われわれが共感するのは一日が千年の長さにも思われる、そのようにまで高まる感情の真実に対してである。人は真実（真情）を言わんがために誇張する動物なのである。

誇張法というと大きい方に向かう場合だけを想定するかもしれないが（もちろん、こちらの方が多いが）、小さい方に向かうこともある（両者を区別して「過小誇張法」「過大誇張法」とする立場があるが、無用な分類というべきだ）。このことは次のような例に照らしても明らかである。「蚤の心臓」「蚊の泣くような声」「猫の額ほどの庭」など。小さいことを強調したい時にも、やはり誇張は必要なのだ。

さて、誇張法の方法としては次の三つが考えられる。

（1）比較
（2）列挙
（3）反復

誇張法はほかの文彩、つまり直喩、隠喩、列挙法、反復法などと連携して使われることが多い。それも宜《むべ》なるかなである。なぜなら文彩とは標準的な表現（表現の零度）からの逸脱（偏差）とするならば、文彩とは多かれ少なかれ誇張法にほかならないからである（「文彩」の項を参照のこと）。

誇張法は時にユーモアに通じる。

誇張法の反対は控えめに言うことによって強調する緩叙法である。たとえば「わたしは死にそうなくらい頑張った」と言えば誇張法だが、「わたしはちょっと頑張りすぎた」と言えば緩叙法になる。

［文例］

◉ひとり寝の床にたまれる涙には石の枕も浮きぬべらなり（よみ人しらず『古今和歌六帖』）

［ノート］独り寝の床にたまった涙には石の枕でさえもきっと浮かぶだろう。

◉此の世《よ》のなごり。夜《よ》もなごり。死《しに》に行く身をたとふれば。あだしが原の道の霜。一足《あし》づつに消えて行く。夢の夢こそあはれなれ。あれ数ふれば暁の。七つの時が六つ鳴りて残る一つが今生《こんじやう》の。鐘のひびきの聞きをさめ。寂滅為楽《じやくめつゐらく》とひびくなり。鐘ばかりかは。草も木も空もなごりと見上ぐれば。雲《くも》心なき水のをと北斗はさえて影うつる星の妹背《いもせ》の天の河。梅田《むめだ》の橋を鵲《かささぎ》の橋と契りていつまでも。我とそなたは女夫星《めをとぼし》。必ず添ふとすがり寄り。二人《ふたり》が中《なか》に降《ふ》る涙《なみだ》。川《かわ》の水《み》嵩《かさ》もまさるべし。（近松門左衛門『曾根崎心中』）

◉惣《そう》じて、五百の仏を、心静かに見留めしに、皆々、逢ひ馴れし人の姿に、思ひ当らぬは一人もなし。過ぎし年月、憂き流れ〔つらい色勤め〕の事ども、一つ一つ思ひ廻らし、「さても、勤めの女程、我が身ながら恐ろしき〔罪深い〕ものはなし。一生の男、数、万人に余り、身は一つを、今に世に長生きの恥なれや、浅ましや」と、胸に火の車〔地獄の火の車〕を轟《とどろ》かし、涙は湯《ゆ》玉《だま》散る〔地獄の釜の湯が飛び散る〕ごとく、忽《たちま》ちに夢中の心になりて、御寺にあるとも覚えずして、伏し転《まろ》びしを、法師の数多《あまた》立ち寄り、「日も暮れに及びけるは」と、撞鐘〔暮れ六つの鐘〕に驚かされ、やうやう魂確かなる時〔正気に戻ったとき〕、「これなる老女は、何をか歎きぬ。この羅漢の中に、その身より先立ちし一子、又は、契夫〔夫〕に似たる形〔羅漢の像〕もありて、落涙か」と、いとやさしく問はれて、殊更に恥かはし。

（井原西鶴『好色一代女』）

【ノート】文例は、好色一代女が老残の身を京に引きずり、大雲寺の五百羅漢像にこれまで行き会った男たちの面影をしのび、わが身の罪深さを悔悟する場面。悔悟のすさまじさを地獄の苦しみに比定する。この比定は隠喩に基づく誇張法である。

◉宮は我を棄てたるよ。我は我妻《わが》を人に奪はれたるよ。我命《わが》にも換へて最愛《いとをし》みし人は芥《あくた》の如く我を悪《にく》めるよ。恨《うらみ》は彼の骨に徹し、憤《いかり》は彼の胸を劈《つんざ》きて、ほとほと身も世も忘れたる貫一は、あはれ奸婦の肉を啖《くら》ひて、この熱腸《ねつちやう》〔熱情〕を冷《さま》さんとも思へり。忽《たちま》ち彼は頭脳の裂《さ》けんとするを覚えて、苦痛に得堪《えた》へずして尻居《しりゐ》に僵《たふ》れたり〔尻餅をついて倒れた〕。

（尾崎紅葉『金色夜叉』）

◉庭に立ちて空を望むに、地平線より天心に到るまで一点の雲なく、晶瑩玲瓏《しようけいれいろう》、明鏡《めいきよう》より澄み、碧玉《へきぎよく》よりも匂やかに、深淵よりも光を含み、名工の鍛へる秋水《しうすい》よりも冴へたり。高く深く澄明《ちようめい》にして、直《ただ》ちに上帝の聖座《みざ》をも見るべき心地す。

（徳冨蘆花『自然と人生』）

◉さいしよに差し上げた手紙に、私の胸にかかつてゐる虹の事を書きましたが、その虹は蛍の光みたいな、またはお星さまの光みたいな、そんなお上品な美しいものではないのです。

そんな淡い遠い思ひだつたら、私はこんなに苦しまず、次第にあなたを忘れて行く事が出来たでせう。私の胸の虹は、炎の橋です。胸が焼きこげるほどの思ひなのです。麻薬中毒者が、麻薬が切れて薬を求める時の気持だつて、これほどつらくはないでせう。（太宰治『斜陽』）

［ノート］つれない男性に激しい思いを吐露する女性の手紙の一節。ここではまさしく誇張法と隠喩（列挙法も？）が協働している。

◉なにほどのことやあらんと一口すすってみて驚いた。舌が曲りそうなのである。しかし私は生れつき辛いものが好きなので、このくらいなことで参るものかと、なお幾口か食べた。すると口中が火のごとく燃えてきた。私は天井までとびあがりたかったが、さあらぬ態で、ビールを命じ水の代りを命じた。それらを交互に飲むとやや落着いてきたので、更にカレーを口に運んだ。そのたびに口中はヨウコウロのごとくなり、天井までとびあがらぬため椅子にしがみつき、ビールと水でウガイをしては断末魔の吐息をついた。

（北杜夫『どくとるマンボウ航海記』）

［ノート］文例はインドで本場のカレーを食べたときの記述である。

言葉遊び《ことばあそび》

paronomase, calembour / paronomasia, pun

言葉遊びは語音の連想によってほかの語（表現）をたぐり寄せる文彩である。つまり一つの語

〔表現〕に複数の意味を担わせる技法で、主なものに次の三つがある。

（1）駄洒落
（2）掛詞
（3）地口

駄洒落は同音語や類音語による言葉の遊びで、時にナンセンスにまで行きつく。

恐れいりや〔→入谷〕の鬼子母神
その手はくはな〔→桑名〕の焼き蛤

掛詞は原理は駄洒落と同じ同音異義語の活用だが、こちらは真面目な効果を追求している。

地口は成句を踏まえたことば遊び。一説に「じぐち」とは「もじりぐち」の短縮形だと言われている。地口はほのめかしを原理としており、引喩と同じ発想であるが、音響性が前面に出ている。また滑稽・おかしみを狙う。

恩を肌で返す（→恩を仇で返す）

〔文例〕

◉生国《しやうこく》は駿州府中《すんしうふちう》、栃面屋弥治郎兵衛《とちめんややじろべい》といふもの、親の代より相応《さうおう》の商人《あきんど》にして、百二百《ひやくにひやく》の小判には、何時《いつ》でも困らぬほどの身代《しんだい》なりしが、安倍川町《あべかはちやう》の色酒《いろざけ》にはまり、其上《そのうへ》、旅役者華水多羅四郎《みづたらしろう》が抱《かかへ》の、鼻之助《はなのすけ》といへるに打込《うちこみ》、この道に孝行ものとて、黄金《こがね》の釜《かま》を掘《ほり》いだせし心地《ここち》して悦《よろこ》び、戯気《たはけ》のありたけを尽し、はては身代《しんだい》にまで途方もなき穴を掘明《ほりあけ》て留度《とめど》なく、尻《しり》の仕舞《しまひ》は若衆とふたり、尻に帆かけて府中の町を欠落《かけをち》するとて

借金《しやくきん》は富士《ふじ》の山ほどあるゆゑにそこで夜逃《よにげ》を駿河《するが》ものかな

（十返舎一九『東海道中膝栗毛』）

◉佐分利《さぶり》は幾数回《あまたたび》頷きて、

「いやさう言れると慄然《ぞつ》とするよ、実は嚮停車場《さつきステエシヨン》で例の『美人《びじ》クリイム』（こは美人の高利貸を戯称せるなり）を見掛けたのだ。あの声で蜥蜴《とかげ》啖《くら》ふかと思ふね、毎《いつ》見ても美《うつく》しいには驚嘆する。全《まる》で淑女《レディ》の扮装《いでたち》だ。就中《なかんづく》今日は治《めか》してをつたが、何処《どこ》か旨《うま》い口でもあると見える。那奴《あいつ》に搾《しぼ》られちや克《かな》はん、あれが本当の真綿で首だらう。」

「見たかつたね、それは。夙《かね》て御高名は聞及んでゐる。」

と大島紬《おほしまつむぎ》の猶《なほ》続けんとするを遮りて、甘糟《あまかす》の言へる。

「おお、宝井が退学を吃《く》つたのも、其奴《そいつ》が債権者の重《おも》なる者だと云ふぢやないか。余程《よほど》好い女ださうだね。黄金《きん》の腕環なんぞ嵌めてゐると云ふぢやないか。酷《ひど》い奴な！　鬼神《きじん》のお松だ。佐分利はその劇《げき》なるを知りながら係《かか》つたのは、大いに冒険の目的があつて存するのだらうけれど、木乃伊《ミイラ》にならんやうに褌《ふんどし》を緊《し》めて掛るが可《い》いぜ。」

（尾崎紅葉『金色夜叉』）

【ノート】場面は新橋駅を発車した列車のなかで、地方に栄転して行く先輩とそれを横浜駅まで送る後輩四人、「五人一隊の若き紳士等」。文例は先輩が後輩たちに遊びすぎないようにと忠告を垂れたのを受けての会話。佐分利と甘糟（これはあだ名である）は「遊び人」で、横浜で羽を伸ばそうと考えている。「大島紬」は「大島紬を着た紳士」の意で、いわゆる「人―物」の換喩である。

ここの会話にはいろいろ言葉遊びが仕掛けられているが、出色は作者もコメントしている「美人クリイム」だろう。この「クリイム」は「アイスクリイム」のこと。当時アイスクリイムは「氷菓《こおりが》子《し》」として売られていた。ここでは同音の「高利貸」と掛けている。つまり「美人高利貸」というわけである。この作品ではこの後で「高利貸《アイス》」という用例も見えるので「美人クリイム」の場合には「美人化粧クリイム」も掛けているかもしれない。

先に「いろいろ言葉遊びが仕掛けられているが」と断ったが、実をいうと言葉遊び（地口）といえるほど高度なものではないかもしれない。ごく常識的な諺や成句への言及か。

（1）「あの声で蜥蜴喰ふか」は「あの声で蜥蜴《とかげ》喰《くら》ふかほととぎす」を踏まえている。「あの声」とは美しい声ということ。

（2）「真綿で首」は「真綿で首締める」を踏まえる。真綿は繭を引き延ばして作った綿で、一見細く柔らかいが、はなはだ切れにくい。そんな真綿で首を絞めると肌に食い入り、きつい締め上げになる。

（3）「鬼神のお松」は世話物歌舞伎『新版越白浪』に登場する女賊。悪女の代名詞として当時よく引かれた。

（4）「木乃伊にならんやうに」は「ミイラ取りがミイラになる」を踏まえている。人を連れもどしに行った者が、逆に先方にとどまってしまい役立たないこと、あるいは説得におもむいた者が、かえって相手に説得されてしまうこと。「ミイラ取り」の「ミイラ」はミイラ油のことで、昔のヨーロッパでは貴重な薬として珍重されていた。したがって諺の真意は貴重なミイラ油を取りにいったものが死体のミイラになってしまうということ。ここでは法律の専門家である法学士の佐分利が捕らえるべき悪徳女高利貸に逆に債務者として訴えられないようにと諷している。

（5）「褌を緊めて掛る」は成句で、十分に気持ちを引き締めて物事に着手するの意。

見られるように、古い作品ではその当時は文彩でもなんでもなかった常識的な表現が時を隔てると文彩的効果をもつようになることがある。

◉古人のうちにてもソクラチス、ゴールドスミス若《も》くはサッカレーの鼻などは構造の上から云うと随分申し分は御座いましょうがその申し分のあるところに愛嬌《あいきょう》が御座います。鼻高きが故に貴《たっと》からず、奇なるが為に貴しとはこの故でも御座いましょうか。下世話にも鼻より団子と申しますれば美的価値から申しますと先ず迷亭位のところが適当かと存じます。

【ノート】これは夏目漱石『吾輩は猫である』の中で登場人物の迷亭が鼻について弁じている台詞。「鼻高きが故に貴からず、奇なるが為に貴し」は寺子屋で使われた『実語教』の中の文「山高きが故に貴からず、樹あるを以て貴しとなす」を踏まえる。「鼻より団子」はもちろん「花より団子」。

◉〔……〕

私はただかっこいい言葉の蝶々を追っかけただけの
世間知らずの子ども
その三つ児の魂は

人を傷つけたことにも気づかぬほど無邪気なまま
百へとむかう

詩は
滑稽だ

（谷川俊太郎「世間知ラズ」）

［ノート］言うまでもなく諺「三つ子の魂百まで」（人間の本性は一生かわらない）を踏まえている。最後の「詩は／滑稽だ」という強意結尾法は強烈。

し

地口《じぐち》 ☞ 言葉遊び《ことばあそび》

修辞疑問《しゅうじぎもん》

question rhétorique / rhetorical question

修辞疑問は形式的には疑問であるが、そのじつ断言にほかならない特殊な疑問である。肯定の修辞疑問は否定の答えを、否定のそれは肯定の答えをそれぞれ想定している。多くのばあい形の上からは普通の疑問と見分けがたい（漢文では「なんぞ〜」と指標がある場合がある）。コンテクストなどを商量してそのつど識別する必要がある。ただ、「だろうか」「できるか」「ことがあるか」「ものか」「とても思っているのか」のように可能性や必然性を疑う文末では修辞疑問が出てくる可能性があるとはいえるかもしれない。たとえば「日本はこれでいいのだろうか〔よくない〕」「そんなことがあろうか〔ない〕」「夢がそんなに簡単に実現できるだろうか〔できない〕」

「そんなにうまくいくものか〔いかない〕」「わたしにそれが出来ないとでも思っているのか〔出来る〕」など。

［文例］

●人は天地の霊なり。天地は限《かぎ》る所なし。人の性《しやう》なんぞことならん。寛大にして極《きは》まらざる時は、喜怒《きど》これにさはらずして、物のために煩《わづら》はず。

（吉田兼好『徒然草』）

［ノート］【語釈】◇霊＝もっとも霊妙なもの。◇性＝本性、本質。◇これ＝人の性、心をいう。◇物＝あれこれのもの、外的事物。

●またよに先生など仰《あふ》がるる物知り人、あるは上人《しやうにん》など尊まるる法師など、月花を見ては、あはれと愛《め》づる顔すれども、よき女を見ては、目にもかからぬ顔して過るは、まことに然るにや。もし月花をあはれと見る情《こころ》しあらば、ましてよき女にはなどか目のうつらざらむ。月花はあはれなり、女の色は目にもとまらずといはんは、人とあらむものの心にあらず。いみじき偽りにこそありけれ。しかはあれども、よろづにうはべを作り飾るはなべての世のならひにしあれば、これらは、偽りとて、さしもとがむべきにはあらずなん。

（本居宣長『玉勝間』）

冗語法《じょうごほう》

pléonasme / pleonasm

冗語法は同一の語句、節、文のなかにすでに表現されている観念、つまり文法的＝意味的には必要とされない表現をあえて付加することである。上の定義の「あえて」に注目していただきたい。この文彩は確信犯的ミスである。無駄を承知の上での繰り返しだ。従って不注意による冗語表現は文彩ではなく単なる文法的間違いで、「贅語法」と呼んで区別する。贅語法の例としては次の戯文が有名。「古《いにしえ》の昔の武士の侍が、馬から落ちて落馬して、女の夫人に笑われて、腹掻っ切って切腹す。」とはいっても当然のことながら、この両者を区別するのが微妙なケースは多々ある。次のような成句は無駄を承知の冗語法だろう。「痩せても枯れても」「知らぬ存ぜぬ」「縁もゆかりもない」「信じて疑わぬ」など。

とにかく誤用すれすれの表現である冗語法にあえて訴えるのは次の二つの狙いがあるからだ。

（1）繰り返して強調するため

（2）意味をより明快にするため

たとえば「彼はコンサート会場の熱気を肌で感じた」という表現を考えてみよう。これは冗語法だろうか、あるいは贅語法だろうか。いずれとも取れるだろう。確かに意味的には「肌で」は必要でない。「感じる」で十分だ。しかし、そんなことは承知の上であえて上の表現にこだわったとすれば《もろに、強く感じ取った》という強調表現になるだろう。不必要と思われる「肌で」という表現は不注意による間違いではなく、一定の表現効果をねらった意図的なものであるから（傍点部は冗語法のつもりです）。

たとえば他に「黒暗々とした暗闇」「真っ赤な鮮血」。おそらくこの二つは（2）の表現効果をねらったものだろう。あるいは「夢を夢見る」「戦いを戦う」等のいわゆる「同族目的語」も修辞的には冗語法の問題として捉え返すことができる。

文を超えた冗語法については「冗言法」redondance を別に立てるべきだとする立場もあるが、本書では採らない。文を超えた場合は他の文彩と見なすほうが実際的である（たとえば列挙法）。冗語法は冗長度（情報性）という点ではまさに撞着語法の対蹠点に立つ文彩である。

［文例］

◉イヤサ実にこんやで根つきり葉つ切りほんとうにこれぎりこれぎり扨《さて》おてうしもおつもりダ。

（仮名垣魯文『安愚楽鍋』）

◉衣透姫《そとほりひめ》に小町の衣を懸けたという文三の品題《みたて》は、それは惚れた慾眼の贔負沙汰《ひいきざた》かも知れないが、とにもかくにも十人並優《すぐ》れて美くしい。

（二葉亭四迷『浮雲』）

［ノート］心を寄せているお勢という女性に対する文三の見立てを評している文章。お勢は文三が身を寄せている叔父の一人娘で、将来は夫婦にもと思われている。

◉「君の情人《ラヴァ》は君に負《そむ》いたぢやらうが、君の友《フレンド》は決して君に負かん筈ぢや。その友を何為《なぜ》に君は棄てたか。その通り棄てられた僕ぢやけれど、かうして又訪ねて来たのは、未だ君を実は棄てんのじやと思ひ給へ。」

学生たりし荒尾！　参事官たりし荒尾!!　尾羽《をは》打枯《うちから》せる今の荒尾の姿は変りたれど、猶《なほ》一片の変らぬ物ありと知れる貫一は、夢とも消えて、去りし、去りし昔の跡《あと》無き跡を偲《しの》ぶなりけり。

（尾崎紅葉『金色夜叉』）

［ノート］貫一が学生時代に兄事した親友の荒尾が突然彼のもとを訪れる。荒尾は貫一が人生の浮沈を決める一大決心をするときなんの相談もなく、あまつさえなんの挨拶もなく姿を消したことを咎める。貫一は言葉もなく聞き入るばかり。

象徴

しょうちょう

symbole / symbol

象徴とは複雑微妙な観念を具体的イメージに仮託して表現する方法である。この私たちの定義は一般におこなわれている定義とずいぶん違うはずだ。私たちの定義は諷喩との違いを意識したものになっている（もっとも私たちは象徴を一つの文彩として認定することには疑問をもっているが、問題の大きさに鑑みてあえて取り上げることにする）。

象徴という言葉はさまざまな意味で使われているので、まず腑分けが必要である。象徴は通常つぎの三つの意味で使われている。

（1）「慣習的」象徴（仕種や物に特殊な意味が付与される。結婚式での指輪の交換〔忠実の約束〕、秤〔正義〕、国旗、ロゴマークなど）

（2）「記号論的」象徴（記号の下位区分として象徴が使われる。たとえば記号を二分して慣例的〔人工的〕なものを象徴〔＝言語記号〕、自然的なものを信号〔signal〕とする）

（3）「言語論的」象徴（「象徴」は「記号」〔＝言語記号〕と対立する。記号は「記号表現」と「記号内容」という異質で恣意的な二つの要素の関係からなる。それに対して象徴は「象徴するもの」〔媒体〕と「象徴されるもの」〔主意〕という等質で有縁的な二つの要素の関係からなる）

レトリックが関わるのは（3）であるが、それもかなり特殊なケースが問題になる。象徴とは、主に隠喩（擬人法も含める）と換喩が関与する複合的文彩にほかならない。従って、一般に象徴と分類されている糸杉＝死、鳩＝平和、フェニックス＝不死などのような単純なものは象徴ではなく、諷喩である（あるいは諷喩と関わる）。象徴は多義性を特徴とする。というよりか名状しがたいもの、いわく言いがたいものを言語化する便法にしか過ぎないのだ。諷喩はあくまでも表現方法に関わるだけだが、象徴は思考方法（認識）に関わる。諷喩は一般的＝普遍的だが、象徴は特殊的＝個別的である。むろん象徴も繰り返し使われているうちには「因習的」になる。しかしながらやはり元の特殊的＝個別的性格は残り、完全には「死なない」。その証拠には普通の辞書に登録されることはない。

たとえば『百人一首』にもとられている次の歌。

奥山に紅葉《もみぢ》踏み分け鳴く鹿の声聞く時ぞ秋は悲しき

〔奥深い山に紅葉を踏み分けて鳴く鹿の声を聞くときこそ、ひとしお秋は悲しいと感じられるよ〕

ここには、擬人法がある（紅葉を踏み分けるのは人という説もあるがここでは採らない）。秋は鹿の繁殖期である。牡鹿は牝鹿を求めて鳴きさまよう。そうした「鳴く鹿」のイメージは、古来《妻恋い》の哀切きわまりない悲しみの象徴として詠われてきた。ここにはつぎのようなプロセスがある。

る。

（1）「妻を思う気持ち」（妻恋い）は秋に「鳴く鹿」のイメージによってこそ一番よく表現される。

（2）鳴く鹿は妻を想う男である（擬人化）。

（3）妻を想う男は鳴く鹿である（隠喩化）。

（4）鳴く鹿（象徴化）。

見られるとおり、喩えられるもの（妻を想う男）が削除され、喩えるもの（鳴く鹿）が一人歩きするると象徴になる。この場合象徴は「省略隠喩」、あるいは「半かけの隠喩」と呼ぶことができる（象徴を一つの文彩と認める必要がないゆえんだ）。これを言い換えると、隠喩はXをYにたとえることであるとすれば、象徴はYが言外のXを暗示することだといえる。従って象徴では多義性が常に揺曳することになる。十九世紀末の象徴主義で「暗示」が問題となるゆえんである。「事物〔対象〕を名指すことは、少しずつ謎を解いてゆくという幸福から成り立っている詩篇の喜びの四分の三を奪い去ることである。事物を暗示すること、そこから夢が生まれる。この極意を完全に使いこなすとき、はじめて象徴が形づくられる。」（マラルメ）

思うに、古今東西の詩人たちはいわく言いがたい「内なる思い」を託するに足る「生きた」象徴（省略隠喩）を追い求めつづけてきたといえるだろう。

しょうりゃくほう

省略法

ellipse / ellipsis

省略法は文章の無駄を省き、文章を引き締めて余情・余韻をねらう文彩である。ヨーロッパ語に比べて余情・余韻を尊ぶ日本語が得意とするものかもしれない。省略法は諺や格言、警句にも頻用される。

五十嵐力は省略のタイプを五つに分けている。

（1）助詞のテニヲハあるいは助動詞を省くこと（体言止め、連用止めも含む）
（2）主語を省くこと
（3）句を省くこと
（4）前句の末と後句の初めを掛け持ちにすること（いわば掛詞的省略）
（5）要点だけを朧ろに叙して残部を読者の想像にゆだねること

（4）は論外にしても、ほかは確かにそのとおりだが、主語や目的語の省略が大手を振って歩く、そんな文法的に柔構造の日本語の場合、省略があるからといってただちにそこに文彩を認めることは出来ない。英語やフランス語のようなヨーロッパ語から見れば日本語はまさに省略法のオンパレードだ。省略法を云々するためにはまず日本語の統辞論的構造を一瞥しておかなければならない。

日本語はすぐれて言語場依存的言語である。

もちろんヨーロッパ語でも話し言葉であれば省略表現が多くなり書き言葉に比べて言語場（コンテクスト）に依存する率は高くなることは考えられるが、日本語のように依存することはありえない。ヨーロッパ語は日本語に比べて自立的である。そのことを以下、幾つかの例を見ながら確認することにしよう。

たとえば首相が次のように記者たちに話したとしよう。コンテクスト抜きで果たして分かるだろうか。

[1]「あるからこそ話してきた」
[2]「難しいときでもあるし、なるべくすんなりと思っている」

翌日の新聞ではたとえば次のようにコトバが補って報道される。

[1]′「（交渉に応ずる意志が）あるからこそ（これまで相手側と）話してきた」
[2]′「（政局が）難しいときでもあるし、（○○総裁の人事は）なるべくすんなり（きめたい）と思っている」

「政局」というコンテクストがなかったら上の二つの発言はなにがなんだかさっぱり分からない。別のコンテクストを想定すれば同じ発言がまったく別の意味を表すことになる。

たとえば会社。

[1]″「(いろいろと問題が)あるからこそ(今回の計画は中止したい旨を上司に)話してきた」

たとえば妻とうまくいっていない夫の発言。

[2]″「(家計のやりくりがいろいろと)難しいときでもあるし、(妻とのつまらないもめごとは)なるべくすんなり(解決したい)と思っている」

言語表現は暗黙の前提に寄りかかるものだが、とりわけ日本語はその傾向が顕著なようだ。たとえば次の都々逸など日本語の特質を実に見事に体現しているといえようか。「こうしてこうすりゃこうなるものと　知りつつこうしてこうなった」

ご覧のとおり、日本語はヨーロッパ語に比べて言語場依存的である。言い換えれば、暗黙の前提に寄りかかっているのだ。

次の文章を読んでほしい。

［3］このうちに相違ないが、どこからはいっていいか、勝手口がなかった。

往来が狭いし、たえず人通りがあってそのたびに見とがめられているような急《せ》いた気がするし、しょうがない、切餅《きりもち》のみかけ石二枚分うちへひっこんでいる玄関へ立った。

（幸田文『流れる』冒頭、強調原文）

冒頭の一文は省略的な表現である。しかもその情報量はきわめて多い。「相違ない」「勝手口」がヒントである。みなさん、この文章の含意が分かりますか。

「勝手口」から入らなければならない人間といえば玄関の敷居が高く感じられる、ご用聞きとか使用人とかある階層の人間が想像される（「勝手口」とは懐かしい日本語である。玄関と勝手口の使い分けは今でもおこなわれているのだろうか）。事実、この語り手は奉公口を探している女性だ。しかも、そんな人間には不釣り合いな硬い表現「相違ない」を使っている。つまりかなり教養のある女性だということが推量できる（『流れる』は自伝的要素の強い作品である）。

この文は省略部分を補って書き直せば次のようになるだろうか。

[3′]（私のさがしている家は）このうちに相違ないが、どこからはいっていいか、（私にはわからない、だってこの家には）勝手口がなかった（からだ）。

もっと分かりやすく書き直せば、

[3″] 私のさがしている家はたぶんこの家に違いない。しかし私にはどこからはいっていいのか分からない。私は玄関から入れるような身分の人間ではないので、勝手口を探しているのだが、どうしてもそれが見つからない。どうしたらいいのか。

たとえば[3]の日本語を英語あるいはフランス語に移そうとしたら、せめて[3′]の段階まで省略部分を補わなければならない。いかに日本語がヨーロッパ語に比べて言語場依存的であるか得心がいくはずだ。誤解しないでほしいが、これをもって日本語が非論理的とか、不完全であるとかと言っているのではない（どの国語も言語としては完全であり、日本語もじゅうぶん論理的である）。実をいえば[3]は日本語の達者なアルゼンチン人（ドメニコ・ラガナ）が例に挙げた文章だ。この語学的センスに恵まれた外国人が日本語を勉強しはじめた頃、「主語のない」、省略の多いこの文章に戸惑い、解読するのに悪戦苦闘したという（『日本語とわたし』「日本語・この愛すべき敵」）。その後日本語を完璧にマスターしたこの外国人にしてこの周章狼狽ぶりだ。いかに日本語が暗黙の前提に寄りかかっているか、その度合いが分かろうというものである。

ヨーロッパ語（ここでは英語やフランス語をとりあえず思い浮かべてほしい）と日本語の一番大きな違いは主語の位置づけにある。ヨーロッパ語には主語が絶対に不可欠であるが（イタリア語やスペイン語は主語はふつう省略されるが、しかし動詞の活用がしっかりしているので「省略された主語」はちゃんと特定できる）、日本語には必ずしも必要ではない、なくても一向にこまらない。この違いはいろいろな文法問題に波及することになるけれども、ここでは修辞とどう関わってくるかという一点に絞ることにする。

ヨーロッパ語の代表としてフランス語を選ぼう。すると基本文は次のようになる。

（1）Paul travaille.［ポールは―働く］（S―V）
（2）Marie est jolie.［マリーは―美しい］（S―V―C）
（3）Paul aime Marie.［ポールは―愛する―マリーを］（S―V―O）
（4）Paul trouve Marie jolie.［ポールは―思う―マリーが―美しいと］（S―V―O―C）

ここから次のような原則が引き出せる。

①基本文にはすべて主語がある。

②基本文にはすべて動詞がある。
③動詞は目的語／属詞（補語）を必要とする場合がある。

では、次に日本語の基本文を挙げよう。

（1）名詞文：大学生だ。（形容動詞も含める）
（2）形容詞文：美しい。
（3）動詞文：（花を）買った。

上の説明に少しコメントを加えておく。
（1）は「です」「でした」「だった」「でない」などの過去や否定も含む。
（2）の形容詞文は「美しくない」「美しかった」「美しくなかった」「美しいだろう」など過去にも否定にも変化できる。その点で「単語」にしかすぎないフランス語のjoli(e)とは大きな違いがある。形容詞一語でれっきとした「文」である。
（1）（2）（3）から次のような原則が引き出せる。

①基本文には述語（名詞／形容詞／動詞）が必要である。

②基本文には主語は必ずしも必要でない。

以上の日本語とヨーロッパ語の比較からなにが言えるだろうか。ヨーロッパ語の方が日本語よりも文の構造が複雑できっちりしているらしいということだ。主語があり、動詞があり、動詞によっては目的語や属詞（補語）も必要である。それに対して日本語は述語さえあれば文になりうる。つまり日本語はかなりアバウトで、融通のきく言語だ。もっともらしい言い方をすれば日本語は柔構造であるらしい。文の要素を少々抜き取っても致命的な不都合は生じない。電池の並べ方で喩えればヨーロッパ語は「直列型」で、日本語は「並列型」だ。ヨーロッパ語は電池が一つでも欠けていれば肝腎の電灯はつかない。日本語は一つの電池（述語）を除けばほかの電池はあってもなくてもよろしい。

日本語の融通無碍な統辞論的ありようを次の例で確認してみよう。

［4］彼は（1）三十代の初めに（2）言語学を研究するために（3）アメリカの東部の大学に（4）二年間（5）留学した（6）。

ここで絶対に省略できないのは（6）である。この文は「動詞文」であり、その要の動詞「留学した」ははずせない。はずしたら日本語ではなくなってしまう。そのことは逆の場合を考えればよく納得がいく。

「彼はどうした」
「留学した」

日本語では基本の「述語」以外の文要素はすべて広義に解した「補語」(修飾語)と考えて差しつかえない。従って言語場(コンテクスト)次第でいかようにも省略することができる。ということは修辞的な効果は弱いと考えざるをえない。日本語は言う必要のないことは省略可能な言語である。たとえば芭蕉の「古池や蛙飛《かはづ》びこむ水のおと」を英語に翻訳しようとすれば問題のカエルが「単数」なのか「複数」なのかをまず決めなければならない。しかし日本語では「一」匹の場合はわざわざ言う必要はない。もし「一」匹でない場合なら言わなければならないけれども。このことは蕪村の「さみだれや大河を前に家二軒」に徴すれば明らかである。日本語は分かり切ったことは言わない。してみれば日本語で「省略法」を云々する場合はよくよくのケースでないと適用できないということである。

こう考えを進めてくると「述語」の省略は常に修辞的効果を期待できるという結論が得られる。

「男は黙ってサッポロビール」(動詞文)

「花は桜木人は武士」（形容詞文）
「むらさめの露もまだひぬ槙の葉に霧立ちのぼる秋の夕暮」（名詞文）

ここに見られるのはいわゆる「体言止め」だ。日本語の場合、体言止めは一番効果的な省略法だろう。体言止め以外は言語場（コンテクスト）によりケースバイケースである。

ヨーロッパ語では必要とされる接続語を省略するのを一つの文彩と見て特に「接続語省略法」asyndète / asyndeton と呼ぶが、日本語ではほとんど問題にならないだろう。もともと日本語は理に勝つ接続語を嫌い、「文間の余白」（井上ひさし）を大切にするからである（この問題については「接続語多用法」の項を参照のこと）。

くびき語法も文法的な省略法にほかならない。黙説法も省略法の一種と考えてよい。黙説法が極まれば「沈黙法」に行き着くだろう。まさしく言わぬは言うに勝るということである。

［文例］

◉心なき身にもあはれは知られけり鴫《しぎ》立つ沢の秋の夕暮（西行）

［ノート］もののあわれを解さない私のような人間にも、このしみじみとした情感は感じ取れることだ。鴫が飛び立つ沢の、秋の夕暮れよ。

◉春の夜の夢の浮橋とだえして峰に別るる横雲の空（藤原定家）

【ノート】【歌意】水に浮かぶ浮橋のようにはかない春の夜の夢が途切れてしまった。ふと夜明けの空を見やれば、同じように峰から横雲が離れてゆく。【語釈】◇浮橋＝船や筏を並べてその上に板を渡した橋。水の流れにつれてゆらゆらと揺れるところからはかない「春の夜の夢」の隠喩となる。◇横雲＝横にたなびく雲。

◉ゆく秋の大和《やまと》の国の薬師寺の塔の上なる一ひらの雲（佐佐木信綱）

◉春はあけぼの。やうやうしろくなり行く山ぎは、すこし明《あか》りて、むらさきだちたる雲のほそくたなびきたる。

夏はよる。月の頃はさらなり、やみもなほ、ほたるの多く飛びちがひたる。また、ただひとつふたつなど、ほのかにうちひかりて行くもをかし。雨など降るもをかし。

秋は夕暮。夕日のさして山の端《は》いと近うなりたるに、からすのねどころへ行くとて、みつよつ、ふたつみつなどとびいそぐさへあはれなり。まいて雁《かり》などのつらねたるが、いとちひさくみゆるはいとをかし。日入りはてて、風の音むしのねなど、はたいふべきにあらず。

冬はつとめて。雪の降りたるはいふべきにもあらず、霜のいとしろきも、またさらでもいと寒きに、火などいそぎおこして、炭もてわたるもいとつきづきし。昼になりて、ぬるくゆるびもていけば、火桶《ひをけ》の火もしろき灰がちになりてわろし。（清少納言『枕草子』）

【ノート】【語釈】◇飛びちがひたる＝乱れ飛んでいる。◇をかし＝趣がある。◇まいて＝ましてや。◇はたいふべきにあらず＝これまたなんともいえない。◇つとめて＝夜明け。◇つきづきし＝ふさわしい。◇ぬるくゆるびもていけば＝気温がゆるんでくると。◇火桶＝火鉢。◇わろし＝みっともない。

◉「謹《きん》さん、お手紙、」

と階子段《はしごだん》から声を掛けて、二階の六畳へ上り切らず、欄干《てすり》に白やかな手をかけて、顔を斜に覗きながら、背後《うしろ》向きに机に寄つた当家の主人《あるじ》に、一枚を齎《もた》らした。

「憚《はばか》り、」

と身を横に、蔽うた燈《ともしび》を離れたので、玉《ぎよく》ぼやを透かした薄あかりに、くつきり描《ゑが》き出《いだ》された、上《あが》り口《ぐち》の半身は、雲の絶間の青柳《あをやぎ》見るやう、髪も容《かたち》もすつきりした中年増《ちうどしま》。

これはあるじの国許から、五ツになる男の児を伴うて、此度《このたび》上京、しばらく爰《ここ》に逗留して居《ゐ》る、お民《たみ》といつて縁続き、一蒔絵師《あるまきゑし》の女房である。

階下《した》で添乳《そへぢ》をして居《ゐ》たらしい、色はくすんだが艶《つや》のある、藍《あゐ》と紺、縦縞の南部の袷《あはせ》、黒繻《くろじゅ》子《す》の襟のなり、ふつくりした乳房の線、幅細く寛《くつろ》いで、昼夜《ちうや》帯《おび》の暗いのに、緩く纏うた、縮緬《ちりめん》の扱帯《しごき》に蒼味のかかつたは、月の影のさしたやう。

〔中略〕

からからと格子が開いて、

「どうも、おそなはりました。」と勝手でいつて、女中が帰る。

「さあ、御馳走だよ。」

と衝《つ》と立つたが、早急だつたのと、抱いた重量《おもみ》で、裳《もすそ》を前に、よろよろと、お民は、よろけながら段階子《だんばしご》。

「謹さん。」

「…………」

「翌朝《あした》のお米は?」

と艶麗《はでやか》に莞爾《にっこり》して、

「早く、奥さんを持つて下さいよ。ああ、女中さん御苦労でした。」

と下を向いて高く言つた。

其時襖《ふすま》の開《あ》く音がして、

「おそなはりました、御新造《ごしんぞ》様。」

お民は答へず、ほと吐息。円髷《まげ》艶《つや》やかに二三段、片頬《かたほ》を見せて、差覗《さしのぞ》いて、

「此処《ここ》は閉めないで行きますよ。」

（泉鏡花「女客」）

【ノート】全篇に省略法が駆使されているが、ここに写したのは冒頭と結尾。「謹さん」と呼ばれている男は独り者で、老いた母親と生活している。謹さんとお民は強く引かれ合っているのだが……。最後の場面の前でお民は下で泣いていた乳飲み子を抱いて戻ってきていたのだ。「抱いた重量で」とは「抱いた赤ん坊の重みのせいで」ということ。

◉「ずいぶん、お酒を召し上りますのね。毎晩ですの?」

「さう、毎日。朝からだ。」

「おいしいの？　お酒が。」

「まづいよ。」

さう言ふ上原さんの声に、私はなぜだか、ぞつとした。

「お仕事は？」

「駄目です。何を書いても、ばかばかしくつて、さうして、ただもう、悲しくつて仕様が無いんだ。いのちの黄昏《たそがれ》。芸術の黄昏。人類の黄昏。それも、キザだね。」

「ユトリロ。」

私は、ほとんど無意識にそれを言つた。

「ああ、ユトリロ。まだ生きてゐやがるらしいね。アルコールの亡者《まうじや》。死骸だね。最近十年間のあいつの絵は、へんに俗つぽくて、みな駄目。」

（太宰治『斜陽』）


［ノート］文例はわけありの男女の会話である。


◉ポケットの埃《ほこり》の中にいつも新しい宝くじ。

十五年間　誰にもそれを喋《しやべ》らぬ長い羞恥。

変わったのはその金をつかう空想ばかりだ。

学資。亡命。一軒の家。二軒の家。閑暇。

（清岡卓行「ある惰性」）


◉そのとき、梯子を上つて来る足音が廊下にとまつて「ごめん下さい。」応《いら》へも待たず部屋の障子をあけたのはこの宿の女主人葛原安子で、外出と見える盛装にふくらんだ中年女の肢体を框《かまち》いつぱいにはびこらせながら、「ぢや、ごいつしよに願へません。」「何です。」「あらけふといふお約束だつたぢやありませんか。」「え。」「坂上さんに紹介して下さるつていふ……」「あ、さうさう。」「いやですわねえ、お忘れになつちや。」「うつかりしてました。」「だめですわ。さあ、およろしかつたら出かけませう。お洋服、これですか。」「そんなにいそぐことはありませんよ。坂上は三時ごろでなけりや事務所に来ないんですから。まだ正午《ひる》を打つたばかりでせう。」「でも、けふでないと都合が……」「ええ、判つてます、行きますよ。ちよつと待つて下さい。」

（石川淳「普賢」）

［ノート］「わたし」は東京下町の下宿にくすぶって、あるフランスの女流詩人の伝記を書いている物書きのはしくれ。折しもその著述をはじめた矢先に階下に住む家主が登場する場面。この作品でこの家主が話題になるのはこれが最初である。それにしてもこの文章のすごいこと、その魅力をどう表現したらいいのか。説明（ト書き）抜きの絶妙の会話はくだくだしい描写よりも二人の男女のしぐさを髣髴させる。傍点強調部分は省略法の導火線の役割を果たしているが、秀逸な隠喩でもある。いったい女体をなにに見立てているのか。「はびこらせる」という表現からすればよからぬ雑草のたぐいか。この女はもう少し先で「さうでなくともわかりにくい女の年の、みづみづしく太つたうへに濃化粧で三十五六にしか見えないが、じつは四十を過ぎてゐるであらう」と説明されている。隠喩の大技とさりげない省略法。まさに名人芸である。

せ

贅語法《ぜいごほう》 ☞ 冗語法《じょうごほう》

声喩《せいゆ》

onomatopée / onomatopoeia

声喩はオノマトペを効果的に利用する文彩である。オノマトペには擬音語と擬態語の二種類がある。

擬音語と擬態語とはなにか。

擬音語とは外界の音を模写する言葉である。外界の音は動物の鳴き声など生き物の「声」（たとえば「わんわん」）ばかりでなく自然や物の発する「音」（たとえば「ごろごろ」「みしみし」）も含む。

擬態語とは生物・無生物の動き・状態を表すばかりでなく人間の心の状態を音的に翻訳する言

葉である。たとえば「ひらひら」「ぱたぱた」「うじうじ」（「うじうじ」のように心の状態を表すものを特に「擬情語」と区別する場合もある）。

オノマトペは対象とする音声の正確な模写ではないことに注意しよう。もしそうなら「音響」であって「言葉」ではない。つまりここには「音象徴」が関与している。オノマトペは当該の国語の音韻体系の刻印を受けている。だからこそ同じ動物の鳴き声でも国語が異なれば別な風に写し取られるのだ。

日本語は動詞の表す意味が漠然としていることが多い。その欠を補うように、日本語はオノマトペに恵まれている（わけても擬情語が多いことは注目に値する）。オノマトペに訴えることで動詞の概念を明確にすることができる。この効果を利用しない手はないが、ただ、あまり多用すると品がなくなったり、幼児っぽくなるので注意が肝心だ。しかし巧く使えば文が生き生きとし、躍動感やリズムも生まれる。

［文例］

◉沫雪《あわゆき》のほどろほどろに降り敷けば奈良の都し思ほゆるかも　（大伴旅人）

［ノート］沫雪がはらはらと降り積もると、奈良の都が思い出されることだなあ。

◉にくきもの。〔中略〕硯《すずり》に髪の入りてすてられたる。また、墨の中に、石のきしきしときしみ鳴りたる。　（清少納言『枕草子』）

「ノート」硯と髪はどちらも黒い。だから髪があるのを知らずに墨を磨りはじめる。きしきしという音とともに、嫌な感触が手に伝わってくる。不快である。

◉山鳥のほろほろと鳴く声きけば父かと思ふ母かと思ふ　（行基）

◉ほろほろと山吹ちるか滝の音　（芭蕉）

◉春の海ひねもすのたりのたりかな　（蕪村）

◉ひゆうひゆうと風は空ゆく寒牡丹　（鬼貫）

◉起き出《い》で見れば、満天満地《まんてんまんち》の雪。

午前《ひるまへ》は粉雪《こゆき》紛々霏々《ふんぷんひひ》、午後《ひるすぎ》は綿雪片々飄々《わたゆきへんぺんへうへう》、終日間断《ひねもすたへま》なく降り暮らす。

障子を開けば、玉屑霏々《ぎよくせつひひ》乱れて斜《なな》めに飛び、後山《こうざん》も雪の為《ため》におぼろなり。風大《おほい》に到れば、積《つも》りし雪また乱れ立つて走る。午後《ごご》はいよいよ降りしきりて、馬車も通《かよ》はずなりぬ。積《つも》る雪《ゆき》の重量《おもみ》に、何の木にやぽきと折るる音《おと》するもの両三度《りやうさんど》。

満天満地一白の中に、独り前川《ぜんせん》のみ鼠色にして黒く、鷗《かもめ》十数羽《すうは》来《きた》りて泅《およ》ぎつるあり。時々其《その》二三羽、水を起《た》つて、十分に翼を広げ、風雪に向ひて飛ばむとすれど、吹きやられ吹きやられして、空《むな》しく水に下《くだ》りぬ。

尽日霏々濛々《じんじつひひもうもう》、天地《てんち》雪に埋《うづ》れ、人《ひと》風雪に閉ぢられ、斯《か》くて降りながら夜《よ》に入りぬ。

夜十時燈《じうじともしび》をとりて外《ほか》を覗《うかが》へば、飛雪猶紛々《ひせつなほふんぷん》たり。

（徳冨蘆花『自然と人生』）

「ノート」漢語のオノマトペの例としてあげた。

●君かへす朝の敷石さくさくと雪よ林檎《りんご》の香のごとく降れ　（北原白秋）

［ノート］「さくさくと」は雪を踏む足音でもあるが、同時に林檎を噛む歯の感触でもある。オノマトペの掛詞を思わせる効果が印象的である。

●さやさやにその音《ね》ながれつ窓ごしに見上ぐれば青葉滝とぞよげり　（若山牧水）

●サキサキとセロリ噛みいてあどけなき汝《なれ》を愛する理由はいらず　（佐佐木幸綱）

●また蜩《ひぐらし》のなく頃となつた
かな　かな
かな　かな
どこかに
いい国があるんだ　（山村暮鳥「ある時」）

●「ほうほけきょうぐいすや　うぐいすや、たまたま都へのぼるとて　のぼるとて、うーめの小枝に昼寝して、赤坂奴《あかさかやっこ》の夢をみた、枕《まくら》のしたから文《ふみ》がでた、お千代《ちよ》にこいとの文がでた……」

着物の裾《すそ》のひきずるのもしらずに夢中になってつく。うさぎの戯れるように左右の手が鞠のうえにぴょんぴょんとおどってまるくあいたくちびるのおくからぴやぴやした声がまろびでる。その美しい声にうたわれた無邪気なうたは今もなおこの耳になつかしい余韻をのこしている。夕日が原のむこうに沈んでそのあとにゆらゆらと月がのぼりはじめると花畑の葉にかくれてた小さな蛾《が》が灰白の翅《はね》をふるってちりちりと舞いあがる。少林寺の槙《まき》の木には烏《からす》が群がって枝をあらそい、庭の珊瑚《さんご》樹《じゅ》のすずめはちゅうちゅくちゅうちゅくいう。そのとき私たちはようやく黄みのあせてゆくお月様をあおいでうさぎの歌をうたう。

「うーさぎうさぎ、なにょみてはねる、十五夜お月さまみてはーねる。ぴょん、ぴょん、ぴょん」

二人はつぼめたひざに手をのせて、腰をかがめてはねあるく。さんざくたびれてる足は二つ三つ跳ねるうちにまったく弾力を失って思わずころころと尻《しり》もちをつくのをそれがおかしいといってまた笑いこける。そんなにして二人とも家から呼ばれるまではなにもかも忘れて遊びにふけってるが、ききわけのいいお蕙《けい》ちゃんはどんなときでも
「お嬢様もうお帰りあそばせ」

と呼ばれると
「はい」

とすなおに返事をして、帰りともない様子はしながらさっさと帰ってゆく。

（中勘助『銀の匙』）

［ノート］ 幼い頃の回想。男の子と女の子が手まり遊びをしている場面である。

設疑法《せつぎほう》

interrogation / interrogation

設疑法は言い切らずにあえて聞き手＝読み手に疑問を投げかけて（まれには自問する場合もあり）、最終的な判断をゆだねる文彩である。未知の答えを求める通常の疑問とは異なり、答えはあらかじめ用意されている。その答えに聞き手＝読者を誘導すること。要するに装われた疑問である。その狙いは、断定的に述べる（平叙文）よりも、聞き手＝読み手にイニシアチブを預けることによって自分の主張を共有・連帯させることだ。人間は意見を一方的に押しつけられるよりも、自分で選び取ったと感じるほうが満足度が高い。設疑法は強制的指示よりは自主的判断をよしとする人間の心理をあざとく衝いたものだ。呼びかけ法と併用されることが多い。設疑法は問答法の答えを省いたものと考えることができるかもしれない。装われた疑問という意味で修辞疑問とまぎらわしいが、修辞疑問はより形式的な肯定—否定の関係に局限される。

［文例］

◉物の哀れも是れよりぞ知る、恋ほど世に怪しきものはあらじ。稽古の窓に向つて三諦止観《さんたいしくわん》の月を楽める身も、一朝《いつてう》折りかへす花染《はなぞめ》の香《か》に幾年《いくとせ》の行業《かうげふ》を捨てし人、百夜《ももよ》の榻《しぢ》の端書《はしがき》につれなき君を怨みわびて、乱れ苦《くるし》き忍草《しのぶぐさ》の露と消えにし人、さては相見ての後のただちの短きに、恋ひ悲みし永の月日を恨みて三衣《え》一鉢《ぱつ》に空《あだ》なる情《なさけ》を観ぜし人、惟《おも》へば孰《いづ》れか恋の奴《やつこ》に非ざるべき。恋や、秋萩《あきはぎ》の葉末《はずゑ》に置ける露のごと、空《あだ》なれども、中に写せる月影は円《まどか》なる望とも見られぬべく、今の憂身《うきみ》をつらしと喞《かこ》てども、恋せぬ前の越方《こしかた》は何を楽みに暮らしけんと思へば、涙は此身の命なりけり。夕旦《ゆふべあした》の鐘の声も余所《よそ》ならぬ哀れに響く今日《けふ》は、過ぎし春秋《はるあき》の今更《いまさら》心なきに驚かれ、鳥の声、虫の音《ね》にも心何《なに》となう動きて、我にもあらで情《なさけ》の外に行末もなし。恋せる今を迷《まよ》と観《み》れば、悟れる昔の慕ふべくも思はれず、悟れる今を恋と観れば、昔の迷こそ中々に楽しけれ。恋ほど世に訝《いぶか》しきものはあらじ。そも人、何を望み何を目的《めあて》に、渡りぐるしき恋路《こひぢ》を辿るぞ。我も自ら知らず、只々朧げながら夢と現《うつつ》の境を歩む身に、ましてや何れを恋の始終と思ひ分たんや。そも恋てふもの、何《いづ》こより来り何こをさして去る、人の心の隈は映《うつ》すべき鏡なければ何れ思案の外なんめり。

（高山樗牛『滝口入道』）

［ノート］無骨一遍だった「心なき」武士が花宴であでやかに舞った乙女に心を奪われてたちまちに恋の奴となる。文例はその始まりを叙す。

◉が、自分は、昔からこの伝説に、より深い意味がありはしないかと思つてゐる。何故と云へば、悪魔は、牛商人の肉体と霊魂とを、自分のものにする事は出来なかつたが、その代《かはり》に、煙草は、洽《あまね》く日本全国に、普及させる事が出来た。して見ると牛商人の救抜《きうばつ》が、一面堕落を伴つてゐるやうに、悪魔の失敗も、一面成功を伴つてゐはしないだらうか。悪魔は、ころんでも、ただは起きない。誘惑に勝つたと思ふ時にも、人間は存外、負けてゐる事がありはしないだらうか。

（芥川龍之介「煙草と悪魔」）

［ノート］この短篇は日本に煙草が伝来した由来を語る伝説を取り上げているが、その伝説によれば日本に煙草が広まったのは、知恵者の牛商人が天主教のバテレンについてきた悪魔の鼻を明かして煙草畑をせしめたからだという。だが作者はこの短篇の最後で上のようなコメントをくわえている。

◉われらと雖も少年の頃は、日の目の届かぬ茶の間や書院の床の間の奥を視つめると、云ひ知れぬ怖れと寒けを覚えたものである。而もその神秘の鍵は何処にあるのか。種明かしをすれば、畢竟それは陰翳の魔法であつて、もし隅々に作られてゐる蔭を追ひ除けてしまつたら、忽焉としてその床の間は唯の空白に帰するのである。われらの祖先の天才は、虚無の空間を任意に遮蔽して自《おのづか》ら生ずる陰翳の世界に、いかなる壁画や装飾にも優る幽玄味を持たせたのである。これは簡単な技巧のやうであつて、実は中々容易でない。たとへば床脇の窓の刳《く》り方、落懸《おとしがけ》の深さ、床框の高さなど、一つ一つに眼に見えぬ苦心が払はれてゐることは推察するに難くないが、分けても私は、書院の障子のしろじろとしたほの明るさには、ついその前に立ち止まつて時の移るのを忘れるのである。元来書院と云ふものは、昔はその名の示す如く彼処で書見をするためにああ云ふ窓を設けたのが、いつしか床の間の明り取りとなつたのであらうが、多くの場合、それは明り取りと云ふよりも、むしろ側面から射して来る外光を一旦障子の紙で濾過して、適当に弱める働きをしてゐる。まことにあの障子の裏に照り映えてゐる逆光線の明りは、何と云ふ寒々とした、わびしい色をしてゐることか。庇をくぐり、廊下を通つて、やうやうそこまで辿り着いた庭の陽光は、もはや物を照らし出す力もなくなり、血の気も失せてしまつたかのやうに、ただ障子の紙の色を白々と際立たせてゐるに過ぎない。私はしばしばあの障子の前に佇んで、明るいけれども少しも眩ゆさの感じられない紙の面を視つめるのであるが、大きな伽藍建築の座敷などでは、庭との距離が遠いためにいよいよ光線が薄められて、春夏秋冬、晴れた日も、曇つた日も、朝も、昼も、夕も、殆どそのほのじろさに変化がない。そして縦繁《たてしげ》の障子の桟の一とコマ毎に出来てゐる隈《くま》が、恰も塵が溜まつたやうに、永久に紙に沁み着いて動かないのかと訝しまれる。さう云ふ時、私はその夢のやうな明るさをいぶかりながら眼をしばだたく。何か眼の前にもやもやとかげろふものがあつて、視力を鈍らせてゐるやうに感ずる。それはそのほのじろい紙の反射が、床の間の濃い闇を追ひ払ふには力が足らず、却つて闇に弾ね返されながら、明暗の区別のつかぬ昏迷の世界を現じつつあるからである。諸君はさう云ふ座敷へ這入つた時に、その部屋にただようてゐる光線が普通の光線とは違ふやうな、それが特に有難味のある重々しいもののやうな気持がしたことはないであらうか。或は又、その部屋にゐると時間の経過が分らなくなつてしまひ、知らぬ間に年月が流れて、出て来た時は白髪の老人になりはせぬかと云ふやうな、「悠久」に対する一種の怖れを抱いたことはないであらうか。

（谷崎潤一郎「陰翳礼讃」）

【ノート】 最初の傍点部分は問答法であるが、「種明かし」がスローテンポなので設疑法に近い。最後の部分は重厚な設疑法である。

◉武家の礼儀作法自体が、右の手で、左の腰にさした刀を抜くという動作を中心に、その他の動作を秩序づけていった点において、いくらか独自性がみとめられるとはいえ、ほとんど公家《くげ》のそれを取り入れていた。そして、伊勢流よりも、いっそう武家的な小笠原流が、徳川幕府によって、礼儀作法の規範として採用されて以来、それは、ひろく上層の商人や農民のあいだにもひろがっていき、武家のほろびさった明治維新以後でも、礼儀作法といえば、すぐに小笠原流の名前が思いうかべられたほどである。しかし、もしも礼儀作法のねらいが、保身ということにあるとすれば、右利きのばあい、二人の人間が、いつでも右の手を自由に使える状態にして置くよりも、使えない状態にして置くことのほうが、ずっと本来の目的にかなっているような気が、わたしにはするのであるが、如何なものであろう。たとえば握手は、お互いに利き手である右の手をさしのべて握り合い、それぞれが、暴力をふるう意志のないことをあきらかにしている点において、小笠原流の右の手の使いかたよりも、はるかに合理的ではなかろうか。

（花田清輝「伊勢氏家訓」）

［ノート］花田清輝は設疑法の名手で、つぎつぎと疑問を読者に突きつけながら読者を自分の土俵のなかに引きずり込んでしまう。たとえば上の箇所を「……ずっと本来の目的にかなっているような気が、わたしにはする。」「……小笠原流の右手の使い方よりも、はるかに合理的である。」と書き換えたら文章の感じはずいぶんと違ったものになると思うが、読者諸兄はどう思われますか。

接続語省略法《せつぞくごしょうりゃくほう》 ☞ 接続語多用法《せつぞくごたようほう》

接続語多用法《せつぞくごたようほう》

polysyndète / polysyndeton

接続語を必要以上に繰り返して使用すること。語と語をつなぐ接続語の場合を指すことが多いが、文と文の間でも差しつかえない。語の次元ではおのおのの要素を強調するためであるが、文の次元ではさらに論理関係を明示するためでもある。

この文彩はいわば日本語の「自然な流れ」に逆らうものだといえる。日本語は論理よりは余情を大切にする。理屈よりは余白を尚ぶ。理屈（論理性）と余白（余情性）の関係、それは要するに接続語の使用の問題にほかならない。この問題については井上ひさしの次の文章がすべてを語って間然するところがない。

「接続言〔＝接続語〕は思考の操舵手である。前の文までの論理を、接続言は次の文へと橋渡しする。それはかりでなく論理を逆転させ、ときには次の論理と対比させたりもする。さらに接続言は、思考の転轍機《てんてつき》であるばかりでなく、語調の鉋《かんな》ともなる。巧みに用いられた接続言はゴツゴツと骨張った語調をやわらかく和らげる。接続言を多用すると、文章のすべりがよくなり、速度感が出る。ひっくるめて、要所を接続言でうまく固められた文章では、思考の展開や語調はたいそうなめらかである。だが、一から十までいいことずくめはなかなか望めない。思考の展開や語調がなめらかになるにつれて文間の余白は浅く、かつ狭くなる。読み手はその分だけ、自分で文間の余白を埋めるたのしみを奪われてしまうのだ。

〔中略〕読み手は、与えられた文間の余白を、自分で埋める。読み手は意味と意味とを自分で繋ぎ、そして新しい意味をつくり、ついには意味に向って行動する主体となる。そここそがたのしい。文間の余白の深く広い、だからこそ叙事性や物語性に富んだ作品を読むたのしみは、くどいようだがここにある。

児童用に書き直された民話の再話ものがおしなべてつまらないのは、文間の余白を埋めることばかりに作業が集中しているせいではないだろうか。」（井上ひさし『自家製　文章読本』）

井上の説を例証するように、名文家といわれる人たちはたいてい接続語が少ない（ちなみに、右の文章には接続語多用法が指摘できるだろう）。森鷗外しかり、志賀直哉しかり、川端康成しかり。評論家でも小林秀雄は少ない。名エッセイストの文章もしかり。「日本的な」名文と接続語とは相性がよくない。

たとえば日本的名文の代表として志賀直哉「城の崎にて」の次の文章を写しておこう。

「自分の部屋は二階で、隣のない、割に静かな座敷だつた。読み書きに疲れるとよく縁の椅子に出た。脇が玄関の屋根で、それが家へ接続する所が羽目になつてゐる。其《その》羽目の中に蜂の巣があるらしい。虎斑《とらふ》の大きな肥つた蜂が天気さへよければ、朝から暮近くまで毎日忙しさうに働いてゐた。蜂は羽目のあはひから摩抜《すりぬ》けて出ると、一ト先づ玄関の屋根に下りた。其処で羽根や触角を前足や後足で叮嚀に調《ととの》へると、少し歩きまはる奴もあるが、直ぐ細長い羽根を両方へしつかりと張つてぶーんと飛び立つ。飛立つと急に早くなつて飛んで行く。植込みの八つ手の花が丁度咲きかけで蜂はそれに群つてゐた。自分は退屈すると、よく欄干から蜂の出入《ではひ》りを眺めてゐた。

或朝の事、自分は一疋《ぴき》の蜂が玄関の屋根で死んで居るのを見つけた。足を腹の下にぴつたりとつけ、触角はだらしなく顔へたれ下がつてゐた。他の蜂は一向に冷淡だつた。巣の出入りに忙しくその傍《わき》を這《は》ひまはるが全く拘泥する様子はなかつた。忙しく立働いてゐる蜂は如何《いか》にも生きてゐる物といふ感じを与へた。その傍に一疋、朝も昼も夕も、見る度に一つ所に全く動かずに俯向《うつむ》きに転つてゐるのを見ると、それが又如何にも死んだものといふ感じを与へるのだ。それは三日程その儘になつてゐた。それは見てゐて、如何にも静かな感じを与へた。淋しかつた。他の蜂が皆《みんな》巣へ入つて仕舞つた日暮、冷たい瓦の上に一つ残つた死骸を見る事は淋しかつた。然し、それは如何にも静かだつた。」

このくだりは多くの人が引き合いに出す頗るつきの名文で、谷崎潤一郎も『文章読本』の中で引いて絶賛している。ここで有効に働いているのは省略法だ（特に後段）。その極致が傍点強調部分である。ここには日本的な余情の美学が感じ取れる。

接続語の省略を止めて、この部分を普通に書き直せば次のようになるだろうか。

「或朝の事、自分は一疋の蜂が玄関の屋根で死んで居るのを見つけた。足を腹の下にぴつたりとつけ、触角はだらしなく顔へたれ下がつてゐた。（しかし）他の蜂は一向に冷淡だつた。巣の出入りに忙しくその傍を這ひまはるが全く拘泥する様子はなかつた。（そして）忙しく立働いてゐる蜂は如何にも生きてゐる物といふ感じを与へた。（一方、）その傍に一疋、朝も昼も夕も見る度に一つ所に全く動かずに俯向きに転がつてゐるのを見ると、それが又如何にも死んだものといふ感じを与へるのだ。（そして）それは三日程その儘になつてゐた。それは見てゐて、如何にも静かな感じを与へた。（そして）淋しかつた。他の蜂が皆巣へ入つて仕舞つた日暮、冷たい瓦の上に一つ残つた死骸を見る事は淋しかつた。然し、それは如何にも静かだつた。」

接続語を極度に切りつめたせいで——「接続語省略法」というべきか——最後の文の冒頭の「然し」が生きているのだ。

この文章を評価する人たちの論拠はよく分かるが、書き換えながら私はこの文章が妙にぎこちない、ぎくしゃくした文章に思えて仕方がなかった。「小説の神様」という巨名（権威）に惑わされないでこの文章を読むとアラ（?）が見えてくる。「た」の反復、「それは」の連発、「他の蜂が皆巣へ入つて仕舞つた日暮、冷たい瓦の上に一つ残つた死骸を見る事は淋しかつた」という文の翻訳調——無技巧と見せた技巧の極致といわれればそれまでだが、まるで中学生の作文ではないか。これは過度の省略法のなせる業と、私は見る。日本語はそれでなくても「省略」の多い言語である。これは欧米のレトリックでいう「接続語省略法」asyndète / asyndeton に訴えるときは注意が肝腎だろう。

日本語の場合は「接続語多用法」が効果的に働く。この文彩の使用が目立つのは芥川龍之介である。たとえば。

「信子は女子大学にゐた時から、才媛の名声を担つてゐた。彼女が早晩作家として文壇に打つて出る事は、殆《ほとんど》誰も疑はなかつた。中には彼女が在学中、既に三百何枚かの自叙伝体小説を書き上げたなどと吹聴《ふいちやう》して歩くものもあつた。が、学校を卒業して見ると、まだ女学校も出てゐない妹の照子と彼女とを抱へて、後家を立て通して来た母の手前も、さうは我儘《わがまま》を云はれない、複雑な事情もないではなかつた。そこで彼女は創作を始める前に、まづ世間の習慣通り、縁談からきめてかかるべく余儀なくされた。

彼女には俊吉と云ふ従兄《いとこ》があつた。彼は当時まだ大学の文科に籍を置いてゐたが、やはり将来は作家仲間に身を投ずる意志があるらしかつた。信子はこの従兄の大学生と、昔から親しく往来してゐた。それが互に文学と云ふ共通の話題が出来てからは、愈《いよいよ》親しみが増したやうであつた。唯、彼は信子と違つて、当世流行のトルストイズムなどには一向敬意を表さなかつた。さうして始終フランス仕込みの皮肉や警句ばかり並べてゐた。かう云ふ俊吉の冷笑的な態度は、時々万事真面目な信子を怒らせてしまふ事があつた。が、彼女は怒りながらも、俊吉の皮肉や警句の中に、何か軽蔑出来ないものを感じない訳には行かなかつた。

だから彼女は在学中も、彼と一しよに展覧会や音楽会へ行く事が稀ではなかつた。尤《もつと》も大抵そんな時には、妹の照子も同伴《いつしよ》であつた。彼等三人は往きも返りも、気兼ねなく笑つたり話したりした。が、妹の照子だけは、時々話の圏外へ置きざりにされる事もあつた。それでも照子は子供らしく、飾窓の中のパラソルや絹のショオルを覗き歩いて、格別閑却された事を不平に思つてもゐないらしかつた。信子はしかしそれに気がつくと、必《かならず》話頭を転換して、すぐに又元の通り妹にも口をきかせようとした。その癖まづ照子を忘れるものは、何時《いつ》も信子自身であつた。俊吉はすべてに無頓着なのか、不相変《あひかはらず》気の利いた冗談ばかり投げつけながら、目まぐるしい往来の人通りの中を、大股にゆつくり歩いて行つた。……」（芥川龍之介「秋」）

日本の小説文の常識からいえばここで使われている接続語のほとんどは省略することができる（傍線を付した三人称の主語人称代名詞も）。こんなところにも芥川の理知性がうかがえるだろう。

［文例］

◉滝口の胸は麻の如く乱れ、とつおいつ、或は恨み、或は疑ひ、或は惑ひ、或は慰め、去りては来り、往きては還り、念々不断の妄想、流は千々に異《かは》れども、落行く末はいづれ同じ恋慕の淵。迷の羈絆《きずな》目に見えねば、勇士の刃も切らんに術《すべ》なく、あはれや、鬼も挫《ひし》がんず六波羅一の剛《がう》の者《もの》、何時《いつ》の間にか恋の奴《やつこ》となりすましぬ。（高山樗牛『滝口入道』）

［ノート］無骨な滝口（宮中警護）武士の恋の惑乱ぶりを接続語多用法が見事に叙す。

◉われらの且つ読み、且つ議論を闘はすこと、
しかしてわれらの眼の輝けること、

五十年前の露西亜《ろしあ》の青年に劣らず。
われらは何を為《な》すべきかを議論す。
されど、誰一人、握りしめたる拳《こぶし》に卓をたたきて、
'V NAROD《ヴ・ナロード》!' と叫び出《い》づるものなし。

われらはわれらの求むるものの何なるかを知る、
また、民衆の求むるものの何なるかを知る、
しかして、我等の何を為すべきかを知る。
実に五十年前の露西亜の青年よりも多く知れり。
されど、誰一人、握りしめたる拳に卓をたたきて、
'V NAROD!' と叫び出づるものなし。

此処《ここ》にあつまれるものは皆青年なり、
常に世に新らしきものを作り出《い》だす青年なり。
われらは老人の早く死に、しかしてわれらの遂に勝つべきを知る。
見よ、われらの眼の輝けるを、またその議論の激しきを。
されど、誰一人、握りしめたる拳に卓をたたきて、

‘V NAROD !’と叫び出づるものなし。
ああ蠟燭《らふそく》はすでに三度も取り代へられ、
飲料《のみもの》の茶碗には小さき羽虫の死骸浮び、
若き婦人の熱心に変りはなけれど、
その眼には、はてしなき議論の後の疲れあり。
されど、なほ、誰一人、握りしめたる拳に卓をたたきて、
‘V NAROD !’と叫び出づるものなし。

（石川啄木「はてしなき議論の後」）

漸層法《ぜんそうほう》　gradation / climax

漸層法は語や観念を段階的に強めたり、あるいは逆に段階的に弱めたりする文彩である。前者は「上昇的」漸層法、後者は「下降的」漸層法と呼ばれる。上昇的漸層法と下降的漸層法では、当然ながら前者のタイプが圧倒的に多い。

ちなみに英米系ではこの文彩に「クライマックス」climax の語を当てるが、クライマックスの語源は「階段・梯子」である。日常語になった「クライマックス」は本来の意味とは違って上り詰めた最後の段階だけを特に指し示している。こうした意味のずれは専門用語が通俗化する場

合の避けられない宿命であるけれども。

漸層法については五十嵐力が『新文章講話』の中で次のような興味深い指摘をしている。

「漸層法は譬喩法と共に、人を勧誘折伏《せつぷく》するに最も効力あるものである。虚《うそ》の実《まこと》となり、非理の真理と解せらるるや、其の言多くは漸層の形を取つて現はるる。「某《なにがし》は慾深い男だ、金を欲しさうな顔をして居る、金を儲けたがつて居るさうだ、あの様な男は敵国利を以て誘はば応ずるかも知れぬ、奴と露国との関係が怪しい、彼れは露探だ、怪《け》しからん。」と、次第に立言を進むれば、聞く者が何時となく耳を傾けるやうになる。〔中略〕漸層法は我が説を主張する場合に用ゐて大効があるけれども、他人の用ゐるのを聴くに際しては眉に唾して警《いまし》めねばならぬ」

これは上昇的漸層法である。相手の受け入れやすいものからまず始めて段々条件をつりあげてゆくテクニックだ。セールスの心理学の方では「フット・イン・ザ・ドア」と呼ばれるものがそれに当たる。セールスを成功させるためには、まず片足をドアの中にこじいれてドアを閉めさせないようにすることが大切なのだ。上昇的漸層法とは段階的方向づけにほかならない。

その反対に、商人が値段をつける場合まず高い値段をつけておいて段々値引きして客の心をつかもうとするのは、下降的漸層法を利用しているのだ。はじめに大きな要求を突きつけておいてから、あとで小さい要求を提示して幻惑する。セールスの心理学の方では「フェイス・イン・ザ・ドア」と呼ばれるテクニックだ。ドアが開いたら片足をさっと入れるのではなくて、いきなり顔を図々しく突っ込んでしまうというわけである。

漸層法は列挙法と近い関係にあり、ある意味では方向性を与えられた列挙法と言えないことはない。この二つの文彩は合わせ技で使われることが多い。

[文例]

◉夫《それ》一切衆生《しゅじょう》三悪道《さんまくどう》〔悪行の三つの罰、地獄、餓鬼、畜生〕をのがれて、人間に生るる事、大なるよろこびなり。身はいやしくとも畜生におとらんや。家まづしくとも餓鬼にはまさるべし。心におもふことかなはずとも、地獄の苦しみにはくらぶべからず。世のすみうき〔住みづらいの〕はいとふたより〔この世を厭って出家するきっかけ〕なり、人かずならぬ〔人並みにちゃんと扱ってもらえない〕身のいやしきは、菩提をねがふしるべ〔手引き〕なり。このゆゑに人間に生るる事をよろこぶべし。

信心あさくとも本願〔阿弥陀仏が約束したすべての人々を救おうという願い〕ふかきがゆゑに、頼まば〔信仰すれば、帰依すれば〕かならず往生す〔極楽に生まれる〕。念仏もの憂《う》けれども、唱ふればさだめて来迎《らいかう》〔死ぬとき阿弥陀仏が迎えに来ること〕にあづかる功徳莫大《くどくばくたい》なり。このゆゑに本願にあふことをよろこぶべし。

〔中略〕

妄念〔悪い思い〕をいとはずして信心のあさきをなげきて、こころざしを深くして常に名号《みやうがう》〔仏の名、南無阿弥陀仏〕を唱ふべし。

（源信『横川法語』）

【ノート】漸層法が関係しているのは第一節のみだが、法語《ほうご》の名文を味わってもらうために敢えて長く引いた。あとの部分では対照法を駆使している。《畜生道→餓鬼道→地獄→この世》の漸層法で「人間として生まれることのありがたさ」を強調する。そして人間の小ささ（弱さ）と仏の慈悲の大きさ（強さ）を対照して救済への信頼を使嗾する。お見事というしかない修辞的説得（念仏のすすめ）である。

◉うまき物食はまほしく、よき衣着《きぬ》まほしく、よき家に住ままほしく、宝得まほしく、人に尊《たふと》まれまほしく、命長からまほしくするは、みな人の真心なり。しかるにこれらを皆よからぬことにし、願はざるをいみじきことにして、すべてほしからず、願はぬ顔する者のよに多かるは、例のうるさき〔いとわしい〕偽《いつは》りなり。

（本居宣長『玉勝間』）

◉貫一は彼〔隆三〕の説《とき》進むに従ひて、漸くその心事の火を観《み》るより明なるを得たり。彼が千言万語《せんげんばんご》の舌を弄して倦まざるは、畢竟《ひつきやう》利の一字を掩《おほ》はんが為のみ。貧する者の盗むは世の習ながら、貧せざるもなほ盗まんとするか。我も穢《けが》れたるこの世に生れたれば、穢れたりとは自《みづか》ら知らで、或は穢れたる念を起し、或は穢れたる行《おこなひ》を為《な》すことあらむ。されど自ら穢れたりと知りて自ら穢すべきや。妻を売りて博士を買ふ！　これ豈《あに》穢れたるの最も大《おほい》なる者ならずや。

（尾崎紅葉『金色夜叉』）

【ノート】隆三は将来を約束した娘の宮を金満家の富山唯継にやりたいとあれこれと理由を挙げて貫一を説得する。しかし貫一はそこに一つの欺瞞を見る。「妻を売りて博士を買ふ！」について付言すれば、お宮と貫一はすでに肌を許しあった仲であった。したがって貫一にとってお宮は妻も同じであった。その妻を諦めれば、いくらでも援助を惜しまないから博士になれ、これが隆三の説得の筋である。この当時博士になるということは大変な栄誉であり出世であった。

◉人生論の流行は、若い世代が人生に絶望しているにもかかわらず、まだいくらか人生にミレンをもっている証拠であって、一枚も着物のつくれないやつがスタイルブックを買いこんで眼をひからせてみたり、パンと水で生活しているやつが「食いしん坊」なんて本にコーフンしてみたり、さんざん部屋代をとどこおらせているやつが、ブロック建築の写真かなんかを参考にして、自分の家の設計に熱中してみたりしているようなものだ。もともと人生というやつはつまらないものであるが、人生論というやつは、それに輪をかけてつまらない。人生論以上につまらないものは――さあ、ちょっとおもいあたりませんが、たぶん、その人生論の著者でしょうね。

（花田清輝「人生論の流行の意味」）

そ

挿入法《そうにゅうほう》

parenthèse / parenthesis

挿入法は、文の流れをいったん中断して暫定的な介入（余談）をすることである。くだんの言表は統語論的に独立し、意味論的に完結している。挿入部は主題に関係していることもあるし関係していないこともある。挿入部分の独立性は括弧やダッシュや抑揚（前後のポーズ）によって示される。挿入部分が短くて、基幹文に統語論的に依存している場合を「挿入句」parembole と呼ぶこともある。いずれにせよ、挿入部分は削除しても基幹文の文法と意味を乱すことはない。

挿入法は別の視点（複眼的視点）を導入し、談話にふくらみと変化を与える。また場合によっては劇における傍白のような役割を果たし、読み手（聞き手）への語りかけになる。ただし好いことずくめではない。あまり長すぎたり、多用すると話の焦点が散漫になりぼやけてしまう。挿入法が長く引き延ばされると脱線法とまぎらわしくなる（その実例は脱線法の文例に挙げてある）。

［文例］

◉そんな間柄ですから、先の私の願ひは破格で聞《きき》とどけられました。私は梅雨《つゆ》の明けた初夏の一日、小僧に案内されて質屋の倉《くら》の二階《かい》に上つて行きました。反古紙《ほごがみ》に包まれた着物の包《つつみ》が幾層かの棚に順序よく並べられてゐる中を、私が通り抜ける時、私はまだ学校を出たての勉強盛りの頃、母校の図書館の図書室に、教授の紹介で入つた時のことを思ひ出しました。あの時の嬉しさと似て又違つた、何となく胸の躍るやうな爽《さはやか》さを私は感じました。それから思ふと、倉の入口の道具類の置いてあるところ、即ちヴイオリンがまるで箒のやうに無暗にぶら下つてゐたり、柱時計が博物館のお面のやうに並んでゐたり、ピアノやオルガンが置いてあるかと思ふと、その向ふの隅の方には屑屋のやうに鍋や釜の類《るゐ》が転がつてゐる部屋を通る時は、可成りの不快さを感じました。

　私は妙な性分で、子供の時分から、物の臭《にほひ》が妙に色いろと何彼《なにか》に依《よ》らず好きで、油煙《ゆえん》でも、石炭酸でも、畑の肥料の臭でも、さては塵埃《ごみ》の臭でも、それぞれの（例外は無論ありますが）臭がそれぞれに好きなのです。私たち小説家の仲間に近頃鼻紙の青鼻《あをば》汁《な》を嘗めて喜ぶ男なぞを書く人がありますので、こんなことを言ふとその真似でもするやうですが、これは私には本当なのですから仕方がありません。ところで、その反古紙《ほごがみ》の着物の包《つつみ》の棚の部屋に入ると、その包の反古紙や、その中の着物や、さてはその着物の中に挟まれてゐる樟脳、ナフタリン、それから部屋の中の塵埃などの臭が一緒になつて、それが私には何とも言へぬ物《もの》懐《なつか》しい臭となつて鼻を打つのです。私は第一それが気に入りました。（勿論この臭を毎日嗅がされては堪りますまい。）第二に私が非常に満足を覚えたのは、私の入質《にふじち》した着物どもが、中には随分反古紙に包まれてゐる連中もあるにはありますが、その中の比較的上等のものが総《すべ》て一つの箪笥《たんす》を占領してゐたことです。私は男としては随分沢山の着物を持つてゐる方でせうが、それを悉《ことごと》く一緒に自分の手元に置いたことがなかつたことや、この年になる迄大抵《たいてい》下宿生活ばかりしてゐた関係などから、箪笥といふものを持つたことがなかつたのです。こんな風に言ふと、如何にも誇張した物の言ひ方をするやうですが私はそれを見た時、（今迄から、「あなたの物はみんな箪笥の中にちやんとしまつてあります、」斯《か》う店で番頭たちに聞かされてはゐましたが、半信半疑といふよりも、目のあたり見ないので斯う迄感じなかつたのでせう、）私の愛する着物どもが斯く迄優待されてゐるかと思つて、丁度《ちやうど》親たちが養子にやつた息子、嫁にやつた娘が、それぞれ行先で豊かに暮してゐるのを見た時に覚えるに違ひない、それに似た満足を私は感じました。この私の感じ方が、決して私の大袈裟な言ひ廻しでないことは、今に色いろとお話してゐるうちにお分りになります。

〔中略〕

私は半年振《はんねんぶ》りで倉《くら》の二階《かい》の片隅の、懐しい箪笥《たんす》の前に立ちました。身に着けてゐるものさへ、今は仮にこの質屋のものである私に、小僧は何の不安も抱く必要がありませんので、彼はすぐ私を残して下《した》に下《お》りて行きました。私はしかしそつと秘密の戸を開くやうに、その箪笥の第一の引出しを開けました。第一の引出しを閉めて第二を開け、第二を閉めて第三を開け……私は暫くの間ただ何のなす事もなくそんなことをくり返してゐました。ああ、その充《み》たされた箪笥の重みのある引出しを開けてそして閉める時の気持、その引出しの中の着物の眺めは申すに及ばず、それを開け閉めする時の囁《ささや》くやうな甘い音、それから丸くかたまつて押し出されて来る空気の肌触り、どうぞ私のこの言葉を決して誇張だなぞと思はずに聞いて下さい、誇張どころか、私には何とそれを形容する言葉もないで、苛立つ程なのです、例へば幸福とはどんなものだと聞かれて、即座に誰《たれ》も答へられるものではありませんが、私には少くともこの気持がそれの一つだと言ふことが出来ます。女がこの着物のために大切な貞操さへ売るといふことが私には十分のみ込めます。若《も》しそれが間違ひなら（誰が確《たしか》にそれが間違ひであるとはつきり言《い》へるでせう？）それは確に恕《じよ》すべき間違ひです。私のやうな者《もの》がこんな理窟《りくつ》を言《い》つたとて、反対さへする人がないかも知れませぬが、例へばそれに反対する人があれば、彼はどんなに女が着物を愛するかといふことを本当に知らない人だと言へます。私は女は好《す》きですが、愛するとは言へないと先《さき》にも申しました通り、心の中では随分軽蔑し切つてゐます。私のやうな者がこんな哲学者めいた、生意気なことを言ふとて、どうぞ笑はないで下さい。だけど、この事だけは、私は出来るならば、世界の女人《によにん》に代つて弁じたいと思ひます。私の考へでは、（私は夢にも警句を吐くつもりで言ふのではありませんが、）女は金のために男を捨てるものではありません、女はその代り着物のためならいつでも男を捨てます。許してやらねばなりません。

（宇野浩二『蔵の中』）

【ノート】着道楽の「私」と着物の奇妙な関係をつづった文章。私は売れない小説家である。質屋の常連であるが、現に身につけている着物も含めて質物はなんとすべて着物ばかり。借金や下宿料は平気で踏み倒す情けない男であるが、質草の利息だけはなぜか妙に律儀に払い、質屋の信用は絶大である。折しも夏の虫干しの時期で、向かいの主婦が虫干ししているのを目撃して、急に質屋の蔵に置いてある着物が懐かしくなって矢も楯もたまらずになる。質屋に掛け合い曲げて自分の手で虫干しをする許可を得る。私の屈折した心理を、挿入法を駆使した屈折した文章で点綴する。その鮮やかな手妻は味読に値する。

◉堀木は、何せ、（それはシヅ子に押してたのまれてしぶしぶ引受けたに違いないのですが）自分の家出の後仕末に立ち合ったひとなので、まるでもう、自分の更生の大恩人か、月下氷人〔仲人〕のように振舞い、もっともらしい顔をして自分にお説教めいた事を言ったり、また、深夜、酔っぱらって訪問して泊ったり、また、五円（きまって五円でした）借りて行ったりするのでした。

「しかし、お前の、女道楽もこのへんでよすんだね。これ以上は、世間が、ゆるさないからな。」

世間とは、いったい、何の事でしょう。人間の複数でしょうか。どこに、その世間というものの実体があるのでしょう。けれども、何しろ、強く、きびしく、こわいもの、とばかり

思ってこれまで生きて来たのですが、しかし、堀木にそう言われて、ふと、

「世間というのは、君じゃないか。」

という言葉が、舌の先まで出かかって、堀木を怒らせるのがイヤで、ひっこめました。

（それは世間が、ゆるさない。）

（世間じゃない。あなたが、ゆるさないのでしょう？）

（そんな事をすると、世間からひどいめに逢うぞ。）

（世間じゃない。あなたでしょう？）

（いまに世間から葬られる。）

（世間じゃない。葬むるのは、あなたでしょう？）

汝《なんじ》は、汝個人のおそろしさ、怪奇、悪辣《あくらつ》、古狸性、妖婆性を知れ！　などと、さまざまの言葉が胸中に去来したのですが、自分は、ただ顔の汗をハンケチで拭いて、

「冷汗、冷汗。」

と言って笑っただけでした。

けれども、その時以来、自分は、（世間とは個人じゃないか）という、思想めいたものを持つようになったのです。


（太宰治『人間失格』）

［ノート］「自分」は意気地のない優柔不断の大学生だが、しかしその頼りないところが妙に女たちの母性をかきむしり、よくもてる。そんな女のひとりとの心中未遂事件のあと、またまた雑誌社に

勤める女性記者シヅ子のもとに転がり込み、「男めかけみたいな生活」をはじめる。シヅ子の口利きで彼女の会社が発行する子供向けの雑誌に漫画を寄稿するようになるが、それが存外評判がいい。折りも折りシヅ子の家にふらり顔を出した画家の堀木がそれを諷して、あまり世間を甘く見るなと釘を刺す。そして文例の文章が来る。ここの場合、（……）の文章がすべて挿入法ではないことに注意しよう。傍点を付したものだけが挿入法だ。一番目と二番目は典型的な用法で本文に対する補足説明。三番目から五番目まではちょうど「傍白」に当たる用法で、本文に半畳を入れる感じになっている。この「傍白」の用法は批判的スタンス（多元的視点）を表現することになる。

◉ラ・マンチャの騎士と、その盾《たて》持ちとには、わたしは、もう、ずいぶん、ながいあいだ、つきあってきた。しかし、いまだかつて、ただ一度も、かれらを批評家だとおもったことはなかった。批評家というものは、風車を巨人だと空想したり、ひとからきいた話を、さっそく、事実だと信じこんだりはしないものだとばかりきめていた。ところが、その頭のすこし変な主人と、おそろしく人のいい従者とは、どうやら批評家だったらしいのである。すくなくとも『群像』（四月号）にわたしにたいする反批判をかいた、荒正人《あらまさひと》、大井広介の両人が、セルバンテスの創造した主人公たちに、ひどく似ていることだけはみとめないわけにはいかない。主人の「空想」と従者の「事実」と――しかし、ひるがえって考えてみるならば、いったい、日本の批評家のなかで、かれらに似ていないものが、何人いるというのだ？　一方は九天の高きに舞いあがって、人は人を殺してはいけない、いっさいの原子爆弾を落としてはいけない、戦争というものをなくさなくてはいけない――と、オリンポスの神々のような顔をしながら、やつぎばやに禁止命令を発する。（お説ごもっとも。しかし、あなたのご命令にもかかわらず、毎日、人を殺すやつがあり、原爆の実験はつづき、方々の植民地で、戦争がおこっているのはどういうわけでしょう？）他方は、低く地を這《は》いながら、特高の刑事よろしく、とぼけるのもほどほどにしてもらおう、共産党の言論弾圧の一件は、X君からきいた。Y君からきいた、Z君からきいた、わたしはたまにしかあう機会がないが、きみはのべつにあっているZ君からきいた――とくる。（チェッ、そもそもそのわたしにのべつにあっているZ君というやつはどこのどいつのことなんだ？　カングるのもほどほどにしてもらおう。）

（花田清輝「空想と事実」）

た

代称《だいしょう》 ☞ 迂言法《うげんほう》

対照法《たいしょうほう》

antithèse / antithesis

対照法は語ないしは観念を対比関係におき、両項を際立たせ引き立てる文彩である。漢文に出てくる「対句」は対照法の一種。有名な例を挙げれば「頭《こうべ》を挙げて山月を望み、頭を低《た》れて故郷を思う」（李白「静夜思」）か。

対照法（対比）は視点の取り方が鍵だ。視点をうまくとると、突き合わされた二つの事物がお互いに引き立つ。

際立たされるのが類似の場合もあるし、差異の場合もある。杜甫「春望」の次の詩行には両方の場合が見られる。

国破れて山河あり
城春にして草木深し
時に感じて花にも涙を濺《そそ》ぎ
別れを恨んで鳥にも心を驚かす

「国」と「山河」が差異の対照法であり、「花」と「鳥」が同類の対照法である。しかし対照法は同類に向かうよりは、当然のことながら差異に向かうほうが効果的だ。

さみだれや大河を前に家二軒　（蕪村）

ここでは大きなもの（大河）と小さなもの（家）が対比されて、それぞれの大きさと小ささが強調されている。ここに見られるのは、絵で大きいものを強調するために小さいものを添えて描く技法である。

芭蕉の「古池や蛙《かはづ》飛びこむ水のおと」も対照法の好例だ（ちなみに、「鳴く蛙」は和歌でもよく取りあげられるが、「跳ぶ蛙」というテーマは新鮮だ）。蛙の鳴き声は持続的であるが、水の音は瞬間的である。その一瞬のかすかな物音があたりを領する静けさを一段と強調する。この対照性の効果は名句「閑《しづか》さや岩にしみ入《いる》蟬の声」にも通ずる。こちらは推移的でなく同時的であるが、蟬の鳴き声がかえってあたりの静けさを感じさせる。つまり静かさを破る物音の残響効果をねらっている点では「古池や」と軌を一にしている。塩をちょっと添えてお汁粉の甘みを引き立てる、あの裏技である。

古典の例が続いたので今時の例を引こう。次に挙げるのは、俵万智への中高年男性のラブコール——直前に渡部昇一、大江健三郎、丸谷才一の引用がある——を諷した斎藤美奈子の文章である。

「思想信条のちがいを超えて、並みいる中高年男性をノックダウンさせたこと。彼女の歌のパワーはここにある、とまずいっておかねばなりません。渡部昇一と大江健三郎がともに絶賛する本など、そうざらにあるものではないでしょう。」（斎藤美奈子『文壇アイドル論』）

渡部が保守派文化人、大江が進歩派文化人の代表という見立てか。対照法は文章にメリハリをつける。「だれもが」と言うよりも「僕も私も」「男も女も」「老いも若きも」と言った方が勢いが出る。もっともやりすぎるとうるさくなって煩わしくなるけれども。

ところで、対照法に対してよく「反対の事物」を云々という説明がなされることがあるが、それは間違いだ。対照法はなにも反対の事物を対比させることだと窮屈に考える必要はない。確かに反対の事物のケースが目につくかもしれないが、「違っているもの」なら原則的になんでも対照することは可能だ。

たとえば「提灯に釣鐘」。「提灯」と「釣鐘」は普通の意味では一つに括れるものではない。「形」と「重さ」の視点を導入するときはじめて両者は対照関係になる。提灯と釣鐘は確かに形態は似ているけれども重さの点ではまったく別だ。似て非なるもの。だから形は似ているけれども重さは比べものにならないものの「たとえ」になる。

要は対比の基準の取り方にかかっている。関係のないものどうしでも視点（基準）の取り方によっては対照を形づくることができる。意外な新しい視点によって関係のないと思われていたもの同士がすんなりと結合することになる。このプロセスは隠喩の場合を髣髴させる。

［文例］

◉江《こう》　碧《みどり》にして　鳥《とり》　逾《いよいよ》　白《しろ》く
山《やま》　青《あお》くして　花《はな》　然《も》えんと欲《ほっ》す
（杜甫「絶句」）

◉春宵一刻《しゅんしょういっこく》　直千金《あたいせんきん》
花《はな》に清香有《せいこうあ》り　月《つき》に陰有《かげあ》り
歌管《かかん》　楼台《ろうだい》　声《こゑ》　寂寂《せきせき》
鞦韆《しゅうせん》　院落《いんらく》　夜《よる》　沈沈《ちんちん》
（蘇軾「春夜」）

［ノート］【詩意】春の宵のひとときは千金の価値がある。花はすがすがしい香りをはなち、月はおぼろに翳っている。歌や管弦の音が響いていた高殿もすっかり静まり、ぶらんこがある中庭に夜が

静かに更けてゆく。【語釈】◇直千金＝美女をたたえる「一笑千金」を踏まえている。◇院落＝中庭。【表現】この詩には女性のイメージが揺曳している。「花」「月」も女性の縁語。第三句は舞姫・歌姫を喚起する。鞦韆《ぶらんこ》は当時の若い女性の遊具であった。この詩は「春夜」のなまめかしさ・あたたかさを女性のそれに重ね合わせている。

◉音もせで思ひに燃ゆる蛍こそ鳴く虫よりもあはれなりけれ　（源重之）

【ノート】【歌意】音に出して鳴くこともなくじっと抑えて思いの火に胸を焦がしている蛍こそ、思いに耐えられず声に出して鳴く虫よりもかえっていとおしく思われることだよ。【表現】鳴く虫も恋の思いのゆえに泣いているのであわれにはちがいないけれども、じっと耐えている蛍にひとしお哀れを誘われるという主意。「思ひ」の「ひ」は「火」と掛ける。また「音もせで」―「蛍」と「鳴く」―「虫」の対照法が見られる。暗闇にひっそりと明滅するはかなげな蛍の光に恋の哀れさ・切なさが投影されている。

◉八重葎《むぐら》茂れる宿の寂しきに人こそ見えね秋は来にけり　（恵慶法師）

【ノート】この歌の解釈は一四三ページを参照のこと。【表現】人（人事）―秋（自然）、見えね―来にけりという二つの対照法に注意しよう。

◉世の中にある人、高きも卑《いや》しきも、ことと心と相違《あひたが》ふ物なり。植木《うゑき》静《しづか》ならんと思へども、風やまず。子孝せんと思へども、親待たず。一切世間《いさいせけん》に生《しやう》ある物は皆《みな》滅す。寿命無量《ずみやうむりやう》なりといへども、必ず尽くる期《ご》あり。盛《さかり》あるものは、必ず衰《おとろ》う。会ふものは、離別あり。果報として常なる事なし。あるひは昨日《きのふ》栄へて、今日《けふ》衰へぬ。春の花、秋の紅葉《もみぢ》といへども、春の霞たなびき、秋の霧立ち籠《こ》めつれば、こぼれて匂も見えず。ただ一渡《ひとわた》りの風に散りぬれば、庭の塵《ちり》・水の泡とこそはなるめれ。ただこのとの〔藤原道長〕の御前《まへ》の御栄花のみこそ、開けそめにし後《のち》、千年《ちとせ》の春霞《はるがすみ》・秋の霧にも立ち隠されず、風も動きなくして、枝を鳴らさねば、薫《かほり》勝《まさ》り、世にありがたくめでたきこと、優曇花《うどんげ》の如く、水に生《お》ひたる花は、青き蓮《はちす》世に勝《すぐ》れて、香《か》匂ひたる花は並《ならび》なきが如し。　（『栄花物語』）

［ノート］『平家物語』の冒頭をふと思わせるが、人生の栄枯盛衰（無常）を説いてはいない。整然とした対照法が次々と繰り出されて、ただひとえに道長の栄耀栄華（善根）を讃えている。仏典を踏まえているけれども、行文すぐれて平明、対照法のお手本のような文章である。

◉昔は驪山《りさん》の春の園に、ともに眺めし花の色、移れば変る習ひとて、今は蓬萊《ほうらい》の秋の洞《ほら》に、独り眺むる月影も、濡るる顔《がほ》なる袂《たもと》かな。あら恋しの古《いにしへ》やな。　（謡曲「楊貴妃」）

［ノート］文例は死後、今はひとり常夜の蓬萊宮にいて玄宗帝との想い出に沈湎する楊貴妃のセリフである。【表現】世にありし頃の栄華の極みと現在の仙界の静寂が対照法によってくっきりと描かれる。

◉趣味の有無は、実に人生の苦楽の岐《わか》るる所也《なり》。趣味なきものは、人生に苦しみ、趣味あるものは、人生に楽む。青年の士、往々徒《わうわういたづら》に考《かんがへ》を高遠に馳せて、却《かへ》つて、眼前脚下の真理を覚らず、唯、人生の苦しきを知つて、人生に趣味を求むるを知らず。煩悶の極、精神的に死亡するもの少なからず。なげかはしき哉《かな》。　（大町桂月『桂月文集』）

◉嗚呼《ああ》、憫《あはれ》むべきは餓ゑたる人に非ずして、麵包《パン》の外に糧《かて》なき人のみ。人性本然の要求の満足せられたるところ、其処《そこ》には、乞食の生活にも帝王の羨むべき楽地ありて存する也。悲むべきは貧しき人に非ずして、富貴の外に価値を解せざる人のみ。吾人は恋愛を解せずして死する人の生命《いのち》に、多くの価値あるを信ずる能《あた》はざる也。傷《いた》むべきは、生命を思はずして糧を思ひ、身体を憂へずして衣を憂ふる人のみ。彼れは生まれて其の為すべきことを知らざる也。

（高山樗牛「美的生活を論ず」）

◉月あきらかな夜《よる》、空には光がみち、谷は闇にとざされるころ、その境の崖のはなに、声がきこえた。なにをいうとも知れず、はじめはかすかな声であったが、木魂《こだま》がそれに応《こた》え、あちこちに呼びかわすにつれて、声は大きく、はてしなくひろがって行き、谷に鳴り、崖に鳴り、いただきにひびき、ごうごうと宙《ちゅう》にとどろき、岩山《いわやま》を越えてかなたの里にまでとどろきわたった。とどろく音《おと》は紫苑の一《ひと》むらのほとりにもおよんだ。岩山に月あきらかな夜《よる》には、ここは風雨であった。風に猛《たけ》り、雨にしめり、音はおそろしくまたかなしく、緩急のしらべおのずからととのって、そこに歌を発した。なにをうたうとも知れず、余韻は夜《よ》もすがらひとのこころを打った。ひとは鬼の歌がきこえるといった。

（石川淳「紫苑物語」）

［ノート］ 文例はおどろおどろしい怪異譚の終尾。血に飢えた国の守は獣の血では飽きたらず領民を殺しはじめる。ついには自分の支配を頑強に拒む辺境の、岩山の向こうにすむ「血のちがう」民の里に踏み入り、その民を護る、岩肌に彫りつけられた「ほとけ」を射抜く。その瞬間、ほとけの

顔は悪鬼の相と化し、夜ごと魔性の声をあげることになったのだ。

駄洒落《だじゃれ》 ☞ 言葉遊び《ことばあそび》

脱線法《だっせんほう》 digression / digression

話の本筋とは直接的には関係ない話を展開すること。要するに話題転換（余談）である。ただし巨視的にみれば書き手の意図に間接的に寄与している。この文彩の主な狙いは次の三つである。

（1）聞き手・読み手の目先を変え、気持ちを転換させる。

（2）読み手を待機状態におくことによって「中断法」（→黙説法）に似た効果を期待する。

（3）話頭を唐突に転ずることによって強い感情（当惑・羞恥など）あるいは深慮遠謀（説得・脅迫）を表す（たとえば話していることが場違いであったり、不適切であることに気がついたときなど）。

時に移行句を伴うこともある。導入の移行句はたとえば「ところで」「横道に逸れるが」「これは余談になるが」、終了の移行句は「閑話休題」「それはさておき」「脇道（横道）に逸れてしまった」「本題（本筋）に戻ろう」など。

脱線法は大がかりな挿入法にほかならない。

［文例］

◉天道《てんたう》言《ものいは》ずして国土に恵みふかし。人は実《じつ》あつて、偽《いつは》りおほし。其心《そのしん》は本虚《もときよ》にして、物に応じて跡なし。是《これ》、善悪の中に立《たち》て、すぐなる今の御代《おんよ》をゆたかにわたるは、人の人たるがゆゑに常の人にはあらず。一生一大事、身を過《すぐ》るの業《わざ》、士農工商の外《ほか》、出家・神職にかぎらず、始末大明神の御託宣《ごたくせん》にまかせ、金銀を溜《たむ》べし。是、二親《ふたおや》の外《ほか》に命の親なり。人間、長くみれば、朝《あした》をしらず、短くおもへば、夕《ゆふべ》におどろく。されば天地は万物の逆旅《げきりよ》、光陰は百代《はくたい》の過客《くわかく》、浮世《ふせい》は夢幻《ゆめまぼろし》といふ。時の間《ま》の煙《けぶり》、死すれば何ぞ、金銀・瓦石《ぐわせき》にはおとれり。黄泉《こうせん》の用には立《たち》がたし。然《しか》りといへども、残して子孫のためとはなりぬ。ひそかに思ふに、世に有《ある》程《ほど》の願ひ、何によらず銀徳《ぎんとく》にて叶《かな》はざる事、天《あめ》が下《した》に五つ有《あり》。それより外はなかりき。是にましたる宝船《たからぶね》の有《ある》べきや。見ぬ嶋の鬼の持《もち》し隠れ笠《がさ》・かくれ簑《みの》も、暴雨《にはかあめ》の役に立《たた》ねば、手遠きねがひを捨て近道に、それぞれの家職《かしよく》をはげむべし。福徳は其《その》身の堅固に有《あり》、朝夕《てうせき》油断する事なかれ。殊更《ことさら》世の仁義を本《もと》として、神仏をまつるべし。是、和国《わこく》の風俗なり。

（井原西鶴『日本永代蔵』）

［ノート］節約勤勉を説く文章だが、その行文はすこぶる自由闊達、高説を吐くかと思えば、俗に流れて脇道に逸れる。そして最後は常識的な実利哲学で締めくくる。人の心を離さない語り口である。脱線法が実にうまく機能している。【語釈】◇実＝誠実さ。◇偽り＝虚偽。◇物に応じて跡なし＝まわりの物に応じて善ともなれば悪ともなる。◇すぐなる＝政道正しい。◇身を過るの業＝生活手段、職業。◇始末＝節約。◇逆旅＝旅宿。◇過客＝旅人。◇瓦石＝本来は瓦礫だがここでは「瓦の石」の意か。◇黄泉＝あの世。◇五つ＝地・水・火・風・空の五輪によって構成される肉体のこと。◇家職＝家業。◇身の堅固＝体の丈夫なこと。

◉秋の、寒い夜でした。自分は、ツネ子（といつたと覚えてゐますが、記憶が薄れ、たしかではありません。情死の相手の名前をさへ忘れてゐるやうな自分なのです）に言ひつけられたとほりに、銀座裏の、或る屋台のお鮨《すし》やで、少しもおいしくない鮨を食べながら、（そのひとの名前は忘れても、その時の鮨のまづさだけは、どうした事か、はつきり記憶に残つてゐます。さうして、青大将の顔に似た顔つきの、丸坊主のおやぢが、首を振り振り、いかにも上手みたいにごまかしながら鮨を握つてゐる様も、眼前に見るやうに鮮明に思ひ出され、後年、電車などで、はて見た顔だ、といろいろ考へ、なんだ、あの時の鮨やの親爺に似てゐるんだ、と気が附き苦笑した事も再三あつたほどでした。あのひとの名前も、また、顔かたちさへ記憶から遠ざかつてゐる現在なほ、あの鮨やの親爺の顔だけは絵にかけるほど正確に覚えてゐるとは、よつぽどあの時の鮨がまづく、自分に寒さと苦痛を与へたものと思はれます。もともと、自分は、うまい鮨を食はせる店といふところに、ひとに連れられて行つて食つても、うまいと思つた事は、いちどもありませんでした。大き過ぎるのです。親指くらゐの大きさにキチツと握れないものかしら、といつも考へてゐました）そのひとを、待つてゐました。

（太宰治『人間失格』）

［ノート］「自分」は大勢の女たちに愛されながらも満たされず自堕落な生活に沈湎する「人間失格」者。その彼が人妻と心中する顛末を語るくだりに出て来る文章である。挿入部が巨大にふくれあがり基幹の文章を分断する。これをしも挿入法と呼ぶべきか。そう、やはり挿入法なのだ。なぜなら一つの文の中に割り込んでいるのだから。この作品には他の部分にももう一箇所、これと同じような異常に長い挿入法の例が見られる（この作品は挿入法が実に多い）。脱線法と取って差しつかえないこうしたとんでもない挿入法は「自分」の抑制のきかない流されやすい性格を修辞的に見事に翻訳している。

◉人間は政治的動物だとは古の賢人の洞察であつた。彼は現代に生れて、人間は政治の動物性に対して警戒せよと言はぬだらうか、さういふ事をくよくよ思ひ患つてゐると、貴様は政治的関心がないと叱られるといふ次第です。政治家は、文化の管理人乃至は整理家であつて、決して文化の生産者ではない。科学も芸術も、いやたつた一つの便利な道具すら彼等の手から創り出された例《ため》しはない。彼等は利用者だ。物を創り出す人々の長い忍耐も精緻な工夫も、又、そこに託される喜びも悲しみも、政治家には経験出来ない。政治家を軽蔑するのではない、これは常識である。かういふ常識の上に政治家の整理技術は立つべきであると考へてゐるだけなのです。天下を整理する技術が、大根を作る技術より高級であるなどといふ道理はないのでありますが、やはり整理家は、無意味な優越感に取りつかれるらしい。交通巡査でさへさうかも知れぬ。

先日、ロンドンのオリンピックを撮《と》つた映画を見てゐたが、その中に、競技する選手達の顔が大きく映し出される場面が沢山出て来たが、私は非常に強い印象を受けた。カメラを意識して愛嬌笑ひをしてゐる女流選手の顔が、砲丸を肩に乗せて構へると、突如として聖者の様な顔に変ります。どの選手の顔も行動を起すや、一種異様な美しい表情を現す。無論人によりいろいろな表情だが、闘志といふ様なものは、どの顔にも少しも現れてをらぬ事を、私は確かめた。闘志などといふ低級なものでは、到底遂行し得ない仕事を遂行する顔である。相手に向ふのではない。そんなものは既に消えてゐる。緊迫した自己の世界に何処《どこ》までも這入つて行かうとする顔である。この映画の初めに、私達は戦ふ、併し征服はしない、といふ文句が出て来たが、その真意を理解したのは選手達だけでせう。選手は、自分の砲丸と戦ふ、自分の肉体と戦ふ、自分の邪念と戦ふ、そして遂に征服する、自己を。かやうな事を選手に教へたものは言葉ではない。凡《およ》そ組織化を許されぬ砲丸を投げるといふ手仕事である、芸であります。見物人の顔も大きく映し出されるが、これは選手の顔と異様な対照を現す。そこに雑然と映し出されるものは、不安や落胆や期待や昂奮の表情です。投げるべき砲丸を持たぬばかりに、人間はこのくらゐ醜い顔を作らねばならぬか。彼等は征服すべき自己を持たぬ動物である。座席に縛りつけられた彼等は言ふだらう、私達は戦ふ、併し征服はしない、と。

私は彼等に言はう、砲丸が見付からぬ限り、やがて君達は他人を征服しに出掛けるだらう、と。又、戦争が起る様な事があるなら、見物人の側から起るでせう。選手にはそんな暇はない。

話が脇道にそれました。前にお話ししたが、仏教の観法といふものは、何の無理もなく画法に通じた。西洋の画家達が、未だ聖画もろくに描けない頃、東洋の画家達は、既に自然美の驚くべき表現を完了してゐた。それと言ふのも、もともと仏教の所謂《いはゆる》、観の持つ審美的性質による、さういふ風に申し上げたが、どうもこれは誤解を招きはしないかと思ふ。美の問題は、現代で不当に侮蔑されてゐる問題の一つであつて、侮蔑による誤解といふものが避け難い様に思はれるからです。現代の風潮を最もよく反映し、従つて一番成功してゐる芸術、これは言ふ迄もなく小説であるが、この自由な、と言ふより無秩序な芸術様式において、美は、もう殆ど真面目には考へられてをりませぬ。

(小林秀雄「私の人生観」)

[ノート] 批評と創造、政治と文化、知識人と政治家の関係を論じた文章のあとに文例が来る。講演を文章化したエッセーで基本は「だ・である調」だが、ひょいひょいと「です・ます調」が紛れ込んでくる。それが気ままな講演のスタイルを再現すると同時に破調法の効果をも発揮している。最後のところで問題にされている「観」についてはこの少し先の部分で「見」との対比で説明されている。それによれば「見」とは普通の目、分析的な目のこと、「観」とは直覚する目、総合的な目(心眼)のことである。論説調の重い文章のあとに具体的な映画の話にひょいと切り替わる。し

かしこの後にくる美の論題への巧妙な伏線にはなっている。

ち

中断法《ちゅうだんほう》 ☞ 黙説法《もくせつほう》

躊躇逡巡法《ちゅうちょしゅんじゅんほう》

dubitation / dubitation

躊躇逡巡法は言語表現、あるいはとるべき行動についての躊躇・逡巡・遅疑を、問いかける、あるいは助言を乞うという形で聞き手＝読み手に投げかけることである。この文彩は話し手＝書き手の迷い、当惑、ためらい、優柔不断さなどを示すが、逆にそのことを通じて話し手＝書き手の真摯さ・誠実さをアピールすることにもなる。たとえば「これはどう言い表したらいいのだろうか」「Aと言うべきだろうか、あるいはBと言うべきだろうか」「読者よ、私はなにを語ったらいいのだろうか」。

躊躇逡巡法は時に設疑法や類語法と見分けがたいことがある。

[文例]

◉君やこし我やゆきけむ思ほえず夢かうつつか寝てか覚めてか　（よみ人しらず『古今集』）

[ノート] 詞書に次のようにある。「業平朝臣《なりひらあそん》の伊勢国にまかりたりけるとき、斎宮なりける人にいとみそかに逢《あ》ひて、またの朝《あした》に、人やるすべなくて思ひをりけるあひだに、女のもとよりおこせたりける」【歌意】あなたがいらしたのでしょうか、それとも私が行ったのでしょうか、よく覚えていません。いったい夢なのか現実なのか、寝てのことなのか覚めてのことなのか（昨日のことははっきりしないことです）。【語釈】「思ほえず」は思われない。自然には考えられない。「思ほゆ」は歌語。「夢かうつつか寝てか覚めてか」は寝ている時の夢か目覚めている時の現実か、ということを四句と五句に分けて繰り返す。不分明な精神状態をあらわした言い方。【表現】詞書のように業平朝臣が伊勢国に下向《げこう》したとき、斎宮（伊勢神宮に奉仕する未婚の皇女）であった人にひそかに逢《あ》って、翌朝人を遣わして消息をする手だてもなく嘆いているときに女の方からよこした歌である。後朝《きぬぎぬ》の歌だが、通常は男から女へ遣わすものであったが、この場合は逆になっている。

　人目を忍ぶ束の間の逢瀬《おうせ》と、男から消息を受け得ない限定された状況の中で、はたして過ぎた一夜はいったいどういうことだったのだろうか、と乱れた心を訴えたものである。一・二句の対応、四・五句での繰り返しに、瞬間に過ぎた出来事を、まさに夢としかとらえ得ない女の心惑いが感じられる。逢瀬の後の甘やかな余情を漂わせる風のものではなく、もっと直接的で情熱的な歌である。

◉異《あや》しみ問はるるには能《よ》くも答へずして、貫一は余りに不思議なる今日の始末を、その余波《なごり》は今も轟く胸の内に痛《したた》か思回《おもひめぐら》して、又空《むなし》く神《しん》は傷み、魂は驚くといへども、我や怒る可《べ》き、事や哀むべき、或は悲む可きか、恨む可きか、抑《そもそ》も喜ぶ可きか、慰む可きか、彼は全く自ら弁ぜず。五内《ごない》〔五臓、心〕渾《すべ》て燃え、四肢直《ただち》に氷らんと覚えて、名状すべからざる感情と煩悶とは新《あらた》に来《きた》りて彼を襲へるなり。

（尾崎紅葉『金色夜叉』）

［ノート］なんの前触れもなくお宮が貫一の自宅に姿を現し、哀訴して許しを乞う。貫一は隙を見てお宮を置き去りのまま外に出る。時より立ち寄る碁会所に当てもないまま飛び込む。貫一の心の動揺を躊躇逡巡法が写しとっている。

◉苦悩などという言葉を、もう信じないようにしなくてはならない。きのうまで、それは生活にとって必須の言葉であった。今日はもう要《い》らない。進んでそれを屑籠《くずかご》に投げ込んで、整理すべきものは整理しなければならない。とすると、今のこの心の空虚を、何と名附けるべきかに節子は迷った。これは苦悩でもない。痛みでもない。悲しみでもない。まして歓喜でもない。苦悩の燠《おき》のようなものかと思ってみるが、それでもない。苦悩は確実に過ぎ去ったのだ。しかし感情はなお確実に、時計の針のように、わき目もふらずに動いている。それはあらゆる意味を失った純粋な感情で、裸で、鋭敏で、傷つきやすく、わないて、……ただ徒《いたず》らに正確に動いているのである。

（三島由紀夫『美徳のよろめき』）

［ノート］文例はヒロインの人妻が思い悩んだ末に浮気相手と別れた直後の内省を記述している。最初の強調部分が躊躇逡巡法だ。あとの二箇所は類語法。

直喩《ちょくゆ》

comparaison / simile

直喩は「類似性」を基にしてあるものを別のあるものになぞらえる文彩である。原則的には「のような」という「喩え」を指示する言葉が言い表されている。つまり指標つきの「喩え」である。

ところで喩えは修辞的にはどんな役割を果たすのだろうか。主に次の二つを挙げることができるだろう。

（1）聞き手（読み手）に強い印象を与えること。（強調）

（2）分かりにくいものを身近の例で具体的に説明すること。（例示）

つまり喩えは分かりやすくて印象的な喩えるもの（媒体）を提示することで喩えられるもの（主意）を明示化する（この両者の関係については詳しくは「比喩」と「隠喩」の項を参照のこと）。喩えるものと喩えられるものがかけ離れているほどインパクトが強くなるけれども、それを追いすぎると分かりにくくなる。喩えは常に月並みさと謎のあいだを揺れ動くことになる。これを要するに喩えの骨法はいかにして人の意表をつく身近の例を見つけだすかにかかっている。

直喩は呼んで字のごとく「真っ直ぐな、直接的な喩え」、つまり「ここには喩えがありますよ」

と明示している表現法だ。つまり、直喩は「のよう」とか「みたい」「まるで」「さながら」といった「たとえ」であることを指示する語句を介して二つの項を比較・対照する。そして問題の両項はある程度かけ離れていて常識的には結びつかないことが求められる。「彼は針金のように痩せている」「彼女の肌は雪のように白い」――私たちは日頃そうとは意識せずに直喩をよく使っている。

先ほど挙げた喩えの役割（1）は直喩が強調表現の一種であることを示している。その例としては上掲の「彼は針金のように痩せている」「彼女の肌は雪のように白い」を挙げることができるだろう。両者ともステレオタイプ化した直喩であるが、要するに「彼はすごく痩せている」「彼女の肌はとても白い」と言い換えることが可能である。この種の直喩が「強意的直喩」と呼ばれるゆえんだ。上のようなごく平凡な例からも分かるように直喩は異質なカテゴリーどうしの間に「類似性」（正確には「間接的類似性」と呼ぶべきだろう）を認定するのだ。そこが直喩を単なる比較表現から分かつ点である。たとえば次の二つの表現を比べてほしい。

［1］彼女は女優のXのように艶やかで美しい。（単なる比較）

［2］彼女は牡丹のように艶やかで美しい。（直喩）

［2］は手垢にまみれた直喩ではあるがそこには人間と花（植物）という異質なカテゴリーの間

の意味論的衝突（意外性）が指摘できる。常識的には結びつかないものどうしの間に「類似性」を設定している（この「類似性」の問題については「隠喩」を参照のこと）。カテゴリー横断的＝意味論的衝突がさらに強まると「詩的」な直喩が問題になる。「詩的な」直喩には常識を逆なでするような発見が見られる。意外性が見られる。その最良の見本として川端康成の『雪国』から例を引こう。

［3］駒子の唇は美しい蛭の輪のやうに滑らかであつた。

ちなみにいえば『雪国』という作品は親の遺産で気ままな生活を送る妻子ある中年男の島村と若い温泉芸者の駒子との悲恋がテーマである。［3］の文を補足する意味で駒子の唇の描写をもう一つ写せば、

「細く高い鼻が少し寂しいけれども、その下に小さくつぼんだ唇はまことに美しい蛭の輪のやうに伸び縮みがなめらかで、黙つてゐる時も動いてゐるかのやうな感じだから、もし皺があつたり色が悪かつたりすると、不潔に見えるはずだが、さうではなく濡れ光つてゐた。」

女の唇と蛭の輪〔＝吸い口〕。この両者を結びつけることは一見唐突な感じがする。ぬらぬらとした薄気味の悪い蛭と女性の唇の間にいかなる「類似性」が存在するのか。確かに意外な組み合わせだ。しかしながら、意外ではあるけれども改めて指摘されてみればなるほどと得心のいく

比較だろう。

この直喩は、主体（駒子の唇）の属性（滑らかさ）に新たな光を当てる。「滑らかさ」は主体の属性でありながら、それまで注目されていなかったが、媒体（蛭の輪）と突き合わされることによってスポットライトを浴びることになる。媒体の顕著な属性によって主体の属性が明確になり、強調される。強調を旨とする点で直喩は誇張法に通じる。あるいは直喩は誇張法の一種であると言えないことはない。前に挙げた例「彼は針金のように痩せている」（＝彼はすごく痩せている）は立派な誇張法の例である。

（1）の特色が「誇張法」に通ずるとすれば（2）は具体的な例を挙げること（例示）である。次の文章は谷崎潤一郎がゲーテの奥深さを論じた文章であるが、二つの直喩によってその言わんとすることがこちらにまっすぐに伝わって来る。おおらかな喩えだ。

「ゲエテの偉いのはスケールが大きくて猶且《なほかつ》純粋性を失はないところにある。包容力の大きいのと雑駁とは違ふ。われらがゲエテに頭が下るのは「箱船の乗り合ひ」の如くあらゆるものが抛り込まれてありながら、毫も雑駁な騒々しい感じを与へず、それぞれ整然と収まるべき所に収まつてゐる端正な姿にある。いつたい独逸文学は思想の重みが勝ち過ぎて柔かみが乏しく、何処か窮屈なトゲトゲしい気持があるので、どうも私には肌に合はないが、ひとりゲエテにはその風がない。真に悠々たる大河の如く、入江となり、奔湍となり、深淵となり、湖水となりして、千変万化しながらも、全体としては極めてゆるやかに、のんびりと流れつつある。その文章は秋霜烈日の気を裏《うち》に蔵しつつ、春風駘蕩たる雅致を以て外を包んでゐる。」（谷崎潤一郎「饒舌録」）

［文例］

●ゆく河の流れは絶えずして、しかももとの水にあらず。よどみに浮ぶうたかたは、かつ消え、かつ結びて、久しくとどまりたるためしなし。世の中にある人と栖《すみか》と、またかくのごとし。たましきの都のうちに棟《むね》を並べ、甍《いらか》を争へる高き賤《いや》しき人の住《すま》ひは、世々を経《へ》て尽きせぬものなれど、これをまことかと尋ぬれば、昔ありし家は稀《まれ》なり。或《あるい》は去年《こぞ》焼けて、今年《ことし》作れり。或は大家ほろびて小家となる。住む人もこれに同じ。所も変らず、人も多かれど、いにしへ見し人は、二三十人が中《なか》にわづかにひとりふたりなり。朝《あした》に死に夕《ゆふべ》に生るるならひ、ただ水の泡《あは》にぞ似たりける。知らず、生れ死ぬる人いづかたより来《きた》りて、いづかたへか去る。また知らず、仮《かり》の宿り、誰《た》がためにか心を悩まし、何《なに》によりてか目を喜ばしむる。その主《あるじ》と栖《すみか》と無常を争ふさま、いはばあさがほの露に異ならず。或は露落ちて、花残れり。残るといへども、朝日《あさひ》に枯れぬ。或《あるい》は花しぼみて、露なほ消えず。消えずといへども、夕を待つ事なし。

（鴨長明『方丈記』）

［ノート］ご覧のとおり、まさしく直喩のオンパレードである。にもかかわらず平板さを免かれているのは、ひとえに比喩―指標の巧みな変奏のお陰である。

●祇園精舎の鐘の声、諸行無常の響あり。裟羅《しゃら》双樹《さうじゅ》の花の色、盛者《じゃうしゃ》必衰の理《ことはり》をあらはす。おごれる人も久しからず、唯《ただ》春の夜《よ》の夢のごとし。たけき者も遂にはほろびぬ、偏《ひとへ》に風の前の塵に同じ。遠く異朝をとぶらへば、秦《しん》の趙高《てうかう》、漢《かん》の王莽《わうまう》、梁《りやう》の周伊《しうい》、唐の禄山《ろくさん》、是等《これら》は皆旧《きう》主先皇《しゆせんくわう》の政《まつりごと》にもしたがはず、楽しみをきはめ、諫《いさめ》をも思ひいれず、天下《てんか》の乱れむ事をさとらずして、民間の愁《うれ》ふる所を知らざッしかば、久しからずして、亡《ばう》じにし者どもなり。近く本朝をうかがふに、承平《せうへい》の将門《まさかど》、天慶《てんきやう》の純友《すみとも》、康和《かうわ》の義親《ぎしん》、平治《へいぢ》の信頼《のぶより》、此等《これら》はおごれる心もたけき事も、皆とりどりにこそありしかども、まぢかくは六波羅《ろくはら》の入道前太政《にふだうさきのだいじやう》大臣平朝臣清盛《たひらのあつそんきよもり》公と申しし人の有様《ありさま》、伝へ承るこそ、心も詞《ことば》も及ばれね。（『平家物語』）

［ノート］むろん、前半の見事な直喩が眼目だが、後半の対照法と挙例法の共演も見ものである。

◉春の初め、雪のうちより咲き出でたる軒《のき》近き紅梅、賤《しづ》の垣根の梅も、色はことごとながら、匂ひは同じく手折《たを》る袖にも移り、薫《かを》り身に沁《し》む心ちするを花の盛りになりぬれば、吉野の山の桜は残る雪にまがひ、まして雲井の花の盛りは、白雲の重なるかと心も及びがたきを、春深くなるままには、井手の山吹に蛙《かはづ》の鳴き、岸の藤波〔岸辺に咲く藤の花を波にたとえる〕に夕べの鶯《うぐひす》春のなごり惜しみ顔なるほども、さまざま身に沁む心ちのみするを、岩垣沼《いはがきぬま》の杜若《かきつばた》、山下《やました》照らす岩躑躅《いはつつじ》などまで、程につけては心うつらぬにあらず。（藤原俊成『古来風体抄』）

［ノート］【現代語訳】春の初め、雪の中から咲き出した軒の近くの紅梅も、身分の低い者の家の垣根の梅も、色はそれぞれ異なっているけれども、匂いは同じで手折る袖にも移り、薫りが身にしみるような心地がするが、それが花の盛りにもなれば、吉野の山の桜は残雪かと見まちがえるほどで、

ましてやはるかに遠い所で今を盛りと咲く花は白雲が重なっているのかと思われ、いわく言いがたいのにつけても、春が深まるにつれて、井手の里の山吹に河鹿が鳴いたり、岸辺に波のように咲く藤の花に夕べの鶯が春の別れを惜しむかのように鳴いたりしている様子なども、さまざまに身にしみる心地がしてならず、ましてや、岩に囲まれた沼に咲く杜若、山裾を照らすように咲く岩つつじなど、それぞれに応じて心がひかれないわけではない。【表現】春の景物（特に花）の「物尽《ものづくし》」で、列挙法の好例であるが、ここでは傍点強調の直喩が狙い目である。「ごとし」のように明示的ではないが、「まがひ」「かと」という言い回しの中に「喩え」がこめられている。こういう形でも直喩は成立するのである。それから切れそうで切れない和文脈の典雅もぜひ味わってほしい。現代語訳でもその感じを伝えようとしたが、出来ばえのほどはいかがなものか。

◉上りつめたる第五層の戸を押明けて今しもぬつと十兵衛半身あらはせば、礫《こいし》を投ぐるが如き暴雨の眼も明けさせず面《おもて》を打ち、一ツ残りし耳までも扯断《ちぎ》らむばかりに猛風の呼吸《いき》さへ為《さ》せず吹きかくるに、思はず一足退《しりぞ》きしが屈せず奮つて立出でつ、欄を握《つか》むで屹《きつ》と睥《にら》めば天《そら》は五月《さつき》の闇より黒く、ただ囂々《がうがう》たる風の音のみ宇宙に充《みち》て物騒がしく、さしも堅固の塔なれど虚空《こくう》に高く聳えたれば、どうどうどつと風の来る度《たび》ゆらめき動きて、荒浪の上に揉まるる棚無し小舟《をぶね》のあはや傾覆《くつがへ》らむ風情《ふぜい》、流石《さすが》覚悟を極《きは》めたりしも又今更におもはれて、一期《いちご》の大事死生の岐路《ちまた》と八万四千の身の毛竪《よだ》たせ牙咬《きばかみ》定めて眼《まなこ》を睜《みは》り、いざ其時はと手にして来し六分《ろくぶ》鑿《のみ》の柄《え》忘るるばかり引握《ひつつか》むでぞ、天命を静かに待つ……

（幸田露伴「五重塔」）

［ノート］棟梁とのいろいろな確執はあったけれども大工の、のっそり十兵衛は谷中感応寺の五重

塔を立派に完成させた。ところがあいにくなことに、落成式の前夜江戸の町を大嵐が襲い、周囲の人間たちは五重塔が倒壊するのではないかと心配して十兵衛に塔の見回りを使嗾する。自分の仕事に満腔の自信を抱く十兵衛はまるでそんな懇請に耳を貸そうともしない。しかし、自分を信頼して仕事を任せてくれた高徳の住職のお召しとあれば（実は頑固な十兵衛を引きずり出すためのでっち上げだったのだが）断りきれず、万が一塔が倒れることがあれば「頂上《てつぺん》より直ちに飛んで身を捨てむ」覚悟で十兵衛は五重塔に駆けつける。文例は嵐と対峙して十兵衛がいわば「見得を切る」場面である。荒々しい直喩だけでなく、誇張法にも注目である。「天は五月の闇より黒く、ただ囂々たる風の音のみ宇宙に充て物騒がしく」「一期の大事死生の岐路と八万四千の身の毛竪たせ」。

◉月《つき》霜の如く地に冴《さ》え、凩《こがらし》海の如く空に吼《は》ふる夜は、人籟《じんらい》すべて絶えて、直ちに至上の声を聞く心地す。

（徳冨蘆花『自然と人生』）

［ノート］「人籟」は鳴り物の音や歌声、人の世の物音、人のけはい。「天籟」「地籟」に対す。

◉遂《つい》に、新しき詩歌の時は来りぬ。／そはうつくしき曙《あけぼの》のごとくなりき。あるものは古《いにしへ》の預言者の如く叫び、あるものは西の詩人のごとく呼ばはり、いづれも明光と新声と空想とに酔へるがごとくなりき。

（島崎藤村『藤村詩集』「合本詩集初版の序」）

［ノート］傍点を施した部分はたとえば「うつくしき曙のごとく初々しき」「酔へるがごとく潑剌としき」と「根拠」を補えるだろう（なお傍線部は通常の比較文だ）。そして恐らくは「うつくしき曙なりき」「空想とに酔へり」と隠喩表現でも言える内容を直喩表現で言い換えたものと思われる。この文章は「宣言」とも言える内容なのだからむしろ隠喩表現の方がインパクトが強くて相応しいと思うのだが。

●土曜日は正午《ひる》までで授業が済む——教室を出る娘たちで、照陽《しょうよう》女学校は一斉に温室の花を緑の空に開いたよう、潑《ぱっ》と麗《うららか》な日を浴びた色香は、百合よりも芳しく、杜若《かきつばた》よりも紫である。

（泉鏡花『婦系図』）

●濡縁におき忘れた下駄に雨がふつてゐるやうな
どうせ濡れだしたものならもつと濡らしておいてやれと言ふやうな
そんな具合にして僕の五十年も暮れようとしてゐた。

（木山捷平「五十年」）

●もし日本座敷を一つの墨絵に喩へるなら、障子は墨色の最も淡い部分であり、床の間は最も濃い部分である。私は、数寄を凝らした日本座敷の床の間を見る毎に、いかに日本人が陰翳の秘密を理解し、光りと蔭との使ひ分けに巧妙であるかに感嘆する。なぜなら、そこには此れと云ふ特別なしつらへがあるのではない。要するに唯清楚な木材と清楚な壁とを以て一つの凹んだ空間を仕切り、そこへ引き入れられた光線が凹みの此処彼処へ朦朧たる隈《くま》を生むやうにする。にも拘らず、われらは落懸《おとしがけ》のうしろや、花活の周囲や、違ひ棚の下などを塡めてゐる闇を眺めて、それが何でもない蔭であることを知りながらも、そこの空気だけがシーンと沈み切つてゐるやうな、永劫不変の閑寂がその暗がりを領してゐるやうな感銘を受ける。思ふに西洋人の云ふ「東洋の神秘」とは、斯くの如き暗がりが持つ無気味な静かさを指すのであらう。

（谷崎潤一郎「陰翳礼讃」）

●彼の腕の中にいると、私は自分が水か飴のようになって、彼という器の中にどんな形にでも変形して添っていくのを感じた。彼の妻の位置に野心がないだけに、私は自分の愛に罪悪感がなかった。けれども私の許に彼のいない時、私に嫉妬が全くなかっただろうか。

（瀬戸内晴美『いずこより』）

［ノート］自伝的長編で、引用部分は、まだ無名だった「私」が同じく無名だった妻ある作家を愛した時の感慨を叙している。男に献身する女心が巧みな直喩によく言い表されている。

◉「私は、そんなつれないお言葉に、力をお貸しまいらすことはできません」

源氏は宮の黒髪を指で梳いていた。

「もう一度……いや、二度、三度。三度めには四度、五度となるだろう。お目にかかりたい。……愛が、着物のように季節ごとに衣更えできるものならば、また自分に似合うか似合わぬか、身にひきあててみて、捨てたり取り上げたりできるものならば、私は疾うに、あなたを思い切っています。思い切れぬ、あきらめきれぬこの宿世を、何とごらんになる」

源氏の情熱は、このたおやかな貴婦人には兇暴に思われるほど、手荒かったかもしれない。宮は、嵐に揉まれる花のように、源氏に踏みしだかれ、散らされた。

（田辺聖子『新源氏物語』）

つ

追加法《ついかほう》 hyperbate / hyperbaton

追加法は文が終わったと思われたのにさらにまた言い足す文彩である。あたかも話し手＝書き手が文を終えようとしたとき大事なことを言い落としたことにはっと気がついて慌てて補足したような感じだが、実は追加された部分に一番重要な情報がこめられていることが多い。そう、手紙の「追伸」と思えばいい。本文では言い忘れたこと、あるいは言い出しにくかったことをさりげなく書き足すが、実はそれがいちばん言いたかったこと、ということはよくある。追加法は一種の強調表現にほかならない。

この追加法は日本語では思わぬ「おまけ」がつく。周知のように述語を最後にもってこざるを得ない統辞論の宿命で日本語はどうしても文末が単調になってしまう。これを避けるためには追加法に訴えるのははなはだ効果的だ。もっとも修辞疑問や体言止めを使うという手もあるけれども（これは追加法だ）。この問題に触れて作家の丸谷才一が――レトリックに造詣の深い作家だ

ことを言う。

が――興味深い提言をしている。丸谷は「である」の無神経な多用に苦言を呈したあとでこんな「次に望ましいのは、従属節や条件節（「……だけれど」や「……なのに」や「……のだから」など）で結ぶ手を、あれやこれやと試みることだ。これは奇策に過ぎると嫌はれさうだが、まるで歩調を取つて歩くやうな千篇一律の足どりを避けるためには、こんな工夫も必要だらう。それはまた、文首から文末へ至つて素直に意味が流れてゆくだけの、あまりにも直線的な現代日本文に、多少の旋回と曲折を与へることになるかもしれない。体言どめや文語体、うんと砕けた口語的《コローキアル》な口調の混用だつて、さう馬鹿にしたものではないので、意外に効果がありさうな気がする。」（『文章読本』）

文語体、「うんと砕けた口語的な口調の混用」はちょっぴりやりすぎという気がしないでもないが、追加法に関しては傾聴に値する提言である。

「もっとも……。」とか「……けれども。」など追加法を指示する言葉が使われている場合はいいのだが、実をいうと倒置法との境界が微妙な場合がけっこうある。述語のあとに読点が打たれて倒置法が使われている場合はまったく問題がないけれども、書き手によっては句点の後でも倒置法を使っているようなのだ。その場合の一応の目安は、句点のあとに来た文の要素を前の文にはめこめるかどうかだ。すんなりはめこめれば倒置法、そうでなければ追加法というように（この文は倒置法だろうか、それとも追加法だろうか）。もっとも実際問題としてはどちらとも決めかねるケースはよくある。それはやむをえない仕儀なのでなにも深刻な問題ではない。レトリックは無用な分類学ではない。ことばの微妙な効果をしっかりと感得できれば能事足れりなのだ。

日本語は語順が自由すぎて倒置法の使用が制限される。それを埋め合わせるためにも追加法は大いに活用すべきだろう。

「追加する」という点で、追加法の兄弟筋に当たる文彩に挿入法がある。

[文例]

◉道の右手には、道に沿うて一条の小渠《こみぞ》があつた。道が大きく曲れば、渠もそれについて大きく曲つた。そのなかを水は流れて行き流れて来るのであつた。雑木山の裾や、柿の樹の傍《かたはら》や、厩《うまや》の横手や、藪の下や、桐畑や片隅にぽつかり大きな百合《ゆり》や葵《あふひ》を咲かせた農家の庭の前などを通つて。巾六尺ほどのこの渠は、事実は田へ水を引くための灌水であつたけれども、遠い山間から来た川上の水を真直ぐに引いたものだけに、その美しさは渓《たにがは》と言ひ度《た》いやうな気がする。（佐藤春夫『田園の憂鬱』）

◉少年の日に夢みた生きるということは、現在のような、こんな惨めな状態を指すのではない筈だった。生きるという言葉の中には、燃え上るような、一身を賭けて悔いないような、悦びや悲しみが彫り込まれていた。それなのに、今、生きることは一日一日の消耗にすぎなかった、——することもなく考えることもなく、ただ懶い倦怠の中に。

◉わたしの考へでは、現代日本で文章を書くのがむづかしいのは文明の性格ないし状況にかかはる。この大問題を抜きにしてわれわれの文章論はつひにあり得ないだらう。もつとも、文明との関連が大問題だと言つたからとて、関係詞的なものをどうこなすか、文《センテンス》のおしまひをどう結ぶかなどの工夫が、些末な小技だといふわけではないけれど。

（丸谷才一『文章読本』）

て

訂正法《ていせいほう》

correction, épanorthose / correction, epanorthosis

訂正法はすでに述べたことについて、その表現を和らげたり、強めたり、あるいは修正したり、取り下げたりすることである。表現の次元にとどまる場合（字句訂正）と見解・スタンスの変更にまで及ぶ場合（思考訂正）がある。両者を区別せよとする立場もある。しかし、表現の変更は思考の変更のせいであり、また思考の変更は表現の変更を使嗾するだろう。それにまた実際問題としてこの両者を区別することははなはだ困難である。ここでは字句訂正と思考訂正とを合わせて「訂正法」と呼ぶことにする。ただし、「～ではなくて、～である」というように否定表現を前面に出した「対照法的」訂正法についてはその独特な表現効果を商量して「換語法」を別に立項する。

―【文例】―

◉或日の暮方の事である。一人の下人《げにん》が、羅生門の下で雨やみを待つてゐた。

〔中略〕

作者はさつき、「下人が雨やみを待つてゐた」と書いた。しかし、下人は雨がやんでも、格別どうしようと云ふ当てはない。ふだんなら、勿論、主人の家へ帰る可き筈である。所がその主人からは、四五日前に暇を出された。前にも書いたやうに、当時京都の町は一通りならず衰微してゐた。今この下人が、永年、使はれてゐた主人から、暇を出されたのも、実はこの衰微の小さな余波に外ならない。だから「下人が雨やみを待つてゐた」と云ふよりも「雨にふりこめられた下人が、行き所がなくて、途方にくれてゐた」と云ふ方が、適当である。

〔芥川龍之介「羅生門」〕

◉会堂の階段の前の地上にあった数個の物を、私がそれまで何度もそこに眼を投げたにも拘らず、遂に認知しなかった理由を考えてみると、この時私の意識が、いかに外界を映すという状態から遠かったかがわかる。不安な侵入者たる私は、ただ私に警告するものしか、注意しなかったのである。「物」と私は書いたが、人によっては「人間」と呼ぶかも知れない。いかにもそれは或る意味では人間であったが、しかしもう人間であることを止《や》めた物体、つまり屍体であった。

〔大岡昇平『野火』〕

【ノート】太平洋戦争末期のフィリピンはレイテ島での出来事。「私」〔田村一等兵〕は所属部隊から離れてひとり島内を彷徨する。朦朧とした意識のまま無人の村に入り、教会堂の入口にたどりつく。そこで散乱する日本兵の死体を目撃する。文例はそれについてのコメントである。

◉この小うるさいやつには、をりあらば、いや、をりをつくってでも、ぜひ女奴隷の挨拶をおもひしらせてやらなくてはならない。（石川淳『狂風記』）

【ノート】「女奴隷」とへりくだってみせるのは、ある秘密集団の女首領で、文例は財界の黒幕にはなった挑戦宣言である。

◉もちろんわれわれは何しろあれだけ一億一心、本土決戦なんて言つてアメリカと戦つてゐたのに、コロリと戦争をやめた国民だから、肉食に心がはりするくらゐ何でもない、とも言へる。しかし、政治向きのことと違つて食べものは深刻ですよ。さう簡単に改まるはずがない。これはきつと、明治維新以前にも日本人が一般にかなり……ある程度……すこしは……肉を食べてゐたから、それで肉食受容にあっさり踏み切ることができたのぢやないか。わたしはそう思つてゐた。（丸谷才一『青い傘』）

提喩《ていゆ》

synecdoque / synecdoche

提喩は類（グループ）と種（メンバー）の関係（包摂関係）に基づく文彩で、類でもって種を、あるいは逆に種でもって類を表す。前者は引いてぼかす「括り」であり、後者は代表例にピントを絞る「挙例」である。

提喩は隠喩、換喩と並ぶ重要な文彩であるが、どちらかというと目立たない地味な文彩だ。それにまたどういうわけか昔から非常に不安定な文彩で、独立の位置を与えられず、換喩の一種と見なされたこともある。あげくの果ては提喩不要論さえも出てくる始末だ。こうした状況はなにも昔のことではなく、いまだに見られる傾向である。

提喩は「プロトタイプ」（代表例）という概念を適用すると見事に説明することができる。現在の日本では「花」といって「桜」を指すことがある。「花見」といえば他の花ではなく桜を見にゆくことだ。あるいは「酒」が「日本酒」をもっぱら意味することがある。こうした言い方には日常生活でちょくちょく出会う。これは類概念（花）で個物（種）を表す提喩的表現だ。この用法は類でもって種を表すので「類の提喩」、あるいは「特殊化の提喩」と呼ぶことができる。

別の用法がある。「もうそろそろご飯にするか」といって「お米」を食べるわけではなくてソバやスパゲッティーを食べることがある。しかし誰もおかしなこととは思わない。「ご飯」はもともと米などの「めし」をさす丁寧語だったが、転じて食事一般を指すようになった。昔の日本人にとってはお米が主食だったので「食事」と言うよりは「ご飯」と言った方が実感を伝えていたのだろう。聖書のなかには「人はパンのみにて生きるにあらず」とある。このパンもパンのみを指しているわけではなく食べ物一般を意味している。ヨーロッパ人にとってはパンが「主食」だったからだろう。これはさっきの用法とはちょうど逆になる。個物＝種（米／パン）でもって類概念（食べ物一般）を表す言い方だ。この用法は種でもって類を表すので「種の提喩」あるいは「一般化の提喩」と呼ぶことができる。

この二つの用法は一見矛盾するように見えるかもしれないが、しかしそれを支えているのは同一の発想、同一の原理だ。プロトタイプ（桜・日本酒・米・パン）への注目である。問題のカテゴリーのなかの典型的なもの、代表的なものに焦点が合わされている。つまり提喩の本質的働きはプロトタイプ化ということなのだ。提喩については古来さまざまな議論がされ、すでに指摘したようにかなりの混乱が見られたが、要するにそれは提喩のプロトタイプ化機能をきっちりと見定めなかった結果である。

提喩にはすでに見たように二つの主要な役目がある。一般化と特殊化の働きで、前者は「括ること」であり、後者は「例を挙げること」である。これは要するにカテゴリー・レベルの変更に帰着する。

では人はなぜ提喩的表現に訴えるのだろうか。主に二つの理由が考えられる。一つは経済性であり、もう一つは余情性だ。

まず類の提喩から見てゆこう（「花→桜」「酒→日本酒」）。この手の表現に走る心理のなかには簡便さを求める心があることは確かだろう。言語表現は経済性を求める。分かり切った対象をいちいち特定するのはわずらわしいとか、野暮だとか、芸がないとかという心理が働く。要するに手抜き、ものぐさの心理だ。「日本酒を飲む」→「酒を飲む」→「飲む」——この提喩表現の推移はよくその間の消息を伝えている。日常生活ではこの経済性の原理が強く働く。日常会話では指示詞の「それ」とか「あれ」が頻用されるのも「経済性」の原理のなせる業だろう。こうした日常的現象からも言語表現における「提喩的」なものの重要性が確認される。

だが提喩を支えるのは「経済性」の原理だけではない。たとえば「食うや食わずの貧乏」を「三度のものにもこと欠く生活ぶり」と表現するときそこにはどんな心理が働いているだろうか。「余情性」の原理ではないだろうか。もう少し文学的な例で類の提喩の「余情性」を考えてみよう(文中の「彼」は結核療養所で寝ている患者である)。

「彼は寒そうに掛蒲団を肩の方に引き寄せた。何やら冷たいものが、先程からはらはらと彼の顔の上に降りかかっていた。眠りから覚めたのも恐らくはそのせいだったに違いない。首を蒲団から引き離して窓の方を向くと、自分の吐く息が白く空中に漂った。その息の向うに、白い細かなものが宙に舞っていた。それはあるかないか分らない程かすかで、ひらひらと飛ぶように舞い下りた。その向うには空があった。鉛色に曇った空がところどころに裂け目を生じて、その間から真蒼な冬の空を覗かせていた。その蒼空の部分は無限に遠く見えた。かすかな粉のようなものが、次第に広がりつつあるその裂け目から、静やかに下界に降って来た。

「ああ風花《かざはな》か。」

彼は声に出してそう呟いた。そして呟くのと同時に、何かが彼の魂の上を羽ばたいて過ぎた。」

(福永武彦『風花』)

「何やら冷たいもの」「白い細かなもの」「かすかな粉のようなもの」――あえて特定化しないことによってかえって表現の幅は拡がる。余白の表現効果にも似た余情性だ。語らないことによって聞き手（読者）の想像力がかきたてられる。類の提喩のこの表現性（余情性）は注目すべきだろう。

類の提喩は「ぼかし」であり、婉曲表現に通じる（→婉曲法）

次に種の提喩を見ることにしよう。

こちらの方が類の提喩よりは目立つかもしれない。というのも種の提喩は要するに具体例を挙げることだからだ。レトリック的には提喩の「くくり」よりは「挙例」の役割の方が重要であるといえようか。一般的＝抽象的な表現よりも具体的＝個別的な表現の方が印象的＝効果的である。たとえば「花より団子」という諺。花は「風流なもの」の代表であり、団子は「実利的なもの」の代表で、《見てくれより実質だ》ということを意味している。「鰯の頭も信心から」＝《つまらないものでも信心の対象になればありがたく思われる》「江戸の敵《かたき》を長崎で討《う》つ」＝《意外な場所で、また筋違いのことで、昔のうらみをはらす》。問題の部分は他のものでも代替可能である。取り合わせの妙ということを考慮に入れなければ「花より団子」は「花より野菜」でもいい。また意味的には英語の諺「鳥の歌よりパン」（Bread is better than the songs of birds.）とぴったり対応している。最後の例は「ロンドンの敵をパリで討つ」とすれば欧米人にも通じるかもしれない。

［文例］

◉つつめどもかくれぬものは夏虫の身よりあまれるおもひなりけり

（よみ人しらず『後撰集』）

［ノート］【歌意】包んでも外にあらわれてしまうものは、蛍の身からあまる火（私の思い）であることよ。【表現】「おもひ」が「思ひ」と「火」を掛ける。蛍と名指さず「夏虫」とぼかして表現しているところが面白い。「括りの提喩」である。

◉「〔略〕ね、石？ 著物？」
「石って？……宝石ですか」
「いやだねこの人は。きまってるじゃないの。わざわざ山出しみたいなこと云ってさ」

（幸田文『流れる』）

［ノート］台所が火の車の芸者屋の主人がもめごとの処理のためにかなりの額（五万円）を調達した。ベテラン芸者がその出所について女中に問い質す場面。

◉向うは余所《よそ》の蔵で行詰ったが、所謂《いわゆる》猫の額ほどは庭も在って、青いものも少しは見える。小綺麗さは、酔《のん》だくれには過ぎたりと雖《いえど》も、お増《ます》と云う女房の腕で、畳も蒼い。上原《かんばら》とあった門札《かどふだ》こそ、世を忍ぶ仮の名でも何でもない、即ち是《こ》れめ組の住居、実は女髪結《おんなかみゆい》お増の家と云って然《しか》るべきであろう。

（泉鏡花『婦系図』）

［ノート］「青いもの」は植物（庭木）のことである。なお「め組」の強調は原文。

◉私が「風流」といふものがどんなものだかを説かうとしてまづ言ひたいのは、「あれ」の事だ。折ふしに我々のなか――心のなかでもない体のなかでもない、単に「我々のなか」といふ方が一層適切であると私は思ふが、その我々のなか――をあのやうに微妙に通り過ぎる「あれ」だ。別れた人の美しい影のやうに微妙に……。妙《たへ》にはかなくしかしそれは喜びに似てゐるまことに奇異な影である――仮りに影と呼ばうなら。その影を我々は我々の祖先から伝へたのだ。

［……］

「あれ」！　私がいま子供のやうにしか口を利けないのを読者諸子は笑つてはいけない。言葉の王と名告《なの》る人があつても、その人が真に賢い人である限りは、我々の民族の詩魂に触れるあの一種の感情を描くためにならば、多分はきつと口を閉ぢるだらう。事実、我々の祖先のうちの幾多の天才も亦、結局は実に私が今ここで言語に絶してゐるところの当の「あれ」を、如何にして的確に捕捉し如何にして端的に表現しようかといふその一念のために彼等の生涯を捧げたものである。「あれ」の真の表現を求めて我々の祖先は端《はし》なくも、そこに三十一文字といひ更に十七文字といふ他の民族のものに比べて最も沈黙に近い文学の様式を見つけ出した。また実体を的確な存在にするための陰影を無視することによつて実体そのものをさへ陰影界のものに化してしまふやうな最も虚無に近い美術の手法を見つけ出した。その詩情がそのやうな表現を要求したからである。沈黙と虚無とに近い。これこそ我々の古人の風流的芸術であつた。

〔……〕

甚だしく逆説的な恍惚であるこの風流といひ風流的芸術といふものの本源を、私は子供のやうな片言《かたこと》で「あれ」だと断じたことは諸君子も既に御承知である。その「あれ」といふ代りに、学者達はその同じもののことを「無常感」と呼んでゐる。もし強ひてさういふ言葉で「あれ」を呼ばなければならないならば、私はそれを無常感とだけは呼ばずに「無常美感」といふ造語を許して貰はうと思ふ。

（佐藤春夫「「風流」論」）

◉「そこ座ってろよ。いま、パン切ってるから」

田坂さんは四畳半に付いているキッチンに立って、ほんとにフランスパンを切っていた。冷蔵庫を開ける以外のことで、まともにキッチンに立つとは、かなりマメな人だと感心した。ひとり暮らしを始めてから、数えるほどしか包丁を持ったことのないぼくとは、大違いだ。

「腹はすいてないんですけど」

「ばか。俺が腹すいてんだよ。バイトから帰ったら、必ず夜食くうんだ」

「夜にもの喰《く》うと、太るんですよ」

「なに、ばかなこといってんだよ。おまえ、そ、う、い、う、タイプか」

そういうタイプかというのは、喰って太るタイプかというのではなく、そんなことを気にするタイプか、ということのようだった。ぼくはあやふやに笑った。

（氷室冴子『海が聞こえるII』）

[ノート]「ぼく」は高知出身の都内の私立大学に通う大学一年生。「田坂さん」は同じ大学の先輩で書店でアルバイトをしている。「ぼく」はよくその書店を利用するので顔だけでは知っていたが、上級生の女子大生（田坂さんの恋人のようなそうでないような複雑な関係にある）が縁で田坂さんと親密になった。田坂さんに誘われてそのマンションに寄ったのである。

転位修飾法《てんいしゅうしょくほう》

hypallage / hypallage

転位修飾法は、修飾語を本来かかるべき語とは別の語に割り振る文彩である。語学のほうでは「転位形容詞」と呼んでいるが、われわれは敢えて「転位修飾法」という呼称を採用する（理由は後述）。場合によっては誤用の判定を受けたり、奇異な印象を与えることがある。

[1] 怒った声で彼は言った。

「怒った」は本来「彼」を修飾すべきはずだが、転位されて「声」に掛かっている。むろん、おかしな用法である。しかしながら、その「ずれ」が効果的な場合は文彩と認めようというのだ。

言い換えれば転位修飾法は誤用すれすれの文彩だということである。この文彩はどうして生まれたのだろうか。

注目したいのは転位修飾法は右の例もそうであるが、その多くが人間の身体表現にからんで問題になるということだ。

［2］女は恋するまなざしでじっと男を見つめる。

これは普通の表現では次のようになるだろう。

［3］恋する女はじっと男を見つめる。

［2］と［3］の違いはなにか。フォーカスの違いである。［2］はズームインしている。「目」（見ること）に焦点を絞っている。いわば「人間」（全体）を「目」（部分）に集約している。ここに見られるのは「ずらし」であり、明らかに「換喩」的発想である。

先ほど「転位形容詞」をとらずに「転位修飾法」をあえて選んだのはこの「ずらし」の手法がなにも形容詞に限らないと判断するからなのだ。われわれは日本語のある用法を念頭に置いている。

日本語には次のような独特な慣用句がある。

［4］小耳にはさむ

［5］小手をかざす

この「小」という接頭語は「小声」や「小指」の「小」とは明らかに用法が違っている。「ちょっと耳にはさむ」「ちょっと手をかざす」という修飾関係を指小語化したものだろう。しかしこの「小」は単なる指小語ではなく、独特なニュアンスが込められている。耳にはさんだものはつまらないもの、ちょっとしたものではない。小手をかざすのもつまらないものを見るためではない。この「小」「ちょっと」にはいわば「緩叙法」的強意がこめられている。他にも次のような用例を挙げることができるだろう。

［6］小首をかしげる

［7］小膝を打つ

［8］小脇に抱える

［9］小腰を屈める

転位修飾法という立場をとるといろいろと議論のある「小股の切れ上がった（女）」という慣用表現も腑に落ちるのではないだろうか。これは要するに「股がちょっと切れ上がった女」つまり「足のすらりと長い女」ということだろう。

転位修飾法は誤用すれすれの文彩であるが、微妙な表現効果をもたらす。

［文例］

◉鳴き渡る雁の涙や落ちつらむ物思ふ宿の萩の上の露　（よみ人しらず『古今集』）

［ノート］【歌意】鳴きながら空を渡る雁の涙が落ちたのだろうか。物思いに沈む私の家に咲く萩の花の上に置く露は。【表現】萩の花の上に赤く見える露を雁が流した紅涙と見る。これは擬人法である。「物思ふ」はここに表現されていない「宿の主」に掛かっている。転位修飾法によりそこに住む人間だけでなく、住まい全体が悲しみにどっぷりと沈んでいる様子が表現されている。

◉むかし思ふ草の庵《いほり》の夜《よる》の雨に涙な添へそ山時鳥《やまほととぎす》　（藤原俊成）

［ノート］【歌意】昔のことを思いながら、草庵で夜の雨を聞いている私に、悲しげな声を聞かせてこれ以上なみだを添えてくれるなよ、山時鳥。【語釈】◇むかし＝宮中に出仕していた頃の華やかな時代のことだろう。◇草の庵＝草葺きの庵。「草庵」の大和言葉。◇涙な添へそ＝「な〜そ」は禁止を示す助詞。涙を添えてくれるな。◇山時鳥＝山から出てきたほととぎす。ほととぎすの歌語とも。しかしここでは「草の庵」とのからみで原意が生きている。【表現】「むかし思ふ」はここに表現されていない「草の庵」の主、背後に隠された「私」に掛かっている。転位修飾法は思いの深

さを強調する。思いに沈む「草の庵」にしとしとと夜の雨が降りかかり、思いはますますいや増す。雨音だけでも切ないのに、もうこれ以上かなしい鳴き声を聞かされるのは御免ですと、ほととぎすへの呼びかけが絞り出されるゆえんである。

◉ひととせある村の娘、はじめて上々のちぢみをあつらへられしゆゑ大によろこび、金匁《きんせん》を論《ろん》ぜず、ことさらに手際《てぎは》をみせて名をとらばやとて、績《うみ》はじめより人の手をからず、丹精《たんせい》の日数《ひかず》を歴《へ》て見事に織おろしたるを、さらしやより母が持《もち》きたりしとききて、娘ははやく見たく物をしかけたるをもうちおきてひらき見れば、いかにしてか匁《ぜに》ほどなる煤《すす》いろの暈《しみ》あるをみて、母《かか》さまいかにせんかなしやとて縮《ちぢみ》を顔《かほ》にあてて哭《なき》倒れけるが、これより発狂《きちがひ》となり、さまざまの浪言《らうげん》をののしりて家内《かない》を狂ひはしるを見て、両親《ふたおや》娘が丹精したる心の内をおもひやりて哭《なき》になきけり。見る人々もあはれがりてみな袖をぬらしけるとぞ。友人《いうじん》なにがしがものがたりせり。

（鈴木牧之『北越雪譜』）

◉枕頭《まくらもと》で喚覚《よびさ》ます下女の声に見果てぬ夢を驚かされて、文三が狼狽《うろたへ》た顔を振揚《ふりあ》げて向ふを見れば、はや障子には朝日影が斜めに射《さ》してゐる。「ヤレ寐過したか……」と思ふ間もなく引続いてムクムクと浮み上ツた「免職」の二字で狭い胸がまづ塞《ふさ》がる……

（二葉亭四迷『浮雲』）

【ノート】下級役人の文三は叔父の家に世話になっている。叔父はゆくゆくは一人娘を文三の嫁にと考えている。ところが昨日文三は役所の人員整理の対象になってしまったが、それをどうしても

切り出すことができなかった。そして、床についてもなかなか眠れなかったのである。

◉「エーまだお話し……申しませんでしたが……実は、ス、さくじつ……め……め……」

息気《いき》はつまる、冷汗は流れる、顔は赧《あか》くなる、如何《いか》にしても言切《いい》れぬ。暫《しば》らく無言でゐて、更《さ》らに出直ほして、

「ム、めん職になりました。」

ト一思ひに言放ツて、ハツと差俯《さしうつむ》向いて仕舞ふ。聞くと等しくお政は手に持ツてゐた光沢布《つやぶ》巾《きん》を宙に釣るして、「ヲヤ」と一声《いっせい》叫んで身を反らしたまま一句も出《い》でばこそ、暫らくは唯《ただ》茫然として文三の貌《かほ》を目守《みつ》めてゐたが稍《やや》あツて忙《いそが》はしく布巾を擲却《ほふ》り出して小膝《こひざ》を進ませ、

「エ御免《ごめん》にお成りだとエ……ヲヤマどうしてマア。」

（二葉亭四迷『浮雲』）

【ノート】前の文例のすぐ後に出て来る文章。お政は文三が身を寄せている叔父の連れ合い。夫婦はゆくゆくは文三と一人娘を夫婦にしようと考えているので文三の免職は他人事ではない。「小膝を進ませ」の「ちょっと」にはお政の複雑な心のうちが微妙に表現されている。

◉〔危篤の息子を見舞うために街に行きたい農婦が宿場に駆けつけて、饅頭屋でたずねた。〕

「馬車はまだかの？」

「先刻出ましたぞ。」

答へたのはその家の主婦である。

「出たかなう。馬車はもう出ましたかなう。いつ出ましたな。もうちと早よ来ると良かつた

のぢやが、もう出ぬぢやろか?」
農婦は性急な泣き声でさう云ふ中に、早や泣き出した。

（横光利一「蠅」）

◉幸助が身支度をしているのをみて、父親の藤作が、布団《ふとん》の中から声をかけた。

「出かけるのかい」

藤作は、さっきから幸助の落ちつかないそぶりを眺めていたようだった。問いかける眼のいろになっている。

「うん、ちょっと出てくる」

幸助は言ったが、少し顔が赤くなったようだった。

「帰りは遅いのかい」

「いや、飯までには戻ってくるよ」

「そうした方がいい。ばあさんが、せっかく魚を買いに出たようだから」

と藤作は言った。

（藤沢周平『橋ものがたり』「約束」）

【ノート】幸助は錺《かざり》職人でこの日年季奉公が明けて実家に戻ってきたのである。しかし彼にはこの日大事な約束があった。五年前に幼なじみのお蝶が茶屋奉公に出ることになって別れを告げに来た時に五年後のこの日に逢おうと固い約束をしたのだった。文中に「幸助の落ちつかないそぶり」「赤くなった」とあるのはそのためである。

転喩《てんゆ》

métalepse / metalepsis

転喩は換喩の一種である。換喩が語と語との小さい単位を射程とするのに対して転喩はもっと大きな単位（たとえば文と文）を問題にする。特に独立の文彩と認めない向きもあるが、伝統的には「あることを言うために別のことに語らせるのだが、別のこととは、あることに先だったり、後続したり、随伴したりするもの、付加的、状況的なもの、要するに、あることをただちに思い起こさせるような形で結びつき関係しているもののことである」（フォンタニエ）。

まず『百人一首』にも入っている有名な恋の歌を写す。

わが袖は潮干《しほひ》に見えぬ沖の石の人こそ知らね乾く間もなし　（二条院讃岐）

〔わたしの袖は、潮が引いたときにも水に隠れて見えることのない沖の石のように人には気づかれないけれども、（あの人のことを想い）涙に濡れて乾く間もないのです〕

「わが袖は〔……〕乾く間もなし」（わたしの袖はいつも濡れている）は《涙を流す×涙をぬぐ

う×袖が濡れる》という一連の出来事の中の最後の出来事（後件）で「泣く」（前件）を代表させている。「泣く」という強い表現を避けた言い回しである。

白楽天の「閨婦」は夫と離れている妻の空閨のさびしさを歌っているが、その中に「紅《べに》銷《き》え、帯《お》緩《びゆる》み」という表現が出てくる（銷は消に通じる）。《（痩せる→）帯がゆるむ》という因果関係から遠回しに「ひどく女性が痩せてしまったこと」を表現している。

転喩を見事に利用した技法が王朝和歌の優雅な表現に見られる。丸谷才一が「遠方推考歌」と仮に名づける一群の歌がある（『新々百人一首』）。「眼前触目の現象を手がかりにして遠隔の地の事情を推定する」詠いぶりだ。たくさんの例が挙げられているが分かりやすいものを二首だけ紹介すると、

みやまには嵐やいたく吹きぬらん網代もたわに紅葉つもれり　（平兼盛）
吉野川岸の山吹さきにけり嶺の桜は散りはてぬらん　（藤原家隆）

ほかにも因果関係や同時共存関係や随伴関係に寓目した転喩的詠いぶりは多く見られる。

鶯の声なかりせば雪消えぬ山里いかで春を知らまし　（中務）

王朝和歌が出てきたのでついでに触れておけば、「花鳥風月」の様式美は転喩的発想であることを指摘しておこう。鶯とくれば梅か竹、竜田山とくれば霞か、雲か、紅葉など、吉野とくれば桜か紅葉。鶯や竜田山や吉野は他のさまざまな要素と結びついてもよいはずだが、王朝の貴族たちはそれをよしとしなかった。彼らは安定した伝統的な結びつきにしか美を感じなかった。オリジナリティばかりを求めるのは近代のさかしらのなせる業かもしれない。様式美の大切さを思うべきだろう。

見られるとおり、転喩は「ずらした」表現、つまり遠回しな表現である。そこから当然のことながら婉曲表現にもなりうる。たとえばトイレを借りたいとき「手を洗いたいのですが」と言えば「トイレを貸してください」という意味になる。「この部屋は暑いですね」と言えば「窓を開けてください」あるいは「クーラーを入れてください」という依頼・要求になるだろう。

ストレートさ、ぶしつけさを避けたい愛情表現にもこの手の転喩表現は幅をきかせている。男性が女性に「夜明けのコーヒーを一緒に飲まない」と誘えばベッドインを求めている。あるいは女性が「赤ちゃんて可愛いわね。あたし、あなたの赤ちゃんがほしいわ」と言えば結婚を迫っている。

転喩は推量に委ねられる度合いが強まると「含意法」になる。カミュに、「一人の人間を愛するとは、その人間と一緒に年老いるのを受け入れることにほかならない」という有名な言葉がある。恋愛には「楽しい美しい時期」(前件)もあるかもしれないが、老後の「苦しい無残な時期」

（後件）もある。この警句は後件に注意を喚起することによって恋愛の厳しさ・困難さを暗示し、前件（愛すること）への覚悟と責任を「間接的に」強く求めている。

［文例］

◉春過ぎて　夏来《きた》るらし　白妙《しろたへ》の　衣乾《ころもほ》したり　天《あめ》の香具山　（持統天皇）

［ノート］春が過ぎて夏が来たらしい。天《あめ》の香具山に白い衣が乾してあるのだから。

◉秋来ぬと目にはさやかに見えねども風の音にぞおどろかれぬる　（藤原敏行）

［ノート］詞書に「秋立つ日によめる」とある。【歌意】秋が来たと目につく風景からははっきり見てとれないけれども、耳に届く風の音から秋の訪れをハッと気づかされることだ。【表現】視覚と聴覚の対照法に注意。木々の葉はまだ青く、秋の色を感じさせないが、聴覚はかすかな風の音に秋の気配を敏感に感じとっている。

◉竜田川もみぢ葉《ば》流る神なびの三室《みむろ》の山にしぐれ降るらし　（柿本人麻呂）

［ノート］竜田川は三室山の山麓を流れる。【歌意】竜田川に紅葉が流れている。川上の三室の山に時雨が降ったのだろう。【表現】眼前の竜田川を紅葉が流れているのを見て、三室の山にしぐれが降って、紅葉が散ったのだろうと推考した歌。

◉河内の国の山中に一村あり。樵者《せうしや》あり、母一人男子二人、女子一人ともに親につかへて孝養足る。一日《ひとひ》村中の古き林の木をきり来たる。翌日兄狂を発して母を斧にて打ち殺す。弟亦《また》これを快しとして段々《だんだん》にす。女子も又俎上《またまないた》をささげ、庖刃《はうちやう》をもて細かに刻む。血一雫も見ず。

大坂の牢獄につながれて、一二年をへて死す。公朝その罪なきをあわれんで刑名なし。

（上田秋成『胆大小心録』）

「ノート」【語釈】◇樵者＝きこり。◇孝養足る＝親に孝行を十分に尽くす。◇段々にす＝死体をずたずたに切り裂く。◇罪なきをあわれんで＝狂気故と情状を酌量して。【表現】カニバリズムの凄惨な話である。古木を切り尽くした祟りか。デモンが兄にのりうつり、母親をあやめる。そして弟が、妹が……。「血一雫も見ず」の一文がすべてを語っている。人食いの場面は後件（血の跡をとどめず）によって仄めかされるだけだが、かえってそのおどろおどろしさが掻き立てられる。転喩の凄さである。

◉竜華寺《りゆげじ》の信如《しんによ》が我が宗《しゆう》の修業の庭に立出《たちいづ》る風説《うはさ》をも美登利《みどり》は絶えて聞かざりき、有《あり》し意地をば其《その》ままに封じ込めて、此処《ここ》しばらくの怪《あや》しの現象《さま》に我《わ》れを我れとも思はれず、唯《ただ》何事も恥《はづ》かしうのみ有《あり》けるに、或る霜の朝水仙の作り花を格子門の外よりさし入れ置きし者の有けり、誰《た》れの仕業《しわざ》と知るよし無けれど、美登利は何ゆゑとなく懐かしき思ひにて違ひ棚の一輪ざしに入れて淋しく清き姿をめでけるが、聞くともなしに伝へ聞く其《その》明けの日は信如が何がしの学林に袖の色かへぬべき当日なりしとぞ。

（樋口一葉「たけくらべ」）

「ノート」「たけくらべ」は、やがて女郎となるはずの美登利と、寺の跡取り息子の信如、この二人の少年少女のあいだに展開される初恋物語である。ところは色町吉原。美登利と信如はあわい恋心を抱いているが、お互いの気持ちをうまく相手に伝えることができないでいる。「此処しばらくの怪しの現象」については初潮説と初店（水揚げ）説がある。

ここで問題になっているのは以前雨の日に信如が下駄の鼻緒を切ったときの場面である。美登利は「友仙《ゆうぜん》ちりめんの切れ端」をもって外に飛び出ようとするが相手が信如であると気づいて心乱れて、「格子の間より手に持つ裂《き》れを物いはず投げ出《いだ》」すばかり。信如は信如でせっかくの美登利の好意を意固地に拒否して布の切れ端は雨に打たれてそのままにされた。この場面は二人の「心のボタン」の掛け違いを象徴している。ここでは「格子の間」が問題である。《美登利は格子の間から布切れを投げた。》《信如は格子の間から花を差し入れた。》「格子」の仲介によって二人の行為は一つにつながることになる。信如は以前には不器用な応接しかできなかったがこの遠回しな（＝転喩的な）、そして遅ればせの応答によって自分の真意を表白したのだ。なんとも不器用な、しかしせつない意思表示ではある。ちなみに言えば、最後に出て来る「袖の色を変える」も「墨染めの衣（僧衣）をまとう」ことを意味し、「僧になる」ことの転喩である。

◉ぼくがこの世にやって来た夜《よる》
おふくろはめちゃくちゃにうれしがり
おやじはうろたえて　質屋へ走り
それから酒屋をたたきおこした

（三木卓「系図」）

【ノート】「質屋に走る」は「金を工面する」の転喩、「酒屋をたたきおこす」は「酒を買う（飲む）」の転喩である。

と

同格法《どうかくほう》　apposition / apposition

同格法は名詞あるいは代名詞に補足的＝説明的名詞を連結語なしに追加すること。同格語が名詞の前に来るか、後に来るかは場合による。名詞と同格名詞の境界は文章では読点などで示される。追加された部分はあくまでも「補足」「説明」であるから削除しても文意をそこねることはない。同格法は文章を明快にし、引き締める効果があるが、多用するとくどくなってしまう。

同格法は追加法、列挙法、呼びかけ法とまぎらわしいケースがあるので注意しなければならない。

［文例］

◉壁——独り居の夜毎の伴侶
壁の表に僕は過ぎ去ったさまざまの夢を托す

（三好豊一郎「壁」）

◉ナンセンスというのは、センスの否定であり、「無意味」というよりも、ボン・サンス（またはグッド・センス）によって、がんじがらめに縛《しば》られない前のわれわれの心の状態を指す言葉だ。つまり、それは、童心の世界、本能の命ずるがままに、不羈《ふき》奔放《ほんぽう》にわれわれの生きていた世界——われわれの心の故郷を形容する言葉だ。

（花田清輝「マザー・グース・メロディー」）

◉最近の記録には嘗て存在しなかつたと云われるほどの激しい、不気味な暑気がつづき、そのため、自然的にも社会的にも不吉な事件が相次いで起つた或る夏も終りの或る曇つた、蒸暑い日の午前、××風癲病院の古風な正門を、一人の痩せぎすな長身の青年が通り過ぎた。

青年は、広い柱廊風な玄関の敷石を昇りかけて、ふと立ち止つた。人影もなく静謐な寂寥たる構内へ澄んだ響きをたてて、高い塔の頂上にある古風な大時計が時を打ちはじめた。青年は凝つと塔を眺めあげた。その大時計はかなり風変りなものであつた。石造の四角な枠に囲まれた大時計の文字盤には、ラテン数字でなく、一種の絵模様が描かれていた。注意深く観察してみるならば、それは東洋に於ける優れた時の象徴——十二支の獣の形をとつていることが明らかになつた。青年は暫くその異風な大時計を眺めたのち、玄関から廊下へすり抜けて行つた。

この青年、三輪与志が郊外にある××風癲病院を数度にわたつて訪れなければならなくなつた用件と云うのは、彼の嘗ての親友で、またその後、兄の知人ともなつたらしい或る不幸な、孤独な精神病者の委託についてであった。幸いなことに、この病院に勤務している一人の若い医師が、三輪与志の兄三輪高志の学生時代の顔見知りであったので、患者の委託についてさまざまな便宜をはかってくれたばかりでなく、進んで患者の担任をすらひき受けてくれたのであった。

（埴谷雄高『死霊』）

同語異義復言法《どうごいぎふくげんほう》

antanaclase / antanaclasis

反復法の一種で、隣接した箇所で同一の言葉を違った意味で使うこと。本義と転義で使い分けることが多い。

サン＝テグジュペリの有名な言葉に「愛するとは相手を眺めることではありません。同じ方向を一緒に眺めることです」がある。ここで使われている「眺める」は同じ意味ではない。「眺める」という語はいわば一人二役の働きをしている。「相手を眺めること」は文字通り物理的に相手の顔を「眺めること」（身体的行為）である。もっとも肉体的な愛、刹那的な恋の喩えではあるけれども。「同じ方向を一緒に眺めること」は愛の理想を「眺めること」（精神的行為）である精神的な愛、持続的＝建設的な愛の喩えだ。つまり、後のほうの「眺める」は隠喩的であり、愛というものは持続的なもので、二人が協働して作り上げるべきものだという考え方がこめられている。もしこれを前の「眺める」と同様に文字どおりに解したらこの有名な言葉は駄文になってしまうだろう。
もう一つフランスからの例を挙げることにしよう。
「心は、理性《レゾン》が知らない自分なりの理由《レゾン》をもっている。」（パスカル『パンセ』）
「子供は子供だ」というような言い方、つまりトートロジーも最初の「子供」と二番目の「子供」が微妙に意味が異なっているので、同語異義復言法のバリエーションと考えることができる。

［文例］

◉墨染の衣憂き世の花盛り折り忘れても折りてけるかな　（藤原実方朝臣）

［ノート］黒く染めた衣を着る（喪に服する）悲しいこの頃の世ですが、花の盛りの美しさに、折りがらも忘れて（弁えず）サクラの枝を折ってしまいましたよ。

◉霞たち木の芽もはるの雪降れば花なき里も花ぞ散りける　（紀貫之）

［ノート］【歌意】霞が立って木の芽も張り、春の雪が降ると、まだ花の咲かない里にも花が散ったことだ。**【表現】**初めの「花」は本義の花であるが、後の「花」は転義の花（雪）である。花を雪、あるいは雪を花とするのは伝統的な見立て。ちなみにここには掛詞も指摘できる。「はる」は「張る」と「春」を掛ける。また「芽もはる（張る）」は「目もはる」（目路はるかに見渡せる）を掛ける。

◉時鳥《ほととぎす》なくや五月《さつき》のあやめぐさあやめも知らぬ恋もするかな　（よみ人しらず『古今集』）

［ノート］【歌意】ほととぎすの鳴く五月に、その五月にいろどりを添えるあやめぐさの名のように

あやめも分からない（分別もなくした）恋をすることよ。【語釈】◇五月＝陰暦の五月。◇あやめぐさ＝菖蒲の古名。歌語。◇あやめも知らぬ＝「あやめ（文目）」は物事の条理。「あやめも知らぬ」は成句で、ことの分別もわきまえないほど（取り乱す）の意。【表現】「時鳥なくや五月のあやめぐさ」は「あやめ（も知らぬ）」を導き出すための同音異義語による序詞。

◉信州信濃の新蕎麦《そば》よりもわたしやあなたの傍《そば》がいい　（都々逸）

【ノート】「そば」の同語異義復言法だけでなく、「しんしゅうしなののしんそば」の同子音反復にも注目したい。

◉今日《けふ》は秋分《しうぶん》なり。

〔中略〕

午後《ごご》の日悠々として、碧潮《へきちやう》川に満《み》ち、行人《かうじん》路《みち》に満《み》ち、日光空に満ち、百舌鳥《もず》の声耳に満ち、
風なく気《き》清《きよ》ふして、秋《あき》心に満つ。
（徳冨蘆花『自然と人生』）

同子音反復（頭韻）《どうしいんはんぷく（とういん）》 ☞ 音彩法《おんさいほう》

倒装法《とうそうほう》　hypallage / hypallage

倒装法は修飾関係を逆転させる文彩である。あるいは二つの修飾語が本来かかるべきそれぞれの被修飾語ではなく、別のそれを修飾する、あるいは修飾関係にある主体と客体が逆転する。転位修飾法を極端に押し進めた文彩といえる。倒装法は常識を打ち破る、意表に出る表現法だ。転位修飾法が文法の問題と関わるとすれば、こちらは発想の問題である。

髭風を吹いて暮秋嘆ずるは誰が子ぞ　（芭蕉）

この句は注意して読んでみると、ちょっとおかしい。「髭が風を吹く」だろうか。正しくは「風髭を吹いて」とすべきだ。「髭」と「風」の両者を強調するためひっくり返したのだ。芭蕉は漢詩からこの手法を学んだらしいが、有名なものとしては杜甫の例が知られている。

香《かぐ》はしき稲を啄《は》み餘《のこ》す鸚鵡《あうむ》の粒
碧梧《あをぎり》に棲《す》み老《ふる》す鳳凰《ほうわう》の枝
（杜甫「秋興八首」）

この二行は本来は「鸚鵡《あうむ》香《かぐ》はしき稲粒を啄《は》み餘《のこ》す」「鳳凰《ほうわう》碧梧《あをぎり》の枝に棲《す》み老《ふる》す」となるべきだ

ろう（倒置法は考慮外とする）。
もう一つ芭蕉の例を挙げておく。

鐘消えて花の香《か》は撞《つ》く夕《ゆふべ》かな

この倒装法は少し複雑ですよ。普通の言い方に直したらどうなるでしょうか。ちょっと考えてみて下さい。答えは次のようになります。

鐘撞《つ》いて花の香《か》消ゆる夕《ゆふべ》かな

倒装法は指摘されてみるとなるほどと感心するが、意外と見過ごしがちな文彩だ。それだけに見つけたときは快哉を叫びたくなるはずだ（以上の記述は小西甚一『俳句の世界』による。以下、文例に挙げたものは芭蕉の例を含めてすべて野内が見つけたもの）。

もう一つのタイプの倒装法はわりと目につきやすい。たとえば「AはBに似る」と言う代わりに「BはAに似る」、あるいは「AはBために存在する」と言う代わりに「BはAために存在する」。有名な例は「猿が秀吉に似ている」である。

「世界は二人のためにある」と舞い上がる恋人どうしは「倒装法」的陶酔に酔っている。この発想はなにも恋人たちだけの独占物ではないだろう。たとえば詩人や画家もこういった発想を共有するのではないか。たとえば画家は世界が描かれるために存在すると考えるかもしれない。あるフランスの「世紀末」の詩人は「この世のすべてのものは、一巻の書物に到達するために存在している」と揚言してはばからなかった。四つ脚動物は人間の食用のために存在すると考える欧米人の合理化も倒装法のバリエーションの一つである。自己中心主義的な目的論は多かれ少なかれ倒装法のバイアスがかかっていると言えるだろう。

倒装法は常識を逆なでする面白さが狙いである。

［文例］

◉長月《ながつき》の初《はじめ》故郷に帰りて、北堂《ほくだう》の萱草《けんさう》も霜枯果《しもがれはて》て、今は跡だになし。何事もむかしに替りて、はらからの鬢《びん》白く、眉皺《まゆしわより》寄て、唯命有《ただいのちあり》てとのみ云《いい》て言葉はなきに、このかみの守袋《まもりぶくろ》をほどきて、「母の白髪《しらが》おがめよ、浦島の子が玉手箱、汝《なんぢ》が眉もやや老《おい》たり」と、しばらくなきて、

手にとらば消《きえ》んなみだぞあつき秋の霜

（松尾芭蕉『野ざらし紀行』）

［ノート］【語釈】◇長月＝九月。◇北堂の萱草も霜枯果て＝その昔、中国では母は北堂に住み、その庭に萱草《わすれぐさ》を植えたという。中国の故事を踏まえた表現で、「母も亡くなってから久しくて」の意。◇はらから＝兄。ここは九年ぶりに再会した兄、松尾半左衛門のこと。◇このかみ＝長兄半左衛門。
【表現】母の死をはさんでの兄弟の再会の場面を情に溺れず簡潔無比に点綴する。挿入句の意は

「母の形見の白髪を手に取れば、それは余りにもはかなくて、たぎり落ちる熱い私の涙のせいで、秋の霜と消えてしまいそうである」。母の白髪は秋の霜に見立てられる。そして倒装法による強調。「手にとらば消ん」の破調がじつに効果的で、親を失った子の慟哭と心の動揺を表す。芭蕉ならではの言葉の力業である。問題の句は普通に直せば「手にとらば消《きえ》ん秋の霜あつきなみだぞ」か。

◉巧妙は恋を犠牲にする。我《が》は未練な恋を踏み付ける。尖る錐に自分の股《もも》を刺し通し、それ見ろと人に示すものは我《が》である。自己が尤《もっと》も価ありと思ふものを捨てて得意なものは我である。我が立てば、虚栄の市にわが命《いのち》さへ屠《ほふ》る。（夏目漱石『虞美人草』）

【ノート】問題の文は普通なら「尖る錐を自分の股《もも》に刺し通して」となるはず。

◉空から小鳥が墜《お》ちてくる
誰もいない所で射殺された一羽の小鳥のために
野はある

窓から叫びが聴《きこ》えてくる
誰もいない部屋で射殺されたひとつの叫びのために
世界はある

空は小鳥のためにあり　小鳥は空からしか墜ちてこない

窓は叫びのためにあり　叫びは窓からしか聴えてこない
どうしてそうなのかわたしには分らない
ただどうしてそうなのかをわたしは感じる

（田村隆一「幻を見る人」）

倒置法《とうちほう》

inversion / inversion

倒置法は、文を構成する要素を一般的＝慣用的な語順に逆らって「普通でない」位置に配する文彩である。意外性をねらった文彩だ。

語順については国語によって対応がまちまちだ。ギリシア語やラテン語のように語順に関しておおらかな言語もある。あるいは英語やフランス語のように語順がきっちりしている言語もある。一般論として、語順が固定的で厳格であるほどそれを破ったときの意外性は強まり、効果も期待できる。たとえば語順のうるさい英語やフランス語では倒置法が効果的に機能する。

それでは、日本語ではどうだろうか。あらかじめ結論を言ってしまえば、倒置法は日本語にはあまりなじまない文彩だ。なぜだろうか。実は、日本語には語順はあってないようなものだからだ。英語やフランス語がたとえてみれば用途別にきちんと仕切のあるスーツケースであるとすれば、日本語はなんでも自由に放り込める風呂敷のようなもので、語順についてははなはだ無頓着な言語だ。日本語の語順については次のようなおおらかな二つの規則しかない。

（1）動詞、形容詞、形容動詞などの述語が文末に来る。

（2）修飾語が被修飾語の前に来る。

ほかには「読みやすさ」を基準にした規則（絶対的なものではないが）として「大きな文のユニットほど前に出す」があるくらいだろう。

こうした事情を、具体例を挙げながら見ることにしよう。

［1］彼は／二十代の終わりに／言語学研究が盛んなアメリカの某大学に／留学した。

この文章を次のように書き換えてみる。

［2］言語学研究が盛んなアメリカの某大学に／二十代の終わりに／彼は／留学した。

［1］は小さな文のユニットから大きな文のユニットへと、［2］はその逆に並べたものだ。二つの文に大した意味の違いは感じられない。ただ、「大きな文のユニットほど前に出す」という

規則に従った［2］のほうが日本語としてはすんなり頭にはいってくるかなとは言えるかもしれない（もっと複雑な長文になると両者の違いはより鮮明になるのだが）。たぶん［1］は「彼は」のあと、あるいは「二十代の終わりに」のあとに読点がほしいところだろう。

とにかく、英語やフランス語では有効に働く「語順変更の効果」は日本語ではほとんどみられない。かろうじて文頭に出して読点（やダッシュ）を添えれば強調になるかもしれないが（文頭転置）。本当の意味で強調の効果が期待できるのは「述語」のあとに来た時だ（文末転置）。たとえば次の例文を考えてみよう。

［3］二十代の終わりに／言語学研究が盛んなアメリカの某大学に／留学した、彼は。
［4］彼は／言語学研究が盛んなアメリカの某大学に／留学した、／二十代の終わりに。
［5］彼は／二十代の終わりに／留学した、言語学研究が盛んなアメリカの某大学に。

ご覧のとおり述語の後の文末強調は有効に働く。つまり日本語では倒置法はこの形でしか有効に機能しないといってよい。

統辞論的制約のため日本語では倒置法は述語のあとへの転置が原則になるが、これは実は微妙な問題を惹起する。ややもすれば追加法との境界が曖昧になってしまうのだ（この問題については「追加法」の項を参照のこと）。

[文例]

◉印度もろこし我が朝に、つらつら昔の跡を訪《とむら》ふに、憂き事にあひて世をのがるる類ひは多く侍れども、未だ聞かず悦びありて世を捨つとは。

（西行「撰集抄」）

◉自分は独り佇《たたず》んで凱旋門を仰いだ。

凱旋門は夜の空に謎の如く立つて居る――いつも静《しづか》にいつも動かず――

（永井荷風『ふらんす物語』「再会」）

◉授業中も、運動場でも、たえず彼の姿をと見かう見〔強調原文〕してゐるうちに、私は彼の完全無欠な幻影を仕立ててしまつた。記憶のなかにある彼の影像から何一つ欠点を見出だせないのもそのためだ。かうした小説風な叙述に不可欠な・人物の或る特徴、或る愛すべき癖、それを拾ひ上げることでその人物を生々とみせる幾つかの欠点、さういふものが何一つ、記憶のなかの近江からは引き出せない。その代り私は、近江から別の無数のものを引き出してゐた。それはそこにある無限の多様さと微妙なニュアンスだ。つまり私は彼から引き出したのだつた。およそ生命の完全さの定義を、彼の眉を、彼の額を、彼の目を、彼の鼻を、彼の耳を、彼の頬を、彼の頬骨を、彼の唇を、彼の顎を、彼の頸筋を、彼の咽喉《のど》を、彼の血色を、彼の皮膚の色を、彼の力を、彼の胸を、彼の手を、その他無数のものを。

それをもとゐに、淘汰が行はれ、一つの嗜好の体系が出来上つた。私が智的な人間を愛さうと思はないのは彼ゆゑだつた。私が眼鏡をかけた同性に惹かれないのは彼ゆゑだつた。私が力と、充溢した血の印象と、無智と、荒々しい手つきと、粗放な言葉と、すべて理智によつて些《いささ》かも蝕ばまれない肉にそなはる野蛮な憂《うれ》ひを、愛しはじめたのは彼ゆゑだつた。

（三島由紀夫『仮面の告白』）

［ノート］「私」が落第を重ねた、不良っぽい、年上の同級生への思いを告白するくだり。中程に出てくる列挙法と合わせ技の倒置法は、同性愛者の嘗めるような執拗な視線を思わせる。この後に出て来る「彼ゆゑだつた」は結句反復にサポートされた平行法で、やはり「私」の思いの強さを表現している。ここにはまだ他の文彩も指摘できる。「さういふものが何一つ、記憶のなかの近江からは引き出せない」は列挙されたことをまとめる括約法である。

◉夢はいつもかへつて行つた　山の麓《ふもと》のさびしい村に
水引草《みづひきさう》に風が立ち
草ひばりのうたひやまない
しづまりかへつた午《ひる》さがりの林道を

うららかに青い空には陽がてり　火山は眠つてゐた
――そして私は
見て来たものを　島々を　波を　岬を　日光月光を

だれもきいてゐないと知りながら　語りつづけた……

夢は　そのさきには　もうゆかない
なにもかも　忘れ果てようとおもひ
忘れつくしたことさへ　忘れてしまつたときには

夢は　真冬の追憶のうちに凍るであらう
そして　それは戸をあけて　寂寥《せきれう》のなかに
星くづにてらされた道を過ぎ去るであらう

（立原道造「のちのおもひに」）

撞着語法《どうちゃくごほう》　oxymore / oxymoron

撞着語法は常識的には結合不可能と見なされている語と語をあえて結びつけること。矛盾関係あるいは反対関係にある語を結びつけることが多い。対照法の極端な事例と見なすことが出来るかもしれない。

言葉というものは普段むすびつかないものでも強引に並べてみると何となくそれらしき意味を帯びてくるから面白い。たとえば「冷たさ」と「情熱」は常識的には矛盾する観念である。しかし「冷たい情熱」という言い方はある条件下では立派に通用する。小柄でも立派な活躍をした野球選手や力士について「小さな大投手」とか「小さな大力士」とか呼ぶことは実際におこなわれる。言葉の意味は驚くほど伸縮自在で可塑性がある。

撞着語法はいわば「誤用」を逆手にとった文彩である。成句にもこの種の表現は実に多い。「慇懃無礼」「有難迷惑」「公然の秘密」など。

[文例]

◉奥さんの云うところを綜合して考えて見ると、Kはこの最後の打撃を、最も落付いた驚《おどろき》をもって迎えたらしいのです。Kは御嬢さんと私との間に結ばれた新らしい関係に就いて、最初はそうですかとただ一口云っただけだったそうです。然《しか》し奥さんが、「あなたも喜こんで下さい」と述べた時、彼ははじめて奥さんの顔を見て微笑を洩らしながら、「御目出とう御座います」と云った儘《まま》席を立ったそうです。そうして茶の間の障子《しょうじ》を開ける前に、また奥さんを振り返って、「結婚は何時《いつ》ですか」と聞いたそうです。それから「何か御祝いを上げたいが、私は金がないから上げる事が出来ません」と云ったそうです。奥さんの前に坐っていた私は、その話を聞いて胸が塞《ふさが》るような苦しさを覚えました。（夏目漱石『こころ』）

[ノート]「奥さん」は軍人の未亡人で、「私」とKを下宿させている。「御嬢さん」はそのひとり娘。「私」は友人のKが「御嬢さん」を愛していることを知りながら友人を裏切り、出し抜く形で結婚

を申し込んだ。そして自分の口からは言えないので、奥さんを通じてこの件をKに伝えてくれるようにと頼んであった。その結果を「私」は聞いたのである。


◉私〔=川端康成〕が伊香保で見た夢二氏は、もう白髪が多く、肉もどこかゆるみ、頽廃の早老とも見えたが、また実に若々しかつたのは眼の色のやうに思ふ。

　その夢二氏は女学生達と打ちつれて、高原に草花など摘み、楽しげに遊んでゐた。少女のために画帖を描いたりしてゐた。それがいかにも夢二氏らしい自然さであつた。三つ子の魂百までの、この若い老人、この幸福で不幸な画家を見て、私は喜ばしいやうな、うら悲しいやうな——夢二氏の絵にいくばくの真価があるにせよ、そぞろ芸術のあはれさに打たれたものであつた。夢二氏の絵が世に及ぼした力も非常なものであつたが、また画家自らを食ひさいなんだことも、なみなみならずであつたらう。

（川端康成「末期の眼」）

同母音反復《どうぼいんはんぷく》 ☞ 音彩法《おんさいほう》

トートロジー《とーとろじー》 tautologie / tautology

トートロジーは「AはA」のように主語と述部に同じ言葉を繰り返す文彩である。同一性の原理に基づく統語論的同語反復で、反復法の特殊ケースだ。トートロジーは一見無意味な繰り返しのように見えるが、その修辞的効果はなかなかのものである。

トートロジーは気をつけてみると日常生活でも意外とよく出会う。たとえば「仕事は仕事だ」「約束は約束だ」「子供は子供だ」「勝ちは勝ちだ」「いいものはいい」「腐っても鯛」「好きだから好き」「やるときはやる」「人は人、自分は自分」「男も男なら、女も女だ」など。

まず「子供は子供だ」という例文を考えてみよう。ここに使われている「子供」は果たして同じ意味で使われているのだろうか。人は意味のない無駄な表現はしないはずである。してみればくだんの二つの「子供」は別々の意味を表していると解釈せざるをえなくなる。右の文は「子供は（やはり）子供だ」と考えれば分かりやすくなるはずだ（「やはり」を補えばだいたいのトートロジーは意味が取れる）。最初の「子供」は一般的な子供を意味している。そして子供には《無邪気だ×かわいい×わがままだ×いたずらだ×元気がいい……》というさまざまな性質が考えられる。後の「子供」がどのようなニュアンスを帯びるかはこの文が置かれるコンテクスト（発話環境）次第である。トートロジーは主語のもつさまざまな属性の一つに特にスポットを当てる、一種の強調表現にほかならない。

ではその修辞的効果とはなんだろうか。相手が見過ごしたり、失念したり、誤解したりしている事実に関心を向けさせることだ。つまり、問題になっている事柄の真の意味に相手の注意を向けさせ、その意味を再確認させることである（「子供は子供だ」「勝ちは勝ちだ」「いいものはいい」「腐っても鯛」）。時には相手の勘違いを厳しく指摘し、猛省を促す強い表現にもなりうる（「仕事は仕事だ」「約束は約束だ」）。あるいは理由抜きのうむを言わさぬ断定になる（「好きだから好き」「やるときはやる」）。トートロジーを組み合わすと自明性がいっそう強調されて、差異性あるいは同一性のニュアンスが強く補填される（「人は（あくまで）人、自分は（あくまで）自分」「男も男なら、女も女だ」（どっちもどっちだ」）。

トートロジーは冗語法、とりわけ同語異義復言法と深い関係にある。

【文例】

◉高き地位にありとも、低き地位にありとも、職務は職務也《なり》。人は職務に忠実ならざるべからず。

（大町桂月「学生訓」）

◉冬が来た時、私は偶然国へ帰えらなければならない事になった。私の母から受取った手紙の中に、父の病気の経過が面白くない様子を書いて、今が今という心配もあるまいが、年が年だから、出来るなら都合して帰って来てくれと頼むように付け足してあった。

父はかねてから腎臓を病んでいた。

（夏目漱石『こころ』）

◉〔論者は文化人たちの似非科学的物の見方を批判している。〕理性の映し出したものを誰も疑ひはしない。それは真理である。併《しか》し、人生が人生である、所以《ゆゑん》のものは、真理も亦《また》虚偽と同じく厄介千万なものであるといふところにあります。

（小林秀雄「私の人生観」）

◉女給や芸人が、いくら大金を得ても、それは堅気《かたぎ》が得た金とは違うのである。彼女がかせいだ十万円と、我らがかせいだ十万円とは違うのである。本来嫉妬したり、羨望したりすべき性質のものではない。

　古人はそれを区別した。どんなに人気があろうとも、芸人は芸人とみた。桟敷《さじき》や枡《ます》で弁当をつかいながら、箸《はし》のさきで客は芸人を品定めした。

（山本夏彦『茶の間の正義』）

は

破調法《はちょうほう》

破調法はそれまでの文の調子や文体をとつぜん変える技法である。あくまでも効果をねらっての変調だ。いろいろなケースが考えられるが、ふつう問題になるのは次の三つ。

（1）話し言葉と書き言葉のあいだでの破調
（2）「だ・である体」（常体）と「です・ます体」（敬体）のあいだでの破調
（3）重厚な調子と軽薄な調子のあいだでの破調

文の調子や文体は統一するのが原則である。きちんとした文章に俗語や卑語が混じれば品位が落ちる。軟らかな文章に四角張った漢語が紛れ込んでくれば落ち着かない。和文系の息の長い文章と漢文系のきびきびした文章はそりが合わない。語彙や文体だけではない。書き言葉と話し言葉はまったく別物である。その違いは予想以上に大きい。ただ、上の三つのケースで問題になるのは主に（1）書き言葉に話し言葉が混入する、（2）敬体に常体が混入する、（3）重厚体に軽薄体が混入する場合に限られ、逆の場合はほとんど問題にならない。

破調法はあえてその統一や調和、秩序の大原則を破って文章に変化をもたらし、目先を変えて文章に生気を与える。その呼吸はむずかしいが、成功した場合は文章が生きる。ただ、下手をすると目も当てられないぶざまな結果が待っている。とりわけ上手の手から水がこぼれるケースが多いので要注意。

破調法の巧者として丸谷才一と斎藤美奈子の二人を挙げておこう。まずレディーファーストで斎藤美奈子。

> これらインディーズ系の雑誌〔個人や団体が出す少部数の機関誌や草の根雑誌〕は、ちゃらちゃらした商業系の女性誌とは、テイストがまったく異なる。発刊の辞を読むだけでも、胸が熱くなっちゃうぞ。〔以下「労働婦人よ、立ち上がれ」に始まる『労働婦人』昭和二年十月号の創刊の辞が続く〕
>
> （『モダンガール論』）

この引用の前はずーっと二十世紀初めの各種女性誌を紹介する硬い文章が続いた後での、この話し言葉の闖入——効果満点である。しかし、もっとすごい例があるぞ。

> 固有名詞つきの少女は、ここ〔栃内良『女子高生文化の研究』〕には一切登場しない。かわりに

明快なグループ化がなされ、オリーブ少女から、コミケに集まるコスプレ少女、茶髪のコギャル、渋谷のチーマー、硬派のレディス暴走族まで、いろんなタイプの女子高生像が紹介され、ブルセラ、テレクラ、ポケベル、名刺、プロミスリング、コンドーム、カラオケ、日焼けサロン等、彼女たちを取り巻く風俗の手際よい解説がつく。

それにしても、ここに出てくる女子高生像はすごい。ダフ屋の服装が〈ダボシャツに腹巻〉からDCブランドに変わったのは、女子高生にチケットを売るためなのだそうだ。〈いまやヤクザにとって、女子高生をお客にしなければ稼げない時代なのだ。ヤクザがファッショナブルになったのは、ヤクザの意識が変わったからではなく、それだけ女子高生の存在が、ヤクザにとっても大きくなってきたということをあらわしているのである〉とまで力説されると、たじろぐぜ。

（斎藤美奈子『読者は踊る』）

バクレン女の威勢のいい啖呵のようにぐさりと突き刺さってくる破調法にはほんと、のけぞるぜ。

今度は男性代表のお手並みを拝見しよう。

学問とはしばしば、真実のためにはやむを得ないといふ口実を設けて、柄の悪い話をする作業なのである。

ニーチェの哲学なんかはその典型で、あれはちよつと頭がいい人なら少年時代から気がついてゐるが、しかし慎しみ深いたちなので口に出すのを控へてゐる類のことを最初に書き散らしたから、人間性へのすごい洞察だなんて評価されたり尊敬されたりすることになつたのだ。

フロイトの心理学だつて、どうもさういふ気配があるね。大ありですね。一体に十九世紀後半のドイツの学問には、その、不謹慎なことを敢へて口にするといふ傾向が強いやうだ。プロテスタンティズムつまりマルティン・ルターによる抑圧が溜りに溜つたあげく、ああいふ形で、いはば時代精神として爆発したのでせう。

（丸谷才一『絵の具屋の女房』）

［文例］

◉鳴けや鳴け蓬《よもぎ》が杣《そま》のきりぎりす過ぎゆく秋はげにぞ悲しき

（曾根好忠）

［ノート］【歌意】さあ、鳴きなさい、杣山のように蓬が生い茂っている中でなくコオロギよ。去りゆく秋は本当に悲しいものだ。【語釈】◇蓬が杣＝作者の造語。生い茂った蓬を指す。◇きりぎりす＝コオロギのこと。◇げに＝和歌では普通は避ける言葉。【表現】「蓬が杣」の造語といい、歌語でない「げに」の使用といい、作者は『古今集』の美学に挑戦している。しかしこうした破調の故にかえって荒涼とした秋の悲哀のすさまじさが感じ取れるのではないか。

◉泥棒の縁語でいえば、文学上にヒョーセツというやつがある。ヒョーセツについては、つとに大むかしにアナトール・フランスが卓説を述べているね。今さら先人の卓説をヒョーセツするにもおよばないが、アナトール・フランスの忠告にしたがえば、蟻が砂糖のかたまりをまるごと引張るように盗むな、蜜蜂が花から蜜を吸いとるように盗めという。たとえばモリエール以前にもドン・ジュアン伝説に材を取って仕組んだものはいろいろあったが、モリエールの「ドン・ジュアン」に至ってドン・ジュアン精神を一手に絞りあげたような形式を現前している。「守銭奴」もまたすべての守銭奴像を収斂しているね。こういうものをヒョーセツとはいわない。他人の詩句なんぞをそっくり盗むやつは、こいつ完全にまるごと引張るのだから、どうしたっていけませんよ。唐の詩人にヒョーセツの故事はあるが、それは弁《べん》疏《そ》〔言いわけ〕にならない。ヒョーセツが悪徳だというのは、じつにこれ愚劣だからだよ。しかし芸術上の方法についていえば、厳密には方法を盗むということはまあできない相談だね。作者みずから意識しないような方法を、他人が意識的に盗むとは、どういうことか。いや、どういうことでもない、単に無意味だよ。芸術上の方法はこれを泥棒でいっぱいの市場のまん中に投げ出しておいても、絶対に盗まれるきづかいは無い。ひとが見たら蛙になるさ。これでは盗むどころか真似もできないだろう。方法とは無意識の発明に係るものなのだから、一子相伝の奥儀なんぞというものは、芸術には絶対にありえない。芸の秘伝とか称するやつ、高く買っても、その関係するところはたぶん技術上の操作の限界だろう。これはもともと秘すべきものではなく、よろしく公開すべきものだよ。ところで、技術一般について、鍛錬上後人が先人を摸倣するといふことがある。この摸倣は泥棒かね。とんでもない。悪徳でもなし、愚劣でもなし、これは技術鍛練にはどうしても欠かせない操作だよ。しかるに、ひと真似はけしからん、独創を示せといふ声がかかる。ちょっと待って下さい。はなしはまだそこまで進行しない。じつは、技術鍛練に関するかぎり、ひと真似はけしからんといふやつこそ、どうもけしからん悪思想だよ。技術上の操作に道徳的意味を塗りつけようといふ悪だくみらしい。悪思想ほど道徳を好むやつはないね。精神上の泥棒はどうやらこの悪思想の中に潜入しているのかも知れない。

（石川淳『夷斎俚言』）

［ノート］高尚な芸術論とくだけたべらんめえ調の話し言葉のズレが絶妙である。

◉わたしは概して「歴史にイフはない」といふ考へ方に反対したいたちの人間でして、すくなくとも「イフ」をすこしは考慮に入れるほうが歴史はよくわかる、と思つてゐます。しかし、「歴史にイフはない」といふのは歴史の展開が個人の恣意とかそれとも偶然のいたづらよりももつと格が上の、時代の流れとか社会の構造とかによつて決るもの、と思ふせいなんですね。そしてたいていの歴史的事件は、幸か不幸か（この言ひ方をかしいかしら）、さういふ史的決定論的な理屈のつけ方がかなり可能である。ところがこの〔豊臣秀吉の〕朝鮮侵略の場合は、時代の流れとか社会の構造とかによつてはどうも説明しにくい。そのことは先程引いた三人の学者の説で推定できるでせう。そこで、単なる個人の妄想とか、あるいはもつとはつきり言つてボケとかが原因だと思ひたくなる。若年のころは単なる放言であつたものが、老いて権力を握ると、もう現実的条件による歯止めがかからなくなつた、と思ひたくなる。そのほうがすつきりする。困るんですね、これは。歴史家が一老人の妄想とつきあはなくちやならなくなるわけで、そして普通の歴史学にはかういふときの対応策はどうもないらしい。いや、歴史小説作法にも対応策はないんぢやないかな。小生不学にして、あの戦争を叙述して成功した歴史小説のあることを知らない。

（丸谷才一『絵の具屋の女房』）

「ノート」雅俗硬軟とり混ぜた破調法が見ものである。

◉話しことばと同じで、書きことばも、かつてはジェンダー・バイアスかかりまくりの分野であった。谷崎読本の登場以前、明治大正期の作文作法書など、男の文章・女の文章と、わざわざ分けて記されていたほどである。いささか古い話だが、名文で鳴らした樋口一葉でさえ、執筆を依頼されたのは『通俗書簡文』（明治29年）という手紙の書き方本だったし、人気作家の吉屋信子が書いているのも『女性の文章の作り方』（昭和17年）である。「女の文章」しか書けぬ女に文章の指南書なんか任せられっか、という気分があったと思うな、業界には。

村田喜代子『名文を書かない文章講座』のような例もないわけではないが（しかし、この本もカルチャースクールでの講座が元になっているので実質的な生徒は女性中心だろう）、現在でもこの習慣が完全に消えたわけではない。かろうじて女性に文章読本の執筆が許されるのは、対象が「女の文章」の場合にほぼ限られる。谷崎読本、三島読本は、女性読者をときに意識しながらも、それを忘れさせるだけ、まだましだった。最初から女性読者にターゲットをしぼった（と思われる）現代の文章読本は、書名からして読者をなめている。高橋玄洋『いい生き方、いい文章』、田中喜美子&和田好子『自分を表現できる文章の書き方』、木村治美『エッセイを書くたしなみ』『知性を磨く文章の書き方』、森美笛『書いて愛される女になる』……。「いい生き方」「自分を表現」「たしなみ」「知性」あげく「愛される女になる」って、なんじゃそれ⁉

「女の文章読本」の特徴は、第一に、レポートや論文といった「伝達の文章」ではなく「表現の文章」に的をしぼっていることである。投稿やエッセイや自分史などの「わたしを表現する文章」が、「女性用」であるらしい。男は「伝達の文章」、女は「表現の文章」、とそんな棲み分けが暗に想定されているのかもしれない。第二に、小うるさい心得や禁忌は最小限にとどめ、それじたいが女性誌に載っているエッセイみたいな筆致で書かれていることである。

書名もおもしろいけど、中身はさらにおもしろいぞ。

（斎藤美奈子『文章読本さん江』）

［ノート］ この後に、美しくなればいい文章が書ける、いい文章が書ければ美しくなると強弁する二つの文例が引用される。

パロディー

ぱろでぃー　parodie / parody

パロディーは引喩の一種で、よく知られた作品や詩文の文体・表現（語句・韻律など）を巧みに改竄して模倣的作品を作ることである。戯文、もじり詩、狂歌、ざれ句などがある。多くは滑稽や諷刺をねらっている。

たとえば次の句を考えてみよう。

しをるるは何かあんずの花の色　（『犬子集』）

「しをるる」は花が萎れると悲しむを掛ける。「あんず」は植物の杏と「案ず」（心配する、思い煩う）を掛ける（ちなみに杏は春の季語であるが、俗な植物と見なされていた）。さあ、これは何を踏まえたパロディーでしょうか。本歌はなんでしょうか。当ててください。

答えは小野小町の次の歌です。

花の色はうつりにけりないたづらにわが身世にふるながめせしまに

美人がしょんぼり物思いにふけっているという人事（雅）と、杏の花が萎れているという自然

（俗）が重ね合わされている。

パロディーは伝統をおちょくり、笑いのめす。

［文例］

◉かれ井戸へ飛《とび》そこなひし蛙かな　　（鬼貫）

〔↓古池や蛙飛びこむ水のをと――芭蕉〕

◉秋来ぬと目にはさや豆のふとり哉《かな》　　（大江丸）

〔↓秋来ぬと目にはさやかに見えねども風の音にぞおどろかれぬる――藤原敏行〕

［ノート］風の音のかすかな気配に秋を感じ取る本歌の繊細さ（雅）に対して、風の音ではないよ、食べ物のさやまめが大きくなる、食べ頃になるからこそ分かるんだよ（俗）を対置している。したたかなパロディー精神である。

◉或お公家《くげ》さまの御姫様におもひ参《まゐらせ》候の文《ふみ》つけたれば、「今宵より百夜《ももよ》通《かよ》ふて、夜ごとに通ふたしるし車の榻《しぢ》にきずつけよ。百夜過《すぎ》なばかならず逢《あは》ん」との返事うれしく、雨の降る夜も風の夜も、かよひかよひて九十九夜《くじうくよ》め、車の榻《しぢ》へきずをつけ、立帰らんとせし所へ、腰元出て袖をひかへ、「お姫様のおつしやりまする、『お通ひなされて九十九夜《よ》、一夜《ひとよ》ばかりはまけにしてあげませうほどに、わたくしにつれまして、お寝間へすぐに参れ』との事」といへば、この男ただ、「いやはやいやはや」とのしりごみ、「ナゼそのやうにおつしやります」

といへば、「アイわたくしは日雇《ひやう》でございます」。

（『鹿の子餅』）

［ノート］江戸笑話集『鹿《か》の子《こ》餅《もち》』のなかの「通《かよい》小町」と題された一篇。この題はもともと謡曲の題名である。原典では、深草《ふかくさの》少将が小野小町に恋をし、百夜通ったらその恋をかなえさせようといわれて、九十九夜まで通ったが、死んでしまい恨みを残し宙に迷う少将の霊を八瀬の僧が弔うというストーリーになっている。【語釈】◇車の棍＝棍は「棒、杖」の意で、榻の誤り。榻は牛車《ぎっしゃ》の轅《ながえ》をのせて置く台。◇日雇＝日雇いのこと。【表現】姫（小町）が男（深草少将）の熱情にほだされて一夜分をまけてやるというひねりと、男がアルバイトに代役をさせていたという落ちがおかしい。徹底的に古典をおちょくっている。

反語法

はんごほう　antiphrase / antiphrasis

反語法は「XはYである」と言いながら「Xは反Yである」と暗示することである。文の本当の意味は表面的な意味（言内の意味）とは反対、あるいは別のこと（言外の意味）なのだ。反語法のサインは文の表面的な意味と発話状況の衝突（ずれ）である。聞き手（読み手）は発言の裏を聞き（読み）取らなければならない。

たとえば「きみは馬鹿だね」という発言は状況しだいでさまざまな意味をとりうる。ふつうは相手を悪く言う発言だろう。しかしながら男性が微笑を浮かべながら優しい口調で恋人に語りかけたセリフであるとしたら話はおのずから違ってくる。この場合には反語法になるだろう。くだんの男性は自分の恋人を本当に「ばか」だとは思ってはいない。つまり「ばか」は辞書的な意味での《ばか》を意味しているわけではない。もっとも、その言外の意味（含意）はコンテクストによってさまざまだ。たとえば相手の女性の嫉妬深さやそそっかしさをやんわりとたしなめるとか、あるいは知的とは別種の「優しさ」を喚起するとか、要するにストレートな表現ではカバーできない、ある種の「人間味」を喚起する愛情表現である。

実をいうと反語法と皮肉法の関係は昔から微妙で、人によって捉え方が異なる。反語法と皮肉法を別に区別せず、いずれかの呼称で一つにくくってしまう立場がある。この立場をとる人はけっこう多い。しかしながら反語法をあくまで語の次元の「反語」（意味の反転）と考えて、皮肉法と区別する立場もある。この立場の人は、皮肉法は「思考の文彩」で、表現内容の反転は語だけでなく文全体、あるいは言語状況からもたらされると考える。反語法の助けを借りなくても皮肉法は成立するのだからこの立場にも理がある。

この両者の違いは皮肉法に占める反語法の位置づけの違いから来るのだが、いずれにせよ反語法が色々な文彩にとって強力な助っ人（「方法」としての文彩）であることに変わりはない。反語法は緩叙法とも深く関わっている。

［文例］

◉「めし食つて大汗かくもげびた事、と柳多留《やなぎだる》にあつたけれども、どうも、こんなに子供たちがうるさくては、いかにお上品なお父さんと雖《いへど》も、汗が流れる。」

「お父さんは、お鼻に一ばん汗をおかきになるやうね。いつも、せはしくお鼻を拭いていらつしやる。」

〔……〕

父は苦笑して、

「それぢや、お前はどこだ。内股かね？」

「お上品なお父さんですこと。」


（太宰治「桜桃」）

【ノート】引用はぎくしゃくした関係にある夫婦の夕食時の会話である。ここでの奥さんは反語法でやんわりと旦那さんの「下品さ」を諷している。

反漸層法《はんぜんそうほう》

bathos / anticlimax

反漸層法は「上昇的」漸層法の特殊なケースで、上り詰めた最後で急にストンと落とす、あるいは外す文彩である。はぐらかし、あるいは肩すかしの効果もたらす。たとえば次のような文。

「彼はハンサムで、スマートで、親切で、繊細で、上品で、優雅で、……小粒だ。」

反漸層法は時に滑稽に通じ、とぼけた飄逸な印象をあたえる。ジョークの落ちにもよく使われる。

［文例］

◉「『恋《こひ》はをなごの癪《しやく》のたね』、むすめざかりの物思ひ寝、ただではない」とみてとる乳母《うば》、しめやかに問ふは、「おまへの癪もわたしが推量ちがひはあるまい。だれさんじや、いひなされ。となりの繁《しげ》さまか」「イイヤ」「そんなら向ふの文鳥《ぶんちよう》様か」「イイヤ」「してまた誰じやへ」。娘《むすめ》まじめになり、「誰でもよい」。（『鹿の子餅』「恋病《こひやみ》」）

［ノート］江戸笑話集『鹿の子餅』所収の小咄。癪は内臓に激痛をともなう病気の総称。「文鳥」は粋人の通り名か。

◉現行犯パンスケのカリ込ミとおぼしく五条天神の木かげでは、いきなり照明がたかれ、シウシウ噴き出す閃光に、木々はあをく、幾組もの男女の姿勢はほの白く浮き上つてしまふ。ポリスがわらわらかけ出すと、みんなつかまつてしまひ、もろもろの曼陀羅絵《まんだらゑ》は夜桜の中に沈んで、これは、

鬱金《うこん》の月夜であつた。（椿實「ビュラ綺譚」末尾）

◉「（……）これ以上書きつづけていても、同じことをくりかえすばかりです。でもこうしてあなたにペンを走らせていることが、今の私にできる最も直接にあなたにつながることと思えば、ペンをおきたくなくなるのです。

これほどまでにあなたを愛しておりますのに……、前にも書きましたように、急ブレーキをかけて止ったあとのその動揺は不自然で、これを耐えることに私の神経はくたくたです。本当に辛うございます。

でも一生けんめい耐えてまいります。

馬鹿なことはいたしません。

最後のお願いとして、もしあなたから最後のお手紙がいただけたらと思います。辛い中にも、苦しい中にも、あなたから得た数々のたのしい思い出に、心から感謝をいたします。

節　子

最愛の土屋様へ」

……………………。

節子はこの手紙を出さずに、破って捨てた。

（三島由紀夫『美徳のよろめき』）

【ノート】小説の最後でヒロインの節子は「美徳」に立ち返り、勇を鼓して不倫相手の土屋と別れる。当分は手紙のやりとりも控えようと約束し合うが、節子は別れたあとの苦しみと思慕の情を連綿と綴った長い手紙を書く。そして……。最後のどんでん返しが見事。

はんぷくほう

反復法

répétition / repetition

反復法は強調のため、あるいは文体的効果をねらって同一の語句を少なくとも二度以上繰り返し使うこと。継起性の時間軸で働く「語の文彩」——同音反復・類音反復——も反復法と考えられるが、ここでは特に意味が関与するものに的を絞る。

反復法は単純な方法だが、その効果は絶大である。ただ同じ語句を繰り返すだけで不思議な効果を期待できる。詩人はそのことをよく知っている。

たつぷりと
春は
小さな川々まで
あふれてゐる
あふれてゐる

（山村暮鳥「春の河」）

太郎を眠らせ、太郎の屋根に雪ふりつむ。
次郎を眠らせ、次郎の屋根に雪ふりつむ。

（三好達治「雪」）

反復法は人間の琴線をあやしくふるわせる。この文彩は詩歌の原郷である。

反復法は何が繰り返されるのか、どのような形で繰り返されるのか、などによって色々なパターンに分類可能である。昔から細かく分類されてきたが、重箱の隅をほじくるような分類は無益だろう。ここでは基本的なものに限る。

（1）畳語法。同じ語句を単純に繰り返す、一番基本的な反復法。

梅の花　赤いは赤いは　赤いはの　（惟然坊）

松島や　ああ松島や　松島や

（2）首句反復。文頭の語句を、次の文の文頭でも繰り返すこと。

（3）結句反復。文末の語句を次の文の文末でも繰り返すこと。

（4）前辞反復（いわゆる尻取り文）。前文の最後の語句を次の文の頭で繰り返すこと。

夏目漱石は反復法を好んで使った作家である。右の三つの反復法の例を漱石の作品から写すことにしよう。

首句反復——

私はただ人間の罪というものを深く感じたのです。その感じが私をKの墓へ毎月行かせます。その感じが私に妻の母の看護をさせます。そうしてその感じが妻に優しくして遣れと私に命じます。私はその感じのために、知らない路傍の人から鞭たれたいとまで思った事もあります。こうした階段を段々経過して行くうちに、人に鞭たれるよりも、自分で自分を鞭つ可きだという気になります。自分で自分を鞭つよりも、自分で自分を殺すべきだという考が起ります。私は仕方がないから、死んだ気で生きて行こうと決心しました。

（夏目漱石『こころ』）

〔「私」は若い頃、友人のKが今の妻を愛していることを知りながら友人を裏切り、出し抜く形で結婚したことに深い罪の意識をもっている。そして長い年月が経過する。面倒を見ていた妻の母親も死に二人きりになってみると、ますますその罪の意識が「私」を苦しめることになる。〕

結句反復——

女の二十四は男の三十にあたる。理も知らぬ、非も知らぬ、世の中が何故廻転して、何故落ち付くかは無論知らぬ。大いなる古今の舞台の極まりなく発展するうちに、自己は如何なる地位を占めて、如何なる役割を演じつつあるかは固より知らぬ。只《ただ》口だけは巧者である。天下を相手にする事も、国家を向ふへ廻す事も、一団の群衆を眼前に、事を処する事も、女には出来ぬ。女は只一人を相手にする芸当を心得て居る。一人《ひとり》と一人《ひとり》と戦ふ時、勝つものは必ず女である。男は必ず負ける。

（夏目漱石『虞美人草』）

前辞反復——

浅井君は遠慮のない顔をして小夜子を眺めて居る。是《これ》からこの女の結婚問題を壊すんだなと思いながら平気に眺めている。浅井君の結婚問題に関する意見は大道易者の如く容易である。女の未来や生涯の幸福に就てはあまり同情を表して居らん。只頼まれたから頼まれたなりに事を運べば好いものと心得ている。そうしてそれが尤《もっと》も法学士的で、法学士的は尤も実際的で、実際的は最上の方法だと心得て居る。浅井君は尤も想像力の少ない男で、しかも想像力の少ないのをかつて不足だと思った事のない男である。想像力は理知の活動とは全然別作用で、理知の活動は却《かえ》って想像力の為めに常に阻害せらるるものと信じている。想像力を待って、始めて、全たき人性に戻《もと》らざる好処置が、知慧分別の純作用以外に活きてくる場合があろうなどとは法科の教室で、どの先生からも聞いた事がない。従って浅井君は一向知らない。只断われば済むと思っている。淋しい小夜子の運命が、夫子《ふうし》の一言でどう変化するだろうかとは浅井君の夢にだも考え得ざる問題である。

（夏目漱石『虞美人草』）

「小夜子は小野君をひそかに愛している。しかし小野君は逆「玉の輿」を考えて別の女と結婚しようとしている。そこで友人の浅井君に、小夜子に因果を含めてほしいと頼んだ。小野君の意を体して浅井君は小夜子のもとを訪れ対面している。」

反復法のバリエーションとして逆順に繰り返す「交差反復法」（→交差配語法）と構文の反復である平行法がある。

［文例］

◉その主《あるじ》と栖《すみか》と無常を争ふさま、いはばあさがほの露に異ならず。或は露落ちて、花残れり。残るといへども、朝日《あさひ》に枯れぬ。或《あるい》は花しぼみて、露なほ消えず。消えずといへども、夕を待つ事なし。（鴨長明『方丈記』）

◉独立の気力なき者は必ず人に依頼す、人に依頼する者は必ず人を恐る、人を恐るる者は必ず人に諂ふものなり。（福沢諭吉）

◉しかし兎に角おれの文には必ず女の返事が来る、返事が来れば逢ふ事になる。逢ふ事になれば大騒ぎをされる。大騒ぎをされれば――ぢきに又それが鼻についてしまふ。かうまあ相場がきまつてゐたものだ。（芥川龍之介「好色」）

◉暫くそうしていたが、息苦しくって耐《たま》らなくなって来て、姪が、そうっと顔を出して見ると、いつの間にか叔母は、普段のとおり肩をしっかり包んで、こちら向きに、静《しずか》に臥《ね》ていた。（まアいやな姉さん！）と思いながら、左下に臥返った。と、部屋の隅の暗さに、電灯の覆いの紅が滲《にじ》んで、藤紫の隈《くま》となって、しじゅう見馴れた清方《きよかた》の元禄美人が、屏風《びょうぶ》のなかで死相を現わしている……。

「あら、いやだ」

思わず呟《つぶや》いて、すぐまたくるりと向き返える鼻のさきで、だしぬけに叔母が、もうとても耐らない、という風に、ぷッと噴飯《ふきだ》すと、いつもなかなか笑わない人に似げなく、華美《はで》な友《ゆう》禅《ぜん》の夜着を鼻の上まで急いで引きあげ、肩から腰へかけて大波を揺らせながら、目をつぶって、大笑いに笑いぬく、――ちょいと初めの瞬間こそ面喰《めんくら》ったが、すぐにその可笑《おか》しい心持が、鏡にものの映るが如くに、姪の胸へもぴたりと来た。で、これも、ひとたまりもなく笑いだした。笑う、笑う、なんにも言わずに、ただもうくッくと笑い転げる……。それがしんかんと寝静った真夜中だけに、――従って大声がたてられないだけに、なおのこと可笑しかった。可笑しくって、可笑しくって、思えば思えば可笑しくって、どうにもならなく可笑しかった……。

（里見弴「椿」）

［ノート］文例は、深夜の椿の落下が叔母（三十過ぎ）と姪（二十歳）に与えた心理的波紋を描く短篇の最後。並べられた布団の一つで姪はすでにやすんでいる。叔母は寝つかれず講談雑誌を読んでいるが、突然バサッと音がする。姪は目を覚まし、二人はあわてふためくが、それは椿の落花の音だった。叔母はさっさと布団にもぐり込んでしまい、仕方なく姪は頭から夜着にくるまってじっと耳をすます。そして……。反復法のリズムが笑いのうねりを翻訳している。

◉たぶんそれはひとつの大きなわななきなのだ
神の目から見れば　だって　そうでないとしたら
こんなにも存在そのものにそれが似るのは
なぜだろう　波は生まれ　また生まれ　また生まれ

そして逃げてゆく　逃げてゆく　逃げてゆく　どこへ
ひとはそれを知らない　こよなくとおといものが
ひとときをふるえ　きらめいて　はては　消えてゆく
それがわたしたちをかくもゆすぶるのだ　風が

水のおもてに　あとから　あとから　はてしもなく
織りつづけるよろこびの　かなしみの　はかなさの
さざなみの綾《あや》　ひとは思うのだ　あのひととき

なんと若かったか　なんと血にあふれていたか
なんと胸をおどらせたか　麦の穂のうねりが
逃げる　逃げる　追いかける　追いかける　追いかける

（山崎栄治「遁走曲」）

［ノート］「遁走曲」は六篇のソネットからなる「バッハ組曲」中の一篇である。バッハのフーガがもたらす印象をことばの音楽によって再現しようとしたのだろうか。反復法が実に印象的である（最後の詩節は詠嘆法が反復されている）。

ひ

皮肉法

ひにくほう　ironie / irony

まず新旧二つの定義をあげることにする。

「皮肉法は、陽気な、あるいは深刻なからかいによって、自分が思っていること、あるいは人に思わせようと欲していることの反対を言うことである」（ピエール・フォンタニエ）

「反語法、緩叙法、さらには誇張法などの助けを借りて言いたいと思っていることと別のことを述べることから成る、発話の意味内容の操作」（パトリック・バクリー『文体の文彩』）

傍点の箇所に注意してほしい。この部分を取り去ると上の定義は反語法にも当てはまるのだ。反語法と皮肉法は境界がはっきりしないが、反語法はあくまで語の次元にとどまること、また皮肉法ほど複雑なニュアンスが装塡されていないことが違いとしてあげられるだろう。皮肉法は個々の語だけではなくコンテクスト全体に働きかける。話し手＝書き手の強い感情（毀誉褒貶・好悪）が込められる。皮肉法が痛烈な諷刺や批判精神に通じるゆえんである。伝統的な分類では

「思考の文彩」ということになる。

では、「皮肉法」にはどういう用法があるのだろうか。次の三つを挙げることができるだろう。

（1）人が考えていることとは反対のことを言うこと。
（2）あることを言って別のことを意味させること。
（3）非難するために誉めること、あるいは誉めるために非難すること。

要するに皮肉法では、本当に思っていることとは反対のこと、別のことが実際に発言されたり、暗示されたりする。聞き手（読み手）は発言を真に受けてはいけない。推理しなければならない。「皮肉」の語源はギリシア語の《エイローネイア》であるが、「疑問＝問いかけ」という意味だ。皮肉法においては聞き手＝読み手は相手がなにを言わんとしているか自らに「問いかける」必要がある。皮肉法には話者の屈折した感情が込められているのだ。

もっとも、あまり露骨な場合は愚弄や脅迫になってしまうけれども。

表の意味と裏の意味の使い分けということで、皮肉法は嘘と微妙な関係を取り結んでいる。誇張法もそうだが、皮肉法は相手にばれる——というよりか、相手にばれなければならない——嘘である。だから「これは嘘なんですよ」という合図がどこかに必ずある。その合図は使われている言葉、文脈（背景的情報を含む）、イントネーション、表情、身振り、その場の雰囲気（発話環境）などいろいろな形態をとりうる。注意すべきいくつかのパターンを見てみよう。

（1）非難的賞賛 astéisme——けなしているように見せながら、実は好意的にとらえている。

（2）賞賛的非難 diasyrme——褒めていると思わせながら、実は批判的にとらえている。

（3）勧誘的諫止 épitrope——けしかけているようで、実は翻意を促している。

（4）自己卑下 chleuasme——気を引くために自分を低めている。

分かりやすい例を挙げながら順を追って説明することにしよう。

［1］彼はわたしの一番の悪友でしてね。

「悪友」は本来はいい意味ではない。しかし場合によっては親愛の情がこもった褒め言葉になる。

［2］彼女は頗るつきの美人です。

むろん、本当に美人だということもあるが、話題の女性が不美人だったら、辛辣な発言になるだろう。

［3］遠慮する必要はありませんよ、どうぞ。

食事を出されてもどうしても手をつけようとしないお客に向かっていわれているのなら本来の意味だが、人の分まで食べようとしている図々しい人に対してなら《いいかげんに遠慮したらどうですか》という制止の言葉になるだろう。

［4］あなたはいい歳をした女に若い娘のような真似をさせる。「いい歳」とは実は「よくない歳」（年増）をほのめかす皮肉法で、自己を卑下している。「若い娘のような真似」という表現はいわゆる迂言法で、手短に言えること（＝恋をすること）をわざと遠回しにほのめかしている。むろん表現を和らげるためである。自己卑下はよく思われようとして自分を過小評価してみせることだ。相手の関心や同情などを得るために自分を貶める。相手をだます意図が明白な場合は偽善と化すが、例文は「自己卑下」で男性の自尊心をくすぐり歓心を買おうとしている。

見られるとおり、皮肉法は発言者、表現対象、表現形式、受容者、発言のなされる場などさまざまな要因が複雑にからんでいて、一筋縄ではいかない文彩である。

皮肉法の射程は広く、ユーモアや諷刺とも関係がある。

［文例］

◉戦争中、私は少々しゃれた仕事をしてみたいと思った。そこで率直な良心派のなかにまじって、たくみにレトリックを使いながら、この一連《いちれん》のエッセイを書いた。良心派は捕縛《ほばく》されたが、私は完全に無視された。いまとなっては、殉教者面《じゅんきょうしゃづら》ができないのが残念でたまらない。思うに、いささかたくみにレトリックを使いすぎたのである。一度、ソフォクレスについて訊問《じんもん》されたことがあったが、日本の警察官は、ギリシア悲劇についてはたいして興味がないらしかった。

（花田清輝『復興期の精神』初版跋）

［ノート］全文きわめてレトリカルな文章だ。傍線部は控えめに言っているが、「少々」「いささか」どころではないだろう。これは緩叙法と見て差しつかえないだろう。ここでの問題は傍点部。「率直な」とか「良心派」とかには屈折した仕掛けがこめられている。厳しい思想弾圧の中での左翼活動家たちのあまりにも脳天気な無防備さに対する揶揄。片や愚直なばかりの率直さ・良心派ぶり、片や警察の追及をものの見事にはぐらかした韜晦ぶり。「いまとなっては、殉教者面ができないのが残念でたまらない」とはなんとも皮肉な見得（おどけ）ではないか。

◉私はこの本の中で、大切なこと、カンジンなことはすべて省略し、くだらぬこと、取るに足らぬこと、書いても書かなくても変りはないが書かない方がいくらかマシなことだけを書くことにした。

（北杜夫『どくとるマンボウ航海記』）

［ノート］行く先々で出会った異国の体験を、誇張法とユーモアをまじえて面白おかしく語った航海記の「あとがき」に右のようにしるす著者の筆には、目先の大義名分や実利主義（大切なこと、カンジンなこと）に振り回される時代風潮に対する痛烈な批判精神が跳梁している。

比喩《ひゆ》

「比喩」という言葉は中国の宋時代の修辞論『文則』にある「譬喩《ひゆ》」（＝比喩）に由来する。日本語の「比喩」は厳密な術語ではない。「物事を説明するとき、相手のよく知っている物事を借りてきて、それになぞらえて表現すること」（『大辞林』第二版）、何かを何かにたとえる（比較）する表現法を漠然と指している。西洋レトリックのtrope（転義法）に「比喩」の訳語を当てることがあるが、転義法は「比喩」よりははるかに広い概念である。わが国では伝統的に「比喩」に西洋レトリックの直喩、隠喩、換喩、提喩、諷喩などを含めているが、本書では比喩は「類似性」を原理とするという厳密な立場をとっているので、「換喩」と「提喩」を除外する。

まず初めに、比喩は「類似性」を原理としているが、いわゆる「比較」表現とは異なることを確認しなければならない。比較表現は同じカテゴリーどうしのものを比べる。

［1］彼女は女優のXに似ている。

比喩は異質なカテゴリーのものどうしを比べる。

［2］彼女はユリに似ている。

人間と花は別のカテゴリーに属するものであり、ここには明らかに意味論的カテゴリー侵犯が見られる。「類似性」とはいっても比喩の場合に問題になるのは「物理的な」類似性ではなくて、「構造的な」類似性である。いわば「異質なものの中に発見される意味論的な類似性」。［2］ではたとえば「清楚さ」にスポットライトが当てられている。

比喩では普通では結びつかないもの（異質なカテゴリー）が問題になるということをまずしっかりと確認しておこう。

それでは次に比喩がどんなふうに働くのかを見てゆくことにしよう。

まず、比喩には三つの要素がある。「喩えられるもの」（主意）と「喩えるもの」（媒体）、この両者を結び合わせる「根拠」（類似性）である。たとえば「恋は炎のように激しく燃えあがる」という比喩表現を例にとって三項の関係を図示すれば次のようになるだろう。

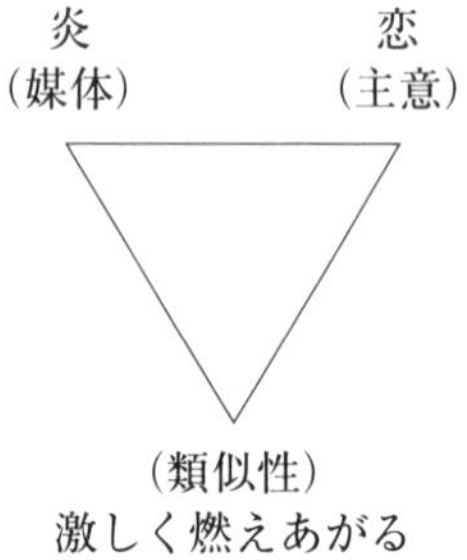

この比喩構造は「三段なぞ」とよく似ている。三段なぞはカケ、トキ、ココロからなっている。
右の比喩表現を三段なぞに仕立てれば次のようになるだろう。

①恋とカケてなんとトク
②炎とトク
③そのココロは――激しく燃えあがる

三段なぞではカケとトキの関係がかけ離れているほど面白くなる。しかしあまりにかけ離れてしまえば、それこそ本当に「謎」になってしまう。カケとトキの微妙な離れ具合、そこに三段謎の楽しさがある。比喩もまったく同じである。主意と媒体が離れているほど意外性のある上質の比喩になる。

ところで比喩表現には二つのパターンがある。先ほど挙げた例でいえば、

［3］恋は炎のように激しく燃えあがる。
［4］恋は炎である。

［3］は比喩の「根拠」を明示しているが［4］は伏せている。［3］のようなタイプを直喩と呼び、［4］のようなタイプを隠喩と呼ぶ。

直喩は「素直な、ストレートな喩え」という意味で、ここには喩えが使われていますよ、とい

う指示（比喩―指標）が必ずある。比喩―指標は「のような」「まるで」「さながら」「のごとし」「に似ている」「を思わせる」とかいろいろであるけれども。ただし、根拠が自明であるときは「恋は炎のようである」というように省略しても差しつかえない。隠喩は「隠された、伏せられた喩え」という意味で、見たところ喩えがあるのかないのか分からない。喩えの存在を認知（発見）するのは受け手の仕事である。

すでに指摘したように、喩えられるもの（主意）と喩えるもの（媒体）は離れているほど比喩表現は生きるのだが、あまりそれを追求しすぎれば聞き手・読み手の理解を得られなくなってしまう。反対に分かりやすさを優先すれば比喩はつまらないものになってしまう。辞書に取り込まれた「死んだ」比喩と刺激的な「詩的」比喩――この両者のあいだで比喩表現は常に揺れている。ただここで注意すべきは直喩の場合はかなり大胆な、あるいは突飛な喩えでもたいていは許容されるという点だ。シュールレアリストたちは斬新な直喩を探究したが、その代表としてポール・エリュアールの次の詩句を挙げることができるだろう。

［5］地球はオレンジのように青い（La terre est bleue comme une orange.）

この一行はよく考えてみると分からなくなってしまうが、感覚的にはなんとなく分かるような気がする（「地球はオレンジのように丸い」ならもっとしっくりいくのだが。ちなみに、ここでは熟していない「青いオレンジ」が問題になっているわけではない。その場合はフランス語では「緑の」と表現する）。それでも問題が起こらないのは直喩が本質的には「追加的説明」であるからだ。あるいは「追加的強調」であるからだ。極論すれば右の詩句は「地球はとても青い」ということを述べているだけなのだ。そこが隠喩との大きな違いである。隠喩は主意と媒体が緊密に絡み合っている。絡み合っているというよりは、むしろ融合というべきか。比喩的にいえばそれこそ隠喩では放電現象が生じている。追加か融合か——直喩と隠喩の本質的な差異はここにある（その詳細についてはそれぞれの項を参照のこと）。

ふ

諷喩《ふうゆ》　allégorie / allegory

諷喩は抽象的な主題（知的、道徳的、心理的、感情的、理論的等）をより具体的で卑近な話題（自然や動物、人間など）に仮託して展開する文彩である。諷喩の語源（アレゴリア）は「別のことを語ること」を意味する。あることを話題にしながら、実は別のあることをそれとなく諷している。諷されていることが真意である。従って諷喩は文字通りの意味と比喩的な意味をもっていることになる。諷喩があることに気づかなければごく普通の意味で解される。言われていることが平凡すぎてばかばかしいという場合があるにしても。

「諷喩とは持続された隠喩である」――これはクインティリアヌスの有名な定義である。しかしこの定義をそのまま受け容れることはできない。「持続された隠喩」（隠喩連鎖法）と諷喩は区別して考えるべきだからだ。確かに両方とも隠喩に頼る点では同じであるが（もっとも諷喩は別の文彩に頼ってもいい。たとえば直喩や提喩、換喩など）、本質的な相違点は主意にある。隠喩連鎖法の意味するところは特殊的＝個別的であるが、諷喩は一般的＝抽象的である。さらに言ってしまえば普遍的な命題（真理）である。

たとえば次の諷喩を考えてみよう。

「桃李言わざれども、下《しも》自《おのずか》ら蹊《こみち》を成す。」（『史記』）

ここには擬人法が使われている。モモやスモモはなにも言わないけれども、その美しさに引かれて人々が集まり、自然と小道が出来てゆく。この文章はそのまま読んでも、そういうこともあろうかと納得できる。しかしこの文章は「別のことを語っている」。美しい花は「徳の高い人」を意味している。つまり《有徳の人は黙っていても人々から慕われ尊敬されるものだ》と徳を讃えている諷喩表現なのだ。

そういえば諺や格言は諷喩の宝庫である。

「船頭多くして船山に登る」。船の操縦はいったい何にたとえられているのか。ここでは組織の運営が問題になっている。つまり命令する人（船頭）が多いと統制がとれず、あらぬ方向、よくない結果（山）に物事が運んでしまうということ。同様の趣旨を英語では「料理人が多すぎるとスープがまずくなる」と表現する。

「猿も木から落ちる」。木登りの得意な猿を代表例に選んで、その道に長じたものでも時には失敗することがあるという教訓を述べたものだ。その道に長じたものならなんでもよい。古来名筆の誉れの高い空海（弘法大師）を引き合いに出せば「弘法にも筆の誤り」となる。欧米では「ホメロスですらへまをする」（Even Homer sometimes nods.）という成句がある（ここで問題になっているのは「挙例」の提喩だ）。

隠喩連鎖法とは別に――実は大いに関係があるのだが――諷喩は擬人法とも微妙な関係にある。

次の例文は諷喩だろうか、擬人法だろうか。

「蒲団被て寝たる姿や東山」（服部嵐雪）

これは擬人法だ。夕暮れ時の薄墨色に裹《つつ》まれた東山のなだらかな稜線を《布団を被って寝ている人の姿》と見た（「山眠る」という冬の季語を踏まえている）。これは服部嵐雪という俳人の個人的な＝特殊な見立てである。この擬人法は東山にしか適用できないはずだ（ちなみに、当時蒲団は贅沢品で、庶民には無縁の夜具。この句には富裕な雰囲気が揺曳している）。

ところで諷喩と擬人法とでは喩えの方向性が異なることは注目に値する。擬人法は当然のことながら喩えが自然（事物）から人間へと向かう、いわば喩えが上昇的方向性を帯びる。それに対して先ほど挙げた諷喩の例はいずれも人事を猿（の木登り）、船（の操縦）などになぞらえている。諷喩はこのように人間から動物・自然・事物へという下降的方向性をとることが多い（いつもとは言わないけれども）。次の実例でその違いを確認してほしい。

手をついて歌申し上ぐる蛙かな（擬人法）

井の中の蛙大海を知らず（諷喩）

隠喩連鎖法と同じく、諷喩も「導入部」や「結語」をもつものがある。たとえば教訓つきの「たとえ話」や聖書の「寓話」。いや、考えようによれば物語や小説はすべて一種の諷喩にほかなるまい。なぜなら作者の言わんとしていることを別のこと、つまりフィクションに仮託して表現しているのだから。諷喩の問題は案外、奥が深そうである。

［文例］

◉美女は命を断つ斧と、古人も言へり。心の花散り、夕べの薪《たきぎ》となれるは、いづれかこれを逃れじ。されども、時節の外《ほか》なる朝《あした》の嵐とは、色道《しきだう》に溺れ、若死の人こそ愚かなれ。その種は尽きもせず。

（井原西鶴『好色一代女』）

◉ものういどよめきが
　森を大きくひろがらす
小鳥の眼は
あおい空を見、枝の下のくろい土を見る
小鳥は落ち
落ちて固くなるまでにすこしの時間があった

犬は喜んで駆け
狩猟者は悠々《ゆうゆう》と足をはこぶ
太陽はなにごとにも関心を示さぬ様子で
一流の女優のように
にこやかにほほえんでいた
このちいさな死を誰が悲しんでいるか、誰も知らない

そうだ、僕の心に住む小鳥は
いつもこうして死んでゆくのだ
そしてまた、すぐに新しい小鳥が
どこからか翔《と》んできて新しい巣《す》をつくる
だが僕にはまったく予言できないのだ
いつ、その小鳥が来なくなるかは。

（中桐雅夫「Birdie」）

［ノート］表題の英語は「小鳥さん」（小児語）という意味だ。誰にも知られずひっそりと死んでゆく「小鳥さん」、「ちいさな死」への同情・共感。それは自分の、「僕の心に住む小鳥」の確認でもある。この小鳥とは一体なにか。それは日々死んでは生まれる、ささやかな「希望」だ。第一節・第二節の簡潔で的確な描写。第三節の諷喩への見事な切り替え（転調）。メタフィジックな問いか

け。諷喩はどちらかというと古い修辞技法と思われがちであるが、この作品では新しい相貌を示している。

文彩《ぶんさい》

figure(s) (du discours) / figure(s) (of speech)

文彩については古来さまざまな定義がある。よく知られたものに「文彩すなわち演説の飾り」とか「文彩とは、自然で普通なそれとは異なる話し方のことである」というのがある。この二つの定義のなかに「演説」とか「話し方」とかの語が見えるのは、レトリックは昔はもっぱら口頭の「弁論術」(雄弁術)を指していたからだ。

ちなみに、五十嵐力の定義を挙げておこう。「思想の筋道を明らかにするだけの骨組以上に出で、文章に肉をつけ光沢《つや》をつけて特殊の味はひを伝へることを修飾といひ、而して修飾の仕方形式を詞姿(=文彩)と云ふ。要するに詞姿とは詞《ことば》のあやなし方、換言すれば言ひ表はし方の変態、即ち思想発表の形式が普通と違つて人を感ぜしめるものを云ふのである。」(『新文章講話』)

五十嵐の定義はまあ穏当な定義といえるだろう。ここに見られる「詞姿」という用語のほかにも「文飾」とか「詞藻」などという訳語が明治以来提案されてきたが、いまだに定訳はない。カタカナ表記もよく見られるが、われわれは古くからある漢語を「ふみのあや」(言葉の綾)と読んで訳語として採用することにする。

われわれは文彩を単なる「飾り」と見る考え方には与しないので上に掲げた最初の定義はこれを斥ける。われわれとしては文彩の「言葉の工夫」という側面に注目する。文彩とは人を感動させたり、人を説得するために通常とは明らかに異なった形式で表現すること、創意や工夫のあとが見られる表現法のことである。「文彩とは通常の表現法に比べてちょっと（かなり）目立つ、ひねった表現法である」――これがわれわれの差し当たりの文彩の定義である。

ただ歴史的に振り返ると、文彩についてはさまざまな議論があった。文彩の意味をはっきりと把捉するためにその経緯を概観しておこう。

文彩は弁論術の「措辞＝修辞部門」Elocutio の下位区分であるが、文彩と転義法の関係がまず問題になる。文彩と転義法は区別するのか、あるいは転義法を文彩に含めてしまうのか。歴史的＝巨視的に見れば前者の立場が正統的であったが、時代が降るにつれて混同が生じて後者の立場が支配的になってきたとはいえるだろう。

figure（文彩）はギリシア語の skhēma（形）から由来していて、古典的な定義によれば通常の標準的な表現（形式）からの逸脱（偏差）と見なされていた。たとえばクインティリアヌスは文彩を「共通で自然な表現から遠い形を言葉に与えること」と定義している。これに対してトロープ（転義法）trope は「自然で基本的な意味作用の表現を別な表現に移動すること」である。ちなみにトロープの語源は「移す」である。

ご覧のとおり古典レトリックでは文彩も転義法も標準的な表現からの「偏差」と位置づけてい

る点では軌を一にしている。後世、両者の間に混乱が生じることになるのは然るべき理由があったわけである。

文彩と転義法の差異はもっぱらその標準からの逸脱（偏差）を形式において見るか、意味において見るかにある。つまり転義法は意味作用の変換（意味を転ずること）であり、ある語を別のある語に置き換えることに関わるのに対して、文彩は標準的な語の配列法（表現法）に手を入れることであり、表現形式の活性化である。ソシュールのテクニカール・タームを借りてその違いを説明すれば、転義法はシニフィエ（概念＝記号内容）に関係するのに対して文彩はシニフィアン（言葉＝記号表現）に関係すると言えるだろう。

転義法は概念に深く関わるので、翻訳によってもその本質が失われることが少ないが、文彩は言葉の形 forme／form が問題となるので国語の壁を越えることが難しい。たとえば「恋は炎である」という隠喩（転義法）はあるていど普遍的であるが、「秋」に「飽き」を重ねる王朝和歌の掛詞（文彩）の面白さは外国人には分かりにくいという例を想い浮かべればその間《かん》の事情が理解できるはずだ。

このように分けられた二つのカテゴリーはその後おのおの別の展開をみせることになる。文彩は時代とともに細分化してどんどん増える傾向を見せるが、意味の変換にかかわる転義法は多少の出入りはあったけれども、比較的安定していて、またその数も限定されている。その顔ぶれを挙げれば次のようになるだろうか。隠喩、換喩、転喩、提喩、誇張法、皮肉法、緩叙法、迂言法、諷喩、擬人法など、どんなに多く見積もっても二十くらいに落ち着くだろう。

すでに示唆したように時代とともに転義法は文彩に取り込まれる傾向が見られる。その理由としては転義法の数が少ないことと、どちらも「標準からの偏差」でくれることが挙げられる。この傾向は容認して差し支えないだろう。文彩と転義法の違いをしっかりと押さえておきさえすればという条件はつくけれども（本書も特に断らない限りは転義法を文彩に含める）。

文彩の数は人によって増減がある。二百から三百の文彩を数え上げる人もあるが、近代レトリックの集大成者ピエール・フォンタニエは九十ほどに絞り込んでいる。まあ、妥当な数だろう。標準的な表現（表現の零度）をどこに設定するかによってそのパターンはいくらでも増減可能で、歯止めをかけない限り瑣末な分類主義に堕すのは必定である。

前述のように転義法と文彩の歴史を通観すると分類の主な基準として次の二つが採用されていることに気づく。

（1）その偏差が形式に起因するものなのか、意味に起因するものなのか。
（2）その偏差が小さい単位（たとえば語）に基づくのか、あるいは大きな単位（たとえば文）に基づくのか（たとえば隠喩／諷喩、換喩／転喩）。

古来の分類法はこの二つの基準が組み合わされて提案されてきたといえるだろう。まず「語の文彩」と「思考の文彩」の二分法がある。この二つに「文体の文彩」を付け加える場合もある。あるいは「措辞の文彩」「構成の文彩」「転義法」と三本立てにすることもよくある。また最近のフランスのレトリック書には「語の文彩」（同音反復法、駄洒落、掛詞、地口など主に音響を利用する文彩）、「意味の文彩」（隠喩や換喩、提喩などの転義、迂言法など）、「構成の文彩」（省略法、黙説法、反復法、対照法、追加法、倒置法、漸層法など）、「思考の文彩」（皮肉法、暗示的看過法など）に分けるものもある。これは厳密な原則に基づく分類ではないけれども、なかなか便利である。

ともあれ、文彩の数、またその分類法は基準の取り方しだいで異同がありうる。ただ注意すべきは文彩は固定的ではないということだ。ある文彩が別の文彩としても認定しうる場合がいくらでもある。たとえば諷喩は隠喩でもあり、直喩は誇張法でもあり、擬人法は隠喩でもあるというように。対象にしている資料が二重、三重の文彩的相貌を示すことはよくあるので、くれぐれも柔軟な対応が肝心だろう。

文彩は客観的な真実を必ずしも目ざしていない。もっとも嘘を奨励しているわけではないけれども。ただ文彩は「嘘っぽさ」とは無関係ではない。人は真実を表現するためにフィクション（嘘っぽさ）を追求する動物である。

たとえば「女は一日千秋の思いで恋人を待ちわびる」という表現を考えてみよう。「一日」を「千年」と見なすとは誇張もはなはだしい（この場合「秋」は部分＝一季節でもって全体＝一年を表す「換喩」表現)。不自然であり、嘘っぽい。しかし誇張法の骨法はばれるような嘘をつくことなのだ。それは人をだます意図で嘘をつくこととはまったく違う。だからこそ誇張法を前にして誰も事柄の真実を問題にはしないのだ。われわれが共感するのは一日が千年の長さにも思われる、そのようにまで高まる感情の真実に対してである。

文彩は感情の直接的反映ではない。それは感情を翻訳する——というよりか「翻案する」というべきか——ものである。心の高まりが「誇張法」をとらせるのではない。心の乱れが「転置法」をとらせるのではない。われわれはむしろ心が高まったり、心が乱れたときは言葉を失うのではないか。あるいは支離滅裂な表現になるのではないか。文彩とはあくまでも表現の工夫であり彫琢である以上、心の状態をそのまま真似たものではない。真似た振りをするだけなのだ。文彩には加工があり、人為がある。そこにはそのように表現すれば伝えるべき感情が聞き手=読み手に受け取られるはずだという文体論的諒解がある。文彩は感情の「記号」にほかならない。

文彩と感情の関係は「卵と鶏」議論めいてくる。たとえば内面の急激な高ぶりと「呼びかけ法」の関係。去っていった恋人に戻ってきてほしいと願うとき人は実際に「恋人よ」と呼びかけるだろうか。しかし詩や歌のなかではこの種の呼びかけはよく出てくる。この場合そうした呼びかけが実際の場面で発せられるかどうかよりも、本当らしさが求められているのではないか。心の高ぶりが呼びかけ法を用いさせるのではなくて、本当のところはむしろ呼びかけ法が心の高ぶりを代弁するのではないか。事実(本当)かどうかよりは「本当らしさ」の重視。してみれば次のようなジョン・ロックの修辞法批判は文彩の急所をきちんと押さえていたということになるだろう。「修辞法の案出したいっさいの人工的で比喩的な言葉の使用は、ただ間違った観念をほのめかし、情動を動かし、これによって判断を誤らすだけであり、したがって実は完全な欺瞞なのである。」(『人間知性論』大槻春彦訳)

ロックの悪意的な解釈を好意的に読み替えれば文彩の表現効果は定義される。文彩は受け手の心理を見通しながらの感情的説得にほかならない。議論法が知性に働きかける説得(論証的説得)とすれば文彩は感情や想像力に働きかける説得(修辞的説得)である。その要諦は「わざとらしさ」(誇張)と「本当らしさ」(自然さ)の微妙な按配(配合)にある。

へ

平行法《へいこうほう》

parallélisme / parallelism

平行法は似たような表現法を並置して平行性の「形式美」を求める文彩である。この文彩はあくまで「構文」の平行性（A—B、A'—B'）を問題にする。この点で意味論的な対照（対比）が優先する対照法と相違する。とはいえ、意味論的な対照性は形式的な平行性を伴うことが多いので、この二つの文彩の境界は必ずしも分明ではない。両者が相伴って効果を強めていることも多い。

平行法は反復法（首句反復や結句反復）によって補強されることも多い。

[文例]

◉山路を登りながら、こう考えた。

智に働けば角が立つ。情に棹させば流される。意地を通せば窮屈だ。兎角に人の世は住み

にくい。〔中略〕

ここに詩人という天職が出来て、ここに画家という使命が降る。あらゆる芸術の士は人の世を長閑《のどか》にし、人の心を豊かにするが故に尊《たっ》とい。〔中略〕

世に住むこと二十年にして、住むに甲斐ある世と知った。二十五年にして明暗は表裏の如く、日のあたる所には屹度《きっと》影がさすと悟った。三十の今日はこう思うている。——喜びの深きとき憂愈《いよいよ》深く、楽みの大いなる程苦しみも大きい。〔中略〕

春は眠くなる。猫は鼠を捕る事を忘れ、人間は借金のある事を忘れる。時には自分の魂の居所《いどころ》さえ忘れて正体なくなる。只《ただ》菜の花を遠く望んだときに眼が醒める。雲雀《ひばり》の声を聞いたときに魂のありかが判然する。〔中略〕

苦しんだり、怒ったり、騒いだり、泣いたりは人の世につきものだ。余も三十年の間それを仕通して、飽々した。
（夏目漱石『草枕』）

【ノート】夏目漱石『草枕』の冒頭部は対照法、種々な反復法など文彩のオンパレードだが、平行法もさまざまなタイプが登場する。

◉仰ぎ見れば、高空《かうくう》雲なく、寒光千万里《かんくわうせんばんり》。天風《てんふう》吹いて、海《うみ》鳴り、山《やま》騒ぎ、乾坤皆《けんこんみな》悲壮の鳴《めい》をなす。耳を側《そばだ》立つれば、寒蛩《かんけう》〔晩秋のこおろぎ〕籬下《りか》に鳴きて、声、絶たむとす。風に向ひて、月色《げつしよく》霜の如き往還《わうくわん》を行く人の屐歯《げきし》〔下駄の歯〕戞然《かつぜん》として金石《きんせき》の響《ひびき》をなすを聞かずや。月下《げつか》に狂《くる》ふ湘海《しやうかい》の彼方《かなた》に夜目《よめ》にも富士の白くさやかに立てるを見ずや。
（徳冨蘆花『自然と人生』）

◉『群盲、象を模す』といふ語あり。一盲人、象の脚をなでて見て、これ象なりといふ。豈《あ》に真の象その物ならんや。一盲人象の鼻をつかまへて見て、これ象なりといふ。豈に真の象その物ならんや。凡人は凡人を解す、天才者を解し得べき筈に非《あら》ず。われ古今の英雄豪傑を想像する毎《ごと》に『群盲、象を模す』の感、殊《こと》に切ならざるを得ざる也。されど一方より見れば、人には、それぞれ持つて生まれた天分あり境遇もあり、妄《みだ》りに英雄豪傑の凡てを学ばむとせば、弊害百出《ひやくしゆつ》す。英雄豪傑には、長所もあり、短所もあり、その長所、而《し》かも己《おの》れの天分に適したる長所のみを学ばば、誤らざるに庶幾《ちか》し。批評するなら、とにかく、己れに資するなら、『群盲、象を模す』が、却《かへ》つて好結果あるべしと思はるる也。

（大町桂月「那翁模象録」）

◉車は駛《は》せ、景は移り、境《さかひ》は転じ、客は改まれど、貫一は易《かは》らざるその悒鬱《いふうつ》を抱《いだ》きて、遣《や》る方無き五時間の独《ひとり》に倦《う》み憊《つか》れつつ、始《はじめ》て西那須野《にしなすの》の駅に下車せり。

直《ただ》ちに西北に向ひて、今尚茫々《いまなほばうばう》たる古《いにしへ》の那須野原《なすのがはら》に入《い》れば、天は濶《ひろ》く、地は遐《はるか》に、唯平蕪《ただへいぶ》の迷ひ、断雲の飛ぶのみにして、三里の坦途《たんと》、一帯の重巒《ちようらん》、塩原《しほばら》は其処《そこ》ぞと見えて、行《ゆ》くほどに跡《みち》は窮《きはま》らず、漸《やうや》く千本松《せんぼんまつ》を過ぎ、進みて関谷村《せきやむら》に到れば、人家の尽《つく》る処《ところ》に淙々《そうそう》の響《ひびき》有《あ》りて、これに架《かか》れるを入勝橋《にふしようけう》と為《な》す。

輒《すなは》ち橋を渡りて僅《わづか》に行《ゆ》けば、日光冥《くら》く、山厚く畳み、嵐気《らんき》冷《ひややか》に壑《たに》深く陥《おちい》りて、幾廻《いくめぐり》せる葛折《つづらをり》の、後《うしろ》には密樹に声々《せいせい》の鳥呼《とりよ》び、前には幽草歩々《ほほ》の花を発《ひら》き、いよいよ躋《のぼ》れば、遥に木《こ》隠《がくれ》の音のみ聞えし流の水上《みなかみ》は浅く露《あらは》れて、驚破《すは》や、ここに空山《くうざん》の雷《いかづち》白光《はくくわう》を放ちて頽《くづ》れ落ちたる乎《か》と凄《すさま》じかり。道の右は山を劃《き》りて長壁と成し、石幽《いしいう》に蘚碧《こけあを》うして、幾条《いくすぢ》とも白糸を乱し懸《か》けたる細瀑《ほそたき》小瀑《こたき》の珊々《さんさん》として濺《そそ》げるは、嶺上《れいじやう》の松の調《しらべ》も、定《さだめ》てこの緒《を》よりやと見捨て難し。

俥《くるま》を駆りて白羽坂《しらはざか》を踰《こ》えてより、回顧橋《みかへりばし》に三十尺の飛瀑《ひばく》を蹈《ふ》みて、山中の景は始て奇なり。これより行きて道有《あ》れば、水有り、水有れば、必ず橋有り、全渓《ぜんけい》にして三十橋《さんじつけう》、山有れば巌《いは》有り、巌有れば必ず瀑《たき》有り、全嶺《ぜんれい》にして七十瀑《しちじふばく》。地有れば泉有り、泉有れば必ず熱有り、全村にして四《し》十五《じふご》湯《たう》。猶《なほ》数ふれば十二勝《しよう》、十六名所、七不思議、誰《たれ》か一々探り得べき。

抑《そもそ》も塩原の地形たる、塩谷郡《しほやごほり》の南より群峯《ぐんぼう》の間《あひだ》を分けて深く西北に入《い》り、綿々《めんめん》として箒川《ははきがは》の流に泝《さかのぼ》る片岨《かたそば》の、四里《より》に岐《わか》れ、十一里に亘りて、到る処巉巌《ざんがん》の水を夾《はさ》まざる無きは、宛然《さながら》青銅の薬研《やげん》に瑠璃末《るりまつ》を砕くに似たり。先づ大網《おほあみ》の湯を過《すぐ》れば、根《ね》本山《もとやま》、魚止滝《うをどめのたき》、児ケ《ちごが》淵《ふち》、左靭《ひだりうつぼ》の険《けん》は古《ふ》りて、白雲洞《はくうんどう》は朗《ほがらか》に、布滝《ぬのだき》、竜ケ《りうが》鼻《はな》、材木石《ざいもくいし》、五色石《ごしきせき》、船岩《ふないは》なんどと眺行《ながめゆ》けば、鳥井戸《とりゐど》、前山《まへやま》の翠衣《みどりころも》に染《そ》みて、福渡《ふくわた》の里に入《い》るなり。

途《みち》すがら前面《むかひ》の崖の処々《ところどころ》に躑躅《つつじ》の残り、山藤の懸《かか》れるが、甚《はなは》だ興《きよう》有りと目留《めと》まれば、又この辺《あたり》殊《こと》に谿《たに》浅く、水澄みて、大いなる古鏡《こきやう》の沈める如く、深く蔽《おほ》へる岸樹《がんじゆ》は陰々として眠るに似たり。貫一は覚えず踏止《ふみとどま》りぬ。

（尾崎紅葉『金色夜叉』）

［ノート］高利貸しの貫一が急を要する取り立ての用事にかこつけて気分を紛らわすために塩原の

温泉郷に足を向ける。文例は第二次大戦前まで、明治の代表的名文としてよく教科書などに採られた文章である。関係する部分は中程の数行（平行法）であるが（対照法も見られるけれども）、かつての日本人がどういう文章をよしとしていたかの証左として長く抜くことにした。難しい言葉はいちいち気にせず（そこが漢語のいいところなのだが、文章の勢いでけっこう読めるものだ）、この文章を読み下せば（出来れば音読せよ）なんとも言えない心地よいリズムを感じ取ることができるはずだ。

も

黙説法《もくせつほう》

réticence / reticence

黙説法は文の途中で言い止めて、そうすることで言い残した部分をほのめかす文彩である。黙説法は省略法の一種であり、言わないことによって言った以上のことを言わせる。黙説法は音楽用語の「フェルマータ」（休止記号）のようなものだ。思い入れたっぷりの休止、豊かな沈黙。言いさすことで感情の高まりや内面の動揺、相手に対する強い働きかけ（ほのめかしや余情）を表現する。場合によっては言わざるは言うにまさるのだ。この文彩は聞き手・読み手を話のなかへ呼び入れて能動的な参加をうながすのに有効である。

黙説法とごく近いものに「中断法」aposiopèse / aposiopesis がある。こちらは飽くまで一時的な休止であり、言い残した部分に立ち戻る。ただ話の流れが中断される点に注目すればこの両者を一つに括ることができる。言い落とされた部分がたどられるか、たどられないかは発話環境次第ということになる。

ただ、黙説法と中断法にもっと実質的な区別を求める立場もあるにはある。それによれば、この両者の違いは話題の転換（唐突さ・意外性）を伴うかどうかの違いということになる（この唐突な話題転換という役目をわれわれは脱線法に割り振る）。たとえば話していることが場違いであったり、不適切であることに気がついたときに、意図的に話を打ち切り別の話題に脱線するというように。

黙説法が極まれば「沈黙法」になる。そう、なにも言わないのである。

［文例］

◉「それぢや翁様《をぢさん》の御都合で、どうしても宮《みい》さんは私《わたくし》に下さる訳には参らんのですか。」

「さあ、断《た》つて遣《や》れんと云ふ次第ではないが、お前の意はどうだ。私《わし》の頼《たのみ》は聴《きか》ずとも、又自分の修行の邪魔にならうとも、そんな貪着《とんちやく》は無しに、何でもかでも宮《みや》が欲しいと云ふのかな。」

「…………。」

「さうではあるまい。」

「…………。」

得言《えい》はぬ貫一が胸には、理《ことわり》に似たる彼の理不尽を憤りて、責むべき事、詰《なじ》るべき事、罵るべき、言破《いひやぶ》るべき事、辱《はぢし》むべき事の数々は沸くが如く充満《みちみ》ちたれど、彼は神にも勝《まさ》れる恩人

なり。理非を問はずその言《ことば》には逆ふべからずと思へば、血出《い》づるまで舌を咬みても、敢て言はじと覚悟せるなり。

（尾崎紅葉『金色夜叉』）

［ノート］ここで翁様と呼ばれているのは鴫澤隆三で、宮の父。隆三は今は亡き貫一の父に恩を受けてその恩に報いるために寄る辺ない幼い貫一を引き取り面倒をみている。ゆくゆくは一人娘のお宮の婿にして家督を譲ろうとまで考えていた。ところが富山唯継なる大金持ちが宮を器量好みで嫁にほしいと強く迫ってきた。隆三は今後とも面倒はみよう、洋行もさせようと理路を尽くして説くが、お宮を愛してやまない貫一はどうしても諦めきれずに、なおも食い下がる。繰り返される沈黙法が貫一の無念をよく代弁している。ちなみに、紅葉はリーダー（……）の効果にいち早く注目した作家である。その用例は多い。

◉「吁《ああ》、宮《みい》さんかうして二人が一処にゐるのも今夜ぎりだ。お前が僕の介抱をしてくれるのも今夜ぎり、僕がお前に物を言ふのも今夜ぎりだよ。一月の十七日、宮さん、善《よ》く覚えてお置き。来年の今月今夜は、貫一は何処《どこ》でこの月を見るのだか！　再来年の今月今夜……十年後の今月今夜……一生を通して僕は今月今夜を忘れん、忘れるものか、死んでも僕は忘れんよ！　可《い》いか、宮さん、一月の十七日だ。来年の今月今夜になつたならば、僕の涙で必ず月は曇らして見せるから、月が……月が……月が……曇つたらば、宮さん、貫一は何処かでお前を恨んで、今夜のやうに泣いてゐると思つてくれ。」

（尾崎紅葉『金色夜叉』）

［ノート］有名な熱海の海岸での場面。前の文例で問題になった隆三との会見のあとで、お宮の真意を確認しようとして貫一は熱海にいるお宮に会いに行く。お宮の翻意を迫るが得られず、貫一の

未練な哀訴が続く。黙説法が実に効果的だ。

◉「私がいつかそれを終らせることができる筈だと仰言るのね。清様の親友としてさう仰言るのは御尤もだわ。私が生きたまま終らせることができなければ、私が死んで……」

そんな言ひ方を本多があわてて否定することを聡子は望んでゐたかもしれないが、本多は頑なに黙つたまま、次の聡子の言葉を待つた。

「……いつか時期がまゐります。それもそんなに遠くはないいつか。そのとき、お約束してもよろしいけれど、私は未練を見せないつもりでをります。こんなに生きることの有難さを知つた以上、それをいつまでも貪《むさぼ》るつもりはございません。どんな夢にもをはりがあり、永遠なものは何もないのに、それを自分の権利と思ふのは愚かではございませんか。私はあの『新しき女』などとはちがひます。……でも、もし永遠があるとすれば、それは今だけなのでございますわ。……本多さんにもいつかそれがおわかりになるでせう」

（三島由紀夫『豊饒の海（春の雪）』）

【ノート】聡子は自分の松枝清顕（清様）への許されぬ恋を清顕の親友（本多）に語っている。黙説法や沈黙法は「……」で表されるのが普通であるが、「いい指して止めた」とか「答えはなかった」というように言語化される場合もある。「本多は頑なに黙つたまま、次の聡子の言葉を待つた」は沈黙法と見ることができるが、ただここでは、この沈黙法は「私が死んで……いつか時期がまゐります」の黙説法と呼応している。

◉これなんだわ。……みんなこれのためなんだわ。……おかね……おかね……あたしはただ美しい布を見てもらいたくて……それを見て喜こんでくれるのが嬉しくて……ただそれだけのために身を細らせて織ってあげたのに、もういまは……ほかにあんたをひきとめる手だては無くなってしまった。布を織っておかねを……そうしなければ……そうしなければあんたはもうあたしの側にいてくれないのね？……でも……でもいいわ、おかねを……おかねの数がふえて行くのをそんなにあんたがよろこぶのなら……そんなに都へ行きたいのなら……そして、そうさして上げさえすればあんたが離れて行かないのなら……もう一度、もう一枚だけあの布を織って上げるわ。それで、それでゆるしてね、だって、もうそれを越したらあたしは死んでしまうかもしれないもの。……その布をもって、あんた、都へいっておいで。……そしてたくさんおかねをもってお帰り。……帰るのよ、帰ってくるのよ、きっと、きっと帰ってくるのよ。そして、今度こそ私と二人きりで、いつまでもいつまでもいっしょに暮らすのよ、ね。ね。……

（木下順二『夕鶴』）

［ノート］戯曲『夕鶴』は民話「鶴の恩返し」を基にした作品である。つうがまさに身を削る思いで自分の羽で織った布が高く売れることを知るにつれて、純朴だった与ひょうが金の魔力に毒され、つうに布を織るように強要するようになる。文例のセリフは、寝入ってしまった与ひょうの傍らで、つうが夫の心をつなぎ止めるべく最後の布を織る決心を固める場面で発せられる。繰り返される中断法がつうの悲痛な心の叫びを点綴している。

問答法《もんどうほう》

dialogisme / dialogismus

問答法は平叙文でも表現可能な内容を表現力・説得力を高めるためにあえて問答形式に仕立てる文彩である。つまり仮構の質問―返答である。問答法は話の流れをいったん断ち切り、問題点を整理（客観化）することができる。問答法の狙い目は二つである。

（1）聞き手＝読み手を対話者の位置に置くことによって話題を共有させて連帯感を感じさせる。

（2）質疑応答の形に置き換えることによって問題の焦点が鮮明になる。

ここで誤解のないようにあらかじめ断っておくが、問答形式が出て来れば即問答法ではないということだ。たとえば物語や小説のなかにはしばしば問答形式が出てくるが、問答法とは言えない場合も多い。問答法は明らかに修辞的効果をねらった場合に限るべきだろう。

［文例］

◉敷島の倭《やまと》ごころを人とはば朝日ににほふ山ざくら花　（本居宣長）

【ノート】【歌意】もし大和心とはどんなものかと人がたずねたら、朝日に照り映えて咲き匂う山桜の花のようなものと答えよう。【語釈】「敷島の」は倭の枕詞。

◉問ひて云はく、法師の恋することはいとあるまじきわざ〔こと〕なるを、歌の道にはとがめずして、世々の集〔歌集〕にもその歌ども多く見え、今もはばからで〔遠慮しないで〕よむ〔詠む〕はいかに。

答へて云はく、淫欲は仏のいみじき〔厳しい〕戒《いまし》めなれば、法師の深くつつしむべきことは、誰《たれ》も誰もいとよく知ることにて、今もなほこの筋《すぢ》に迷ふをばよにあさましきことになむすめる〔するようだ〕。しかはあれどさやうのよき悪《あ》しきことの定めは、その道々〔儒教や仏教など〕にてこそともかくも〔あれこれ〕いひあつかふべきことなれ、歌は筋《すぢ》異なることにて、必ず儒仏《じゅぶつ》の教へにそむかじとするわざにもあらねば、そのしわざのよき悪しきなどはとかく〔あれこれ〕いふべきにあらず。ただ物のあはれをむね〔第一のこと〕として、心に思ひ余ることはいかにもいかにも〔どのようにも〕よみ出《い》づる道なり。

（本居宣長『石上私淑言』）

【ノート】宣長は修行に専心すべき僧侶が道ならぬ恋の歌を詠むのはなぜかという問題を問う。この文章は問答法の原点を指し示している。

◉憲政擁護の声、天下に満ちて、憲政の実《じつ》弥《いよい》よ晦濛《かいもう》〔暗く明らかでない〕となれり。憲政とは何ぞや、憲法に準拠したる政治是《これ》なり。憲法とは何ぞや、米国の憲法にあらず、英国の憲法にあらず、日本帝国の憲法是なり。

（徳富蘇峰「時務一家言」）

◉何の目的ありて是の世に産出せられたるかは、吾人の知る所に非ず、然れども生まれたる後の吾人の目的は、言ふまでもなく幸福なるにあり。幸福とは何ぞや、吾人の信ずる所を以て見れば、本能の満足、即ち是れのみ。本能とは何ぞや、人性本然の要求是れ也。人性本然の要求を満足せしむるもの、茲《ここ》に是を美的生活と云ふ。（高山樗牛「美的生活を論ず」）

◉芝居は無筆の目学問といふ。耳目の学といへども、学問の雰囲気の周縁ではあるだらう。舞台と見物席との交歓に、よりよき生活への夢があつた。この夢に参加するものは士人あり町人あり通人あり新五左〔無粋な田舎侍〕あり、芝居のみやげは文明のかけらを折に詰めたものにほかならなかつた。さいはひ、当時の芝居小屋は後世の大芸術劇場とはちがつて、見物を見物席と廊下と食堂とに分散させて、はなはだ礼儀正しく舞台と他人行儀にさせるやうな仕掛にはなつてゐない。桟敷はすなはち置酒高会の場所であつた。舞台が見るに堪へなければ、見物は食堂に疎開するにおよばず、ただうしろを向いて酒をのむといふ露骨な批評形式をとる権利を留保した。そのさかづきの手をとどめて、見物を舞台のはうに向きかへさせるのは、役者の芸の力であつた。桟敷に於ける市民生活と、舞台の芸の世界とのあひだには、理想化された文明の次元が相通じた。役者はどうしても名優になり、見物はいやでも見巧者にならざることをえない。〔中略〕桟敷にはくせものの歓会あり、舞台には名優の演技あり、この完全なる交流を支へたのは見物一同の文明への憧憬であつた。この芝居小屋の雰囲気の中にある生活を何と呼ぶか。これを俗化せる風流生活と呼ぶほかない。ひとがここに来て享受する生活の充実感を何と呼ぶか。これを娯楽と呼ぶほかない。芝居は娯楽だといふことの、本質的な意味がここにある。すなはち知る、娯楽とは一般に俗化せる風流生活への民衆の参加の謂である。すでに風流生活に関係する以上、娯楽には必ずや抵抗があるだらう。強烈な反撥もあるだらう。娯楽雰囲気の中に於ける個人の孤独もあるだらう。またときには風流の薫化よろしきをえて、芝居見物の少年少女の、いくらかましなやつが、芝居がはねるとすぐその場から手に手をとつて駆落の実演としやれることもあるだらう。一般に、それに抵抗反撥を生じないやうな、またそこから優秀なる不良児を出さないやうなひまつぶしのなぐさみといふものは、よく人生の娯楽たることに堪へない。娯楽といふ文明現象は、なにゆゑに抵抗を生ずるのか。文明はつねに向上の意志をもつからである。またそれはなにゆゑに不良児を出すのか。文明は部分に於て絶えず崩壊して行くからである。人間の社会生活にとつて、娯楽はなるべく豊富なるに越したことはない。個人はいかなる娯楽に対しても、そんなものには洟もひつかけてはやらないといふ精神の権利を主張することができる。奇妙なことに、娯楽といふ低地の現象は、これをたたつ切るために、いつも最高の生活意識を目ざましておかなくてはならぬやうにしむけて来る。小癪な振舞である。娯楽が生活の足をさらふ魔力はこの界隈にひそんでゐるのだらう。娯楽現象の量的貧富はすなはち文明の質的強弱に対応する。文明がそのつよさのあまりに破裂するとき、もしくはそのよわさのために衰滅するときには、この地上のどこにも風流生活の立瀬は無い。娯楽もまたしたがつてその出番をうしな

――ふだらう。

（石川淳『夷斎筆談』）――

よ

呼びかけ法《よびかけほう》

apostrophe / apostrophe

呼びかけ法は話の途中でとつぜん話を中断して、人や物に話しかけること。さながら話し手（書き手）が心の高ぶりを抑えきれずに問題の人や物を指呼せざるをえないかのように。多くは話の途中に出てくるが、稀に話の冒頭あるいは結びに出てくることがある。

呼びかけられる対象としては次のようなものが挙げられる。

（1）そこに不在の人物

a 想像的、あるいは超地上的人物（神よ）

b 死者、歴史上の人物（国のために殉じた人々よ）

c 実在の人物（恋人よ）

（2）擬人化された事物

a自然・動植物（雲よ、花よ）
b抽象的観念（美よ）
c身体（わが心よ）
d共同体・国家（日本よ）
（3）聞き手＝読み手（二人称の呼びかけは聞き手＝読み手を話のなかに誘い込む効果がある）

稀には話し手＝書き手自身への呼びかけがありうる。
呼びかけ法の主な用法としては次のものが挙げられる。

（1）非難・攻撃するため
（2）忠告・助言するため
（3）鼓舞・激励するため（同情・慰めも含む）
（4）指示・命令するため
（5）庇護・援助を求めるため（証人も含む）

呼びかけ法は心の高ぶりと関係している文彩だけに、詠嘆法と連動することが多い。

［文例］

◉東風《こち》吹かばにほひおこせよ梅の花あるじなしとて春を忘るな　（菅原道真）

［ノート］春になって東風が吹いたならば、梅の花よ、その匂いを風に乗せてこの遠い配所（大宰府）へ送り届けてくれ。主がいなくなったからといって春が来たことを忘れてくれるな。

◉むかし思ふ草の庵《いほり》の夜《よる》の雨に涙な添へそ山時鳥《やまほととぎす》　（藤原俊成）

［ノート］解釈は二六九ページ参照。

◉見渡せば、海に一帆の影なし。唯大鷲《ただおほわし》の嘴《はし》をあげ翼を張れるが若《ごと》き名島《なじま》の孤岩《こがん》の、独《ひと》り大《たい》濤《とう》をかぶり白煙《けぶり》を蹴散《けち》らしつつ、屹《きつ》として万波《ばんぱ》の海に立つあるのみ。

ああ海よ、爾《なんぢ》の怒《いかり》は偉大なり。岩よ、爾の意力は偉大なり。古《いにしへ》の大人《だいじん》も曾て爾が如く天を仰ぎ永遠を思ひ一世《いつせい》を敵として孤高の戦をつづけたりき。　（徳冨蘆花『自然と人生』）

◉娘よ

ちいさな庭の片隅に
桔梗《ききよう》が咲いた
ストロベリーの銀紙を
無心にひき裂く娘よ
父のそばにきて

よくみよや
あれが花　とばない蝶々《ちょうちょう》
こんなにてばなしのもろいいのちが
地上にあるということの
大きな救いを
お前もいつの日か知るだろう
ほら風に
りんりんと鳴る桔梗ひとむら
父の膝の上で
ちりちりと銀紙を裂く娘よ

（山本太郎「娘よ」）

◉今や世事日に匇劇《そうげき》〔非常にいそがしいこと〕を加へて人は沈思に遑なし。然れども貧しき者よ、憂ふる勿《なか》れ。望を失へるものよ、悲む勿れ。王国は常に爾《なんぢ》の胸に在り。而して爾をして是の福音を解せしむるものは、美的生活是れ也。

（高山樗牛「美的生活を論ず」）

◉フランス！　ああフランス！　自分は中学校で初めて世界歴史を学んだ時から子供心に何と云ふ理由もなく仏蘭西が好きになつた。自分は未《いま》だ嘗《かつ》て英語に興味を持つた事がない。一《ひと》語《こと》でも二語《ふたこと》でも自分はフランス語を口にする時無上の愉快を覚える。自分が過《すぎ》る年アメリカに渡つたのも直接に仏蘭西を訪ふべき便宜《べんぎ》のない身の上は、斯《かか》る機会を捕へやうが為めの手段に過ぎなかつた。旅人の空想と現実とは常に相違すると云ふけれど、現実に見たフランスは見ざる時のフランスよりも更に美しく更に優しかつた。嗚呼《ああ》わが仏蘭西。自分はどうかして仏蘭西の地を踏みたいばかりに此れまで生きてゐたのである。

（永井荷風『ふらんす物語』「巴里のわかれ」）

◉一気に峠を駈け降りたが、流石《さすが》に疲労し、折から午後の灼熱の太陽がまともに、かっと照って来て、メロスは幾度となく眩暈《めまい》を感じ、これではならぬ、と気を取り直しては、よろよろ二、三歩あるいて、ついに、がくりと膝を折った。立ち上る事が出来ぬのだ。天を仰いで、くやし泣きに泣き出した。ああ、あ、濁流を泳ぎ切り、山賊を三人も撃ち倒し韋駄天《いだてん》、ここまで突破して来たメロスよ。真の勇者、メロスよ。今、ここで、疲れ切って動けなくなるとは情無《なさけな》い。愛する友は、おまえを信じたばかりに、やがて殺されなければならぬ。おまえは、稀代《きたい》の不信の人間、まさしく王の思う壺だぞ、と自分を叱ってみるのだが、全身萎《な》えて、もはや芋虫ほどにも前進かなわぬ。路傍《みちばた》の草原《くさはら》にごろりと寝ころがった。

（太宰治「走れメロス」）

【ノート】王に抗議し捕縛され死刑を宣告されたメロス。彼は妹の結婚式のために三日間の猶予を乞う。友人が人質になる条件でメロスの願いは聞き届けられる。刻限までに戻らなければ友人の命はない。メロスは懸命に走る。山野を駆け抜け、山賊の攻撃も突破した。そして、メロスの自己への呼びかけが来る。

ら

羅列法 ⇔ 列挙法

られつほう / れっきょほう

る

類音語反復《るいおんごはんぷく》 ☞ 音彩法《おんさいほう》

類語法《るいごほう》　synonymie / synonymy

類語法は一つの対象を力強く印象的に記述・描写するために類義語を反復することである。つまり表現の積み重ねによる強調効果をねらっている。Aともいえる、Bともいえる、Cともいえる、Dともいえるという具合に表現を畳み掛けることは、表現対象の存在感を高めることになる。たとえば「彼女はきれいで、かわいらしくて、愛らしくて、魅力的で、……」というように。

しかし類語法にはもう一つの重要な用法がある。それは名状しがたい対象を表現するために暫定的な表現を動員することである。表現困難な対象への模索的＝近似的アプローチ。「下手な鉄砲も数うてば中《あた》る」ではないけれども、Aともいえるかもしれない、Bともいえるかもしれない、

Cともいえるかもしれない、Dともいえるかもしれないという具合に表現を積み重ねることによって対象の真実に肉薄していくのだ。「彼のひきつった顔の表情は、いわく言い難い感情、反感、悪意、敵意、憎悪、瞋恚、憤怒を表していた」という具合に。

［文例］

◉「いいえ。たいへん結構でした。御立派だと思ひましたよ。」「ほほ。さうですか。」如来は幾分からだを前へのめらせた。「それで安心しました。私はさつきからそれだけが気がかりでならなかつたのです。私は気取り屋なのかも知れませんね。これで安心して帰れます。ひとつあなたに、いかにも如来らしい退去のすがたをおめにかけませう。」言ひをはつたとき如来はくしやんとくしやみを発し、「しまつた！」と呟いたかと思ふと如来も白象も紙が水に落ちたときのやうにすつと透明になり、元素が音もなくみぢんに分裂し雲と散り霧と消えた。

僕はふたたび蒲団へもぐつて尼を眺めた。尼は眠つたままでにこにこ笑つてゐた。恍惚の笑ひのやうでもあるし、侮蔑の笑ひのやうでもあるし、無心の笑ひのやうでもあるし、役者の笑ひのやうでもあるし、諂《へつら》ひの笑ひのやうでもあるし、喜悦の笑ひのやうでもあるし、泣き笑ひのやうでもあつた。尼はにこにこ笑ひつづけた。笑つて笑つて笑つてゐるうちに、だんだんと尼は小さくなり、さらさらと水の流れるやうな音とともに二寸ほどの人形になつた。

僕は片腕をのばし、その人形をつまみあげ、しさいにしらべた。浅黒い頬は笑つたままで凝結し、雨滴ほどの唇は尚うす赤く、けし粒ほどの白い歯はきつちり並んで生えそろつてゐた。粉雪ほどの小さい両手はかすかに黒く、松の葉ほど細い両脚は米粒ほどの白足袋を附けてゐた。僕は墨染めのころものすそをかるく吹いたりなどしてみたのである。（太宰治『晩年』）

［ノート］引用は「陰火」（『晩年』）所収のコミカルな小品「尼」の最後。ある夜更けのこと、「僕」のもとに不思議な尼さんが迷い込んで、一夜の宿を求める。僕が布団を出してやると、尼さんはすぐぐっすりと眠り込んでしまう。彼女の予告どおり如来様が白い象にまたがって現れるのだが、如来様は自分の登場の仕方が自分にふさわしかったかどうかを僕にたずねる。

◉一般に東洋流の教育の方針と云ふものは、西洋流とは反対に、出来るだけ個性を殺すことにあつたのではないか。たとへば文学芸術にしても、われわれの理想とするところは前人未踏の新しき美を独創することにあるのでなく、古への詩聖や歌聖が到り得た境地へ、自分も到達することにあつた。文芸の極致――美と云ふものは昔から唯一不変であつて、歴代の詩人や歌人はその一つものを繰り返して歌ひ、何んとかして頂上を極めようと努める。「分けのぼる麓の道は多くともおなじ高嶺の月を見るかな」と云ふ歌があるが、芭蕉の境地は要するに西行の境地である如く、時代に応じて文体や形式は違つて来るけれども、目ざす所は結局ただ一つの「高嶺の月」である。此の事は文学よりも絵画――殊に南画を見ると分る。南画のすぐれたものは、山水にしろ、竹石にしろ、個人に依つて技巧はいろいろに異るとしても、そこから受ける一種の神韻——禅味と云ふか、風韻と云ふか、煙霞の気と云ふか、——兎に角悟道に達したやうな崇高な美の感じは常に同じであつて、南画家の窮極の目的は畢竟此の気品を得るにある。南画家がしばしば自分の製作に題して、「誰々の筆意に倣《なら》ふ」と云ふ断り書きを附けるのは、即ち己れを空しうして前人の跡を蹈まうとするもので、さう云ふ事から考へると、古来支那の絵に贋作が多く、且贋作を巧みにする者が多いのは、必ずしも人を欺さうとする意志からではないかも知れない。彼等に取つて個人的功名などは問題でなく、ひたすら己れを古人に合致させることが楽しいのかも知れない。その証拠にはニセモノと云つても実に丹念な密画があつて、さう云ふものを似せて画くには、その人自身に余程の手腕と、旺盛な製作熱がなければならず、慾得づくでは中々ああ迄に出来るものでない。既に古人の美の境地を極めることが主眼であり、己れを主張することが目的でない以上は、作者の名前など誰であつてもいい訳である。

（谷崎潤一郎「恋愛及び色情」）

「ノート」谷崎自身は誤解しているようだが、彼がここで述べていることはそのまま少し前までのヨーロッパにも当てはまる。ヨーロッパが芸術や思想において独創だ、個性だと言い出したのは十八世紀後半から十九世紀の初め、つまり近代（ロマン主義の台頭）以降である。それまではヨーロッパでもギリシア・ラテンの古典が美の規範とされていた。すべては言い尽くされている、だが各自の言い方にはおのずと違いが見られる、その微妙な違いにこそ意味がある——これが古典主義である。「新しさ」をよしとするのは別の論理、ロマン主義の、若さの尺度である。価値判断の基準は煎じ詰めれば量（伝統＝多数）と質（革新＝少数）に還元される。いずれを好しとするかだ。

◉「そこだよ。そこが根本的にまちがつてるところだ。おい、ハツ、おまへなんだつてさう深刻がつてみせるんだい。おまへのいつてることは穴ぼこだらけの哲学みたいなもんぢやないか。この場合、フマジメな感想だね。空理空論は願ひ下げにして、ここは一つ、向うみずに、そそつかしく、あとさきの思慮なく、おまへ御自慢の軽薄流の極意を見せてもらひたい局面だぞ。しつかりしてくれ。論理の筋をとりちがへるな。おまへは軽薄がトレードマークだからこそ、裏切はときどきありうることになる。手の裏をかへす。なるほどと、だれでも納得しやすいだらう。いいあんばいに、義一といふ『しぶとい生きもの』は、とくにおまへに対しては、精神的に油断の隙だらけにちがひない。敵の隙をつけ。あいつがおまへをどう見てるかといへば、おそらく、おそらくは……」

「おそらくぢやない、うたがひなくだ。あいつはおれのことを見くびつて、見さげはてて、ナメきつて、ケイベツしきつてるといふんだらう。」

「そのとほりだ。おもふ壺ぢやないか。あいつはおまへにとつて天敵みたいなやつだ。どうあがいたつて、まともぢやかなひつこない。おまへはあいつの前に出たら百年目、ちぢみあがつて、びくびく、おどおど、へいへい、ぺこぺこ……それでいいんだ。最高の芸だよ。へたな思案をして芸の格をおとすな。〔略〕」

（石川淳『狂風記』）

【ノート】ボンボンのちんぴらヤクザの兄貴分と子分（ハツ）が義一という男（ハツの兄）を陥れ

ようと相談中で、兄貴分が子分に「裏切り」の演技指導よろしく助言している場面である。

れ

列挙法《れっきょほう》

énumération / enumeration

列挙法は語や観念を次々に繰り出し、畳み掛ける文彩である。列挙のタイプとして同類のものを動員する場合と異種のものを動員する場合とに分けることができる。前者には「列挙法」を、後者に「羅列法」accumulation を当てることができるだろう。列挙法は首尾一貫性があり、部分を積み上げて全体に迫るというスタンスである。羅列法は片端からかき集めるスタンスである。また、人物や事物の描写・説明を細密に、巨細に展開する列挙法として特に「詳述法」を取り出すこともできる。詳述法は写実主義の作家が頻用する。延々と人物や背景を描写するバルザックなどはさしずめそのチャンピオンだろう。ただ、こうした三つのタイプがあることを認めた上で、本書ではすべてを列挙法で括ることにする。そのほうが実際的であるからだ。

　列挙法はあれもこれもと欲張って表現することで、そこに見られるのは細部（部分）へのこだわりである。なるほど、必要以上に細部へこだわるのだから大げさな表現法にはちがいないが、しかし個々の表現を大げさにするわけではなく、普通の表現の積み重ねが結果として常軌を逸することになるわけである。つまり表現者の対象へのこだわり（関心）がこの文彩を産み出すことになる。列挙法はときに猥雑で粘着的な印象をもたらす。稚拙なようであくの強い表現法だといえるだろう。

［文例］

◉虫は、鈴虫、茅蜩《ひぐらし》、蝶、松虫、蟋蟀《きりぎりす》、促織《はたおり》、われから、ひを虫、蛍、蓑虫、いとあはれなり。　（清少納言『枕草子』）

［ノート］いわゆる「物尽し」で、「寺は、壺坂、笠置、法輪」「すさまじきもの。昼ほゆる犬。春の網代。三四月の紅梅の衣。牛死にたる牛飼」など『枕草子』では頻用される。

◉四《し》条五《でうご》条《でう》の橋の上、四条五条の橋の上、老若男女《らうにやくなんによ》貴賤《きせん》都鄙《とひ》、色めく花衣《はなごろも》、袖を連《つら》ねて行く末の、雲かと見えて八重《やへ》一重《ひとへ》、咲く九重《ここのへ》の花盛り、名に負《お》ふ春の気色《けしき》かな、名に負ふ春の気色かな。　（謡曲「熊野」）

◉万《よろづ》の事は頼むべからず。愚かなる人は、深くものを頼むゆゑに、恨み怒《いか》る事あり。勢ひ〔権勢〕ありとて頼むべからず。こはきもの〔強力な者〕先《まづ》ほろぶ。財《たから》多しとて頼むべからず。時のまに失ひやすし。才《ざえ》ありとて頼むべからず。孔子も時に遭《あ》はず。徳ありとて頼むべからず。顔回《がんくわい》〔孔子の弟子。好学だったが短命だった〕も不幸なりき。君の寵《ちょう》をも頼むべからず。誅《ちう》〔誅殺、罪ありとして殺すこと〕を受くる事速《すみやか》なり。奴従《やつこしたが》へりとて頼むべからず。背《そむ》き走る事あり。人の志をも頼むべからず。必ず変ず。約をも頼むべからず。信〔信義〕ある事すくなし。

身をも人をも頼まざれば、是《ぜ》なる時〔好い時〕は喜び、非なるときは恨みず。左右《さう》ひろければさはらず〔妨げがない、ぶつからない〕。前後《ぜんご》遠ければ塞《ふさ》がらず〔いっぱいにならない、余裕がある〕。狭《せば》き時はひしげくだく〔つぶれ砕ける〕。心を用ゐる〔用心する〕事少《すこ》しきにしてきびしき〔厳格な、狭量な〕時は、物に逆《さか》ひ、争ひて破る〔傷つく〕。ゆるくしてやはらかなる〔ゆったりと構えて柔軟な〕時は、一毛《いちもう》も損ぜず。

（吉田兼好『徒然草』）

【ノート】「万の事は頼むべからず」とまず結論を示す。これは奇先法と見てよい。そのあとで次々と例〔論拠〕をあげてゆく。これは列挙法である。巧みな論の運びだ。段落が変わると一転、今度は対照法を次々と繰り出す。筆者はあざやかな修辞の手妻によって、なにものにも囚われない自由な精神のあり方〔境地〕を唱道している。

◉武蔵野に散歩する人は、道に迷ふことを苦にしてはならない。どの路でも足の向く方へゆけば必ず其処《そこ》に見るべく、聞くべく、感ずべき獲物《えもの》がある。武蔵野の美はただその縦横に通ずる数千条の路を当もなく歩くことに由《よっ》て始めて獲られる。春、夏、秋、冬、朝、昼、夕、夜、月にも、雪にも、風にも、霧にも、霜にも、雨にも、時雨《しぐれ》にも、ただこの路をぶらぶら歩て思いつき次第に右し左すれば随処に吾等《われら》を満足さするものがある。これが実に又た、武蔵野第一の特色だらうと自分はしみじみ感じて居る。武蔵野を除《のぞい》て日本にこの様な処が何処《どこ》にあるか。北海道の原野には無論の事、奈須野にもない、その外《ほか》何処にあるか。林と野とが斯《か》くも能《よ》く入り乱れて、生活と自然とがこの様に密接して居る処が何処にあるか。実に武蔵野に斯《かか》る特殊の路のあるのはこの故《ゆえ》である。
（国木田独歩『武蔵野』）

◉生活がまだ蝕まれていなかった以前私の好きであった所は、例えば丸善であった。赤や黄のオードコロンやオードキニン。洒落た切子細工や典雅なロココ趣味の浮模様を持った琥珀色や翡翠色の香水壜。煙管《きせる》、小刀、石鹸、煙草。私はそんなものを見るのに小一時間も費すことがあった。そして結局一等いい鉛筆を一本買う位の贅沢をするのだった。然し此処ももう其頃の私にとっては重くるしい場所にすぎなかった。書籍、学生、勘定台、これらはみな借金取の亡霊のように私には見えるのだった。
（梶井基次郎「檸檬」）

◉私の文子に対する気持は世間でいふ恋といふものでしたらうか。それとも、単なるあこがれ、ほのかな懐しさ、さういつたものでしたらうか。いや、少年時代の他愛ない気持のせんさくなどどうでもよろしい。が、とにかく、そのことがあつてから、私は奉公を怠けだした。──といふと、あるひは半分ぐらゐ嘘になるかも知れない。そんなことがなくても、そろそろ怠け癖がついてゐるのです。使ひに行けば油を売る。鰻谷《うなぎだに》の汁屋の表に自転車を置いて汁を飲んで帰る。出入橋《でいりばし》の金つばの立食ひをする。かね又といふ牛めし屋へ「芋ぬき」といふシュチューを食べに行く。かね又は新世界にも千日前にも松島にも福島にもあつたが、全部行きました。が、こんな食気よりも私をひきつけたものはやはり夜店の灯です。あのアセチリン瓦斯《ガス》の匂ひと青い灯。プロマイド屋の飾窓に反射する六十燭光の眩《まばゆ》い灯。易者の屋台の上にちよぼんと置かれてゐる提灯《ちやうちん》の灯。それから橋のたもとの暗がりに出てゐる蛍売りの蛍光の瞬《またた》き……。私の夢はいつもさうした灯の周《まは》りに暈《かさ》となつて、ぐるぐると廻るのです。私は一と六の日ごとに平野町に夜店が出る灯ともし頃になると、そはそはとして、そして店を抜け出すのでした。それから、あの新世界の通天閣の灯。ライオンハミガキの広告燈が赤になり青になり黄に変つて点滅するあの南の夜空は、私の胸を悩ましく揺ぶり、私はえらくなつて文子と結婚しなければならぬと、中等商業の講義録をひもとくのだつたが、私の想ひはすぐ講義録を遠くはなれて、どこかで聞えてゐる大正琴に誘はれながら、灯の空にあこがれ、さまよふのでした。

（織田作之助「アド・バルーン」）

◉植込みに面した西の窓から春の午後の穏かな光が斜めに差し込み、花瓶の松の葉と春枝の肉のしまった小形の顔とを宙に透かせるように輝かせている。彼女はまだ木原始の存在に気付かない。閉ざした二つの瞼は彼女の心の内の炎を外に洩らし出すかのように紅に染っている。瞼と瞼の隙間から柔らかい細い影のような小さい睫毛が黒く噴き出ている。それは彼女の肉体の優しい余剰をそこにこぼし出しているように見える。毛並の漠とした眉。眉と眉の間の無邪気な広さ。その下の少し肉の厚い小形の鼻。唇の両端が口の中にくわえ込まれているような唇は厚味を持ち、少し肉の付きすぎている口の辺りには、ただよう誘いの輝きがある。この静かな春枝の顔は、木原始には既に自分のもとから遠く離れ去ってしまった存在のように思われた。そしてその顔のつけている子供のように翳りのない魅力は、もはや、彼の心の近づき難いほど、二人の以前の恋の苦しみの跡を全く消し去ってしまっているように思われる。

〔中略〕

「近くの友達の処まで来たのでちょっと寄ってみたんです。」彼は彼女の固く結ばれた口の辺りにじっと見入った。その薄く紅を引いた唇の端がふくれてはっきり線の出ている唇は、柔らかく光って、一つ一つの皺を光沢のように光らせている。それは以前彼の口の中で互いの肉を甘くするために開き動いたものである。しかしいまや、それは彼の手の如何ともしがたいほど遠くに距てられている。二人の唇の間には千万里の距離がある。そしてそれは二人の関係の最後の頃のように彼の肉をしめ出そうと意図している冷たい彼女の心で固められ収縮している抗うような肉片にすぎないのであろう。しかしそれはやはり彼の眼を不思議な力で吸い寄せるのである。

（野間宏「地獄篇第二十八歌」）

［ノート］ 関係が終わった男と女。だが男は未練があり、女の家を訪れる。文例の前半は、男が女の書斎の窓から室内を見ている場面。文例の後半から会話が始まるが「情欲の嘆き」に衝き動かされた男の視線は元恋人の「女体」を執拗に追う。このあと二人の間で窓越しの長い会話が続くが、「窓」はこの男女の精神的へだたりを象徴しているもののようだ。

主要参考文献

〔邦文〕

五十嵐力『新文章講話』、早稲田大学出版部、一九〇九年。
佐藤信夫『レトリック感覚』、講談社、一九七八年。
――『レトリック認識』、講談社、一九八一年。
島村滝太郎（抱月）『新美辞学』（『抱月全集』第四巻）、天佑社、一九一九年。
瀬戸賢一『日本語のレトリック』、岩波書店（岩波ジュニア新書）、二〇〇二年。
中村明『日本語レトリックの体系』、岩波書店、一九九一年。
野内良三『レトリック辞典』、国書刊行会、一九九八年。
――『レトリック入門』、世界思想社、二〇〇二年。
國文學編集部『古典文学レトリック事典』、學燈社、一九九三年。

〔邦訳〕

H・F・プレット『レトリックとテクスト分析』永谷益朗訳、同学社、二〇〇〇年。

H・ラウスベルク『文学修辞――文学作品のレトリック分析』萬澤正美訳、東京都立大学出版会、二〇〇一年。

[欧文]

Patrick BACRY : Les figures de style, Édition Belin, 1992.

Edward P.J. CORBETT : Classical Rhetoric for the Modern Student, Oxford U.P., third edition, 1990.

DUMARSAIS : Des Tropes ou des différents sens, Flammarion, 1988.

Bernard DUPRIEZ : Gradus, les procédés littéraires, 〈10/18〉, Union générale d'Editions, 1984.

Pierre FONTANIER : Les figures du discours, Introduction par Gérard GENETTE, Flammarion, 1977.

Richard A.LANHAM : A Handlist of Rhetorical Terms, University of California Press, Second Edition, 1991.

Heinrich LAUSBERG : Handbook of Litterary Rehtoric, translated by Mattew T. BLISS, Annemiek JANSEN, David E. ORTON, Brill, 1998.

Georges MOLINIE : Dictionnaire de rhétorique, 〈Les Usuels de Poche〉, Le Livre de Poche, 1992.

Henri MORIER : Dictionnaire de poétique et de rhétorique, P.U.F., 2e éd., 1975.

Nicole RICALENS-POURCHOT : Dictionnaire des figures de style, Armand Colin, 2003.

Henri SUHAMY : Les figures de style, 〈Que sais-je?〉, P.U.F., septième édition corrigée, 1995.

あとがき

月日の経つのは早いものだ。『レトリック辞典』が刊行されてからもう七年になる。お陰さまで『辞典』は暖かく迎えられて版を重ねている。うれしくもあるが、内心忸怩たるものがある。至らぬ点も目につくからだ。本来なら増補改訂を考える時期なのかもしれないが、現行のままでもまだそれなりの存在意義はあるのではないかと（勝手に）判断して、今回はさしあたり前著をフォローする姉妹編を考えた（文彩の定義と分類にいちぶ手直しを加えた）。『レトリック辞典』は文彩（修辞学）と議論法（弁論術）をカバーする包括的な仕事であった。用語の定義や説明が主で、時に細かい詮議にも踏み込んだ。文例もなるべく多岐に亘るように心くばりした（たとえば広告コピーや歌詞、新聞記事も対象にした）。要するにレトリックなるものの概念規定とその射程の確認であった。この作業はそれなりの成果をあげたと思う。しかしその一方で、もともと私自身が文学に関心を寄せる人間であったので、文学的修辞を手控えたという心残りが蟠結することになった。このわだかまりを解くこと、これが本書執筆の動機の一つである。

しかし上の動機だけなら、フランス文学を対象にしたレトリック論を展開してもよいはずだ。しかしそうならなかったのは、ほかの二つの衝迫に動かされたからだ。

私は年少のみぎりから欧米の翻訳を読みちらし、フランス文学を学び、後にはフランス文学を教えるようになった、いわばヨーロッパ文化にどっぷり浸かってきた人間である。しかしながらある時期から日本文化への関心も高まり、つとめて日本の古典に親しむようにもなった。私たちの世代（上の世代も）には、若い頃にヨーロッパに入れあげ、中年を過ぎてからヨーロッパとの縁を断ち、どのつまりは偏狭な伝統主義者に変貌するというパターンがよく見られるが、私の場合はそういう形の「日本回帰」は起こらなかった。むしろ日本への関心の強まりはヨーロッパへの見直しを使嗾した。ヨーロッパが見えてきたのだ。ヨーロッパが見えてくると日本も見えてくる。そこに誕まれたのはヨーロッパから日本へ、日本からヨーロッパへという往還運動と呼べるものだった。「ヨーロッパ」という暗号解読格子と「日本」という暗号解読格子。東西の優劣論が問題なのではない。問題なのは、おのおのの独自性は認めつつ共通項を剔出することだ。いいものはいい、いいものにヨーロッパも日本もない——これが私の立場である。

ところで、レトリック（文彩）は本来ヨーロッパ起源のものであり、すぐれてヨーロッパ的なものである。しかしながらレトリックには普遍的な側面と特殊的な側面がある。ヨーロッパ的な概念枠（文彩）を日本語という現象に当てはめてみると、今まで見えてこなかったものが見えてくるのではないか。見えていたものも違ったふうに見えてくるのではないか。そんな予断が本書執筆の第二の動機である。ヨーロッパ文化に親昵した人間の務めとして、たとえ微々たるものにすぎないにしても日本文化へ寄与したいという殊勝な（？）思いを抱いたというわけなのだ。これは長いあいだヨーロッパ文化に「片想い」を捧げてきた人間の反省、いや自戒のなせる業といえるかもしれない。わが身の浅学非才をかえりみず処々で管見を披露させていただいた次第である。

三番目の動機、それは日本語への危機感である。大学教師の端くれとして若い学生たちと日々接していて、彼らの活字離れが年々深刻の度を加えているのを目の当たりにしている。それと平行して若者たちの日本語力がとみに低下しているのを肌で感じている。教師の使う日本語が理解できないという学生が殖えているのだ。そこに目撃されるのは教養の不足などという生やさしい問題ではない。若者たちの「日本語」がおかしくなっているのだ。いま巷間では「日本語ブーム」ということが囁かれているが、その現象は一般の日本人が自分たちの日本語力に対して抱いている漠とした不安を反映しているにちがいない。心ある日本人は日本語の将来に危惧を感じている。若者を中心に日本では今、怖ろしい事態が進行している。小学校から英語を教えるのも結構だけれども、その前にすべての学科(判断推理)の基礎能力である「日本語」をしっかりと教え込むことが急務なのではないか。

しかしながらこの問題を国語教育の現場に押しつけて、手をこまねいていることはできまい。そう、できることからやるしかないだろう。学生たちと接していて得られた有効な処方箋は「よい」日本語を読ませることである。日本語の「よさ」を教えてやることである。できれば暗誦させることである。国語は文化(伝統)である。文化(伝統)というものは切ってはならない。なんとしても承け継いでいかなければならない。言葉というものは少し古めのほうがよい。「忘れてほしくない」日本語を忘却の淵から救いたい——口幅ったいことをいうようだが、本書には日本語に対する私の熱い思いが籠められている。文例が古典に傾いてしまったのはそのせいである。

本書執筆の消息は以上のとおりである。

出来映えのほどはともかく、まあ志の高さだけは買ってほしい。文例はなるべく偏らないようにと心がけたが、どうやら編者の「派手好み」が刻印される結果になってしまったようだ。ただ佳什であることは太鼓判を押す。じっくりと味わってほしい。

　ご覧のとおり本書には書物の性格上、夥くの引用・文例がある。こちらの意を汲んでくださり、その使用に関して快くご承諾いただいた多くの著作権者の方々に、いちいちお名前を挙げることは控えますが、この場を借りて深く感謝申しあげます。本書の出来上がりがそのご厚情にいささかなりとも応えられることを切に祈るばかりです。

　本書が成るにあたっては今回も国書刊行会の清水範之氏にいろいろとお世話になった。本当にありがとう。

二〇〇五年仲夏

野内良三

日《に》本《ほん》語《ご》修《しゅう》辞《じ》辞《じ》典《てん》

二〇〇五年八月三十一日初版第一刷発行
二〇一二年四月一日初版第二刷発行

著　者　野内良三

発行者　佐藤今朝夫
発行所　株式会社国書刊行会
東京都板橋区志村一－十三－十五　〒一七四－〇〇五六
電話〇三－五九七〇－七四二一
ファクシミリ〇三－五九七〇－七四二七
URL : http://www.kokusho.co.jp
E-mail : sales@kokusho.co.jp
装　訂　後藤葉子
装　画　宿輪貴子
組版所　株式会社キャップス
印刷所　株式会社エーヴィスシステムズ
製本所　株式会社ブックアート
ISBN978-4-336-04720-5 C0500

野内良三（のうち　りょうぞう）
一九四四年東京に生まれる。東京教育大学文学部仏文科卒。同大学院文学研究科博士課程中退。静岡女子大学助教授、高知大学教授を経て現在、関西外国語大学教授。
著書――
『ランボー考』（審美社、一九七八年）
『ステファヌ・マラルメ』（審美社、一九八九年）
『ヴェルレーヌ』（清水書院、一九九三年）
『レトリック辞典』（国書刊行会、一九九八年）
『ミュッセ』（清水書院、一九九九年）
『レトリックと認識』（ＮＨＫブックス、日本放送出版協会、二〇〇〇年）
『レトリック入門』（世界思想社、二〇〇二年）
『実践ロジカル・シンキング入門』（大修館書店、二〇〇三年）
『うまい！日本語を書く12の技術』（生活人新書、日本放送出版協会、二〇〇三年）
『ジョーク・ユーモア・エスプリ大辞典』（国書刊行会、二〇〇四年）
『ユーモア大百科』（国書刊行会、二〇〇四年）ほか。
訳書――
モーリス・ルブラン『ルパンの告白』（旺文社文庫、一九七八年）
モーリス・ルブラン『ルパン対ホームズ』（旺文社文庫、一九七九年）
ヴィクトル・ユゴー『ビュグ＝ジャルガルの闘い』（共訳、潮出版社、一九八二年）
『マラルメ詞華集』（審美社、一九八六年）
『遊女クラリモンドの恋――フランス・愛の短編集』（旺文社文庫、一九八六年）
『ふらんす小咄集』（編訳、旺文社文庫、一九八七年）
『フランス・ジョーク集』（共編訳、旺文社文庫、一九八七年）ほか。